LIVING IN AMERICA
A GUIDEBOOK FOR CHINESE

人在美国
中国留学生、新移民美国生活手册

by Guang Chen

陈光 著

Cover design by Uriel Chino Martinez

C&C Technology LLC.
www.renzaiusa.com
customer@renzaiusa.com

ISBN:0615607284
ISBN-13:978-0615607283

目录

序言

为了出国留学，我考过托福也考过 GRE，一本"红宝书"前前后后也读过、背过好几遍。那时候非常感激新东方学校出版的英文单词精选书籍，至少在当时那是一本非常权威的针对托福和 GRE 考试单词的辅导书。

后来有幸踏出国门，来到美国读书。至今在美国读书、工作也已经八个年头了。初到美国时，真的就是到了一个完全陌生的国度。您会发现在这个国家里，语言的不通其实只是生活中最小的障碍，更多的不同、更大的挑战是在生活习惯上，社会秩序上，法律法规上的。这时，您在"红宝书"中再也无法找到答案了。记得当我通过查资料、咨询中国"师哥师姐"，顺利通过汽车驾驶笔试和路考拿到汽车驾照时，是多么的自豪。当向美国同学"显摆"时，人家的一句"我在 17 岁时就拿到驾照了"，一下把我打到了万丈深渊。的确，初来美国时，需要学习的知识实在是太多了，小到买菜做饭，租房买车；大到找工作，看病，买保险，买房，我也是一点点学习和积累的。当然，这个过程需要时间，会走很多弯路，跌倒了爬起来也很正常。对于外国留学生和新移民，我们还需要了解自己在美国的身份状态，遵守移民法规，这方面的知识除了相关网站和专业的移民律师，您的大学教授和美国朋友都无法给出准确的答案。前人的忠告和相助给了我很大的帮助，互联网的发达给了我更多的机会去搜索答案。

终于有一天，我准备将自己这些年在美国学到的知识和掌握的技巧整理出来和大家分享。我的想法也得到了家人和几位同样来自中国的朋友的支持，本书的主要章节是由我们共同编写完成的。可能您会发现本书的用词造句并不华丽，甚至还有不少错误和不够严谨之处，但是其中的每个篇章、每个建议都是我们美国生活的真实写照，其最大的特点就是实用。本书没有夸夸其谈的段落，有的就是在美生活关于租房买车、交通旅游、留学工作、房屋维护的技巧，以及在美国需要掌握的医疗保险、金融法律、移民入籍方面的知识。

如果您准备来美国读书和工作，或者只是想更多的了解美国生活，我们建议您像读小说一样通读本书；如果您已经在美国，您可以根据自己遇到的实际问题有针对性的阅读本书，在我们介绍的基础上通过网络或者别的途径找寻答案。

我们争取每年为本书做一次更新，同时尽快推出本书的电子版和平板电脑应用程序。当然，包括我本人在内，参与本书编写的所有人士都有自己的工作，我们的精力和能力是很有限的，如果您发现了任何错误，或者针对本书的章节内容有更好的意见和建议，请根据我们留下的网址和邮件地址与我们联系，我们一定虚心接受，内容经过我们核实确认后，我们会在本书新的版本中做出修正。

如果这本书能给您些许帮助，我们就很欣慰了。也请您将此书推荐给其他在美国或者即将来美国的中国人。

感谢我的家人，所有参与本书编写的朋友，以及张哲瑞联合律师事务所，没有他们的协助，本书不可能如期与大家见面。

陈光
2012 年 2 月

第一章 美国简介

说起美国，相信大家一定会觉得这个国家既熟悉，又充满了神秘色彩。美国有着两百多年的历史，是个移民国家，由不同种族、文化和宗教背景的人融合而成。作为本书的第一个章节，笔者就简单介绍一下美国的人文和地理；另外还将介绍美国的区域、时差、货币、电压标准、常用通信方式等，以便您提前做好出行准备。

1.1 美国概况

国名： 美利坚合众国（The United States of America），简称美国（U.S.A.）。是一个由五十个州和一个联邦直辖特区组成的宪政联邦共和制国家，1776 年 7 月 4 号宣告美国诞生。

首都： 华盛顿哥伦比亚特区（Washington D.C.），人口约 60 万，大都市区人口 550 万，城市面积 177 平方公里。

人口： 3.087 亿（截至 2010 年 4 月）。从各州情况来看，加利福尼亚州是美国人口最多的州，为 3720 万；怀俄明州人口最少，只有 56 万；得克萨斯州人口绝对数量增长最多，比 2000 年增加 430 万，达到 2510 万。美国黑人、拉美裔和亚裔等少数族裔总人口已达到 1.07 亿人（截至 2009），美国拉美裔人口突破 5000 万，占美国人口约六分之一，继续稳居美国头号少数族裔位置。美国华裔人口达到 364 万（截至 2009 年）。无法定语言，官方语言,英语。其他主要语言有西班牙语、汉语、法语等等。此外，还有其他 336 种语言在美国被使用，其中 176 种为本地语言。51%的居民信奉基督教新教，其他居民信奉天主教、犹太教等，不属于任何教派的占 12%。

国旗： 美国的国旗在历史演进过程已经有所改变。现在，国旗上有十三个条纹，代表十三个原来的美国殖民地。有五十颗星，每一颗星代表一州。这面旗子也称为星条旗（Stars and Stripes）。呈横长方形，长与宽之比为 19：10。主体由 13 道红、白相间的宽条组成，7 道红条，6 道白条；旗面左上角为蓝色长方形，其中分 9 排横列着 50 颗白色五角星。红色象征强大和勇气，白色代表纯洁和清白，蓝色象征警惕、坚忍不拔和正义。1818 年美国国会通过法案，国旗上的红白宽条固定为 13 道，五角星数目应与合众国州数一致。每增加一个州，国旗上就增加一颗星，一般在新州加入后的第二年 7 月 4 日执行。至今国旗上已增至 50 颗星，代表美国的 50 个州。

国歌：美国国歌的内容与国旗有关，叫做《星条旗永不落》（The Star-Spangled Banner）。歌词是一位名叫弗朗西斯·斯科特·基（Francis Scott Key）的律师在英美战争时，透过战场上的硝烟看到星条旗经过英军炮轰后仍在要塞上空高高飘扬时感慨万分而即景写下的。美国作曲家约翰·斯塔福德·史密斯（John Stafford Smith）作曲。《星条旗永不落》于1931年被美国国会正式定为国歌。

国鸟：美国国徽上的中心图像就是美国秃鹰，它的正式名称是白头海雕（Bald Eagle）。美国是世界上最先确定国鸟的国家。白头雕最早出现于美国的旗帜上是在独立战争期间。1776年7月4日第二次大陆会议发表了《独立宣言》并决定新生的美国必须有一个特殊的国徽。1782年6月20日，美国国会通过决议，把北美洲特有的白头海雕作为美国的国鸟，并把这种鸟作为国徽图案的主体。白头雕外观美丽、性情凶猛，头上有丰满的羽毛，它的最大特点是两头白，即白头白尾。它代表着勇猛、力量和胜利。今天，美国秃鹰已成了美国的象征，它不仅出现在国徽上，也出现在美国其他旗帜及硬币上。

国徽：美国国徽实际上是美国官方大纹章（Great Seal of the United States）上的图案。印章存在美国国务院，第一次用于1782年。事实上美国并未指定一个国徽图案，但纹章正面的图像实际上已经成为美国的象征，且经常出现在官方文件上，如护照。本文中讨论的是最常使用的彩色版本国徽图案，而真正印章在纸张上盖下的图案是单色的。主体为一只胸前带有盾形图案的白头海雕。白头海雕是美国的国鸟，它是力量、勇气、自由和不朽的象征。盾面上半部为蓝色横长方形，下半部为红、白相间的竖条，其寓意同国旗。鹰上面的顶冠象征在世界的主权国家中又诞生一个新的独立国家－美利坚合众国；顶冠内有 13 颗白色五角星，代表美国最初的 13 个州。鹰的两爪分别抓着橄榄枝和箭，象征和平和武力。鹰嘴叼着的黄色绶带上用拉丁文写着"合众为一"，意为美利坚合众国由很多州组成，是一个完整的国家。

宪法：美国是一个法治的国家。政府官员根据这些法律做决定。宪法也称为"最高法律"，因为每个公民包括所有的政府官员以及所有创立的法律都必须依据宪法的原则。法律平等地适用于每个人，联邦政府的权力有限，宪法没有直接授予联邦政府的权力则由州政府持有。

美国简史：17 世纪以前，北美广大原野仅有印第安人和爱斯基摩人居住，但经过百余年的移民，这里已成为欧洲人的新家园，15 世纪末，西班牙、荷兰、法国、英国等开始向北美移民。英国后来居上，到 1773 年，英国已建立了 13 个殖民地。1775 年爆发了北美人民反对英国殖民者的独立战争。1776 年 7 月 4 日在费城召开了第二次大陆会议，组成"大陆军"，由乔治·华盛顿任总司令，通过了《独立宣言》，正式宣布建立美利坚合众国。1783 年独立战争结束，1787 年制定联邦宪法，1788 年乔治·华盛顿当选为第一任总统。1812 年后完全摆脱英国统治。1860 年反对黑奴制度的共和党人亚伯拉罕·林肯当选总统。1862 年 9 月宣布《解放黑奴宣言》后，南部奴隶主发动叛乱，爆发了南北战争。1865 年，战争以北方获胜而结束，从而为资本主义在美国的迅速发展扫清了道路。19 世纪初，随着资本主义的发展，美国开始对外扩张。在 1776 年后的 100 年内，美国领土几乎扩张了 10 倍。第二次世界大战后，美国国力大增。与很多文明古国相比，美国的历史太过短暂。作为一个移民国家，移民文化在美国的各个方面都得到体现，美国也一直被认为是一个文化大熔炉，融合了英国、爱尔兰、德国、波兰和意大利等多种西方文化以及美国土著文化、非洲文化和亚洲文化等。美国的绰号叫"山姆大叔"。传说 1812 年英美战争期间，美国纽约特罗伊城商人山姆·威尔逊在供应军队牛肉的桶上写有"US."，表示这是美国的财产。这恰与他的昵称"山姆大叔"（Uncle Sam）的缩写相同，于是人们便戏称这些带有"US."标记的物资都是"山姆大叔"的。后来"山姆大叔"就逐渐成了美国的绰号。十九世纪三十年代，美国的漫画家又将"山姆大叔"画成一个头戴星条高帽、蓄着山羊胡须的白发瘦高老人。1961 年美国国会通过决议，正式承认"山姆大叔"为美国的象征。

政党：美国有多个党派，但在国内政治及社会生活中起重大作用的只有共和党和民主党。1. 共和党（Republican Party）：成立于 1854 年。1861 年林肯就任总统，共和党首次执政。此后至 1933 年的 70 多年中，除 16 年外，共和党一直主政白宫。1933 年以后，曾有艾森豪威尔，尼克松、福特，里根，老布什执政。一般在总统大选中投票给该党候选人的选民即为其党员。2. 民主党（Democratic Party）：其前身是 1792 年杰斐逊创立的民主共和党，建党初期主要代表南方奴隶主、西部农业企业家和北方中等资产阶级的利益。19 世纪初，民主共和党发生分裂，一派自称国民共和党，后来改称辉格党。以杰克逊为代表的一派于 1828 年建立民主党，1840 年正式定名为民主党。19 世纪 50 年代末，民主党发生一次分裂，部分北方民主党人参与组建反奴隶制的共和党。1861 至 1885 年民主党在野。在 1885 至 1933 年的 48 年中，该党执政 16 年，先后由克利夫兰、威尔逊出任总统。1933 年开始，民主党人罗斯福、杜鲁门、肯尼迪、约翰逊、卡特、克林顿先后当选总统执政。民主党党员是大选中投其候选人票的选民。

5

自然地理：美国从大西洋到太平洋，几乎横跨整个北美洲大陆，面积仅次于俄罗斯、加拿大和中华人民共和国，排名第四（有不同统计说美国国土面积大于中国，排名第三）。它的领土还包括北极边缘的阿拉斯加以及远在太平洋赤道地区的夏威夷。美国广大土地上包含各种自然景观。从佛罗里达温暖的海滩到阿拉斯加寒冷的北国地带；从中西部平坦广阔的大草原到终年为冰雪覆盖的落矶山脉，其中尤其享誉全球的是壮观的大峡谷、伟大的密西西比河，及声如雷鸣的尼加拉大瀑布。美国本土位于北美洲南部，东临大西洋，西濒太平洋，北与加拿大接壤，南靠墨西哥和墨西哥湾，面积 962 万平方公里（其中陆地面积 916 万平方公里），本土东西长 4500 公里，南北宽 2700 公里，海岸线长 22680 公里。全境由东向西可分为五个地理区：东南部沿岸平原分大西洋沿岸平原和墨西哥沿岸平原两部分。这一地带海拔在 200 米以下，多数由河川冲积而成，特别是密西西比河三角洲，乃是世界上最大的三角洲，土质油黑，土壤肥沃。河口附近有一些沼泽地。位于这一地理区的佛罗里达半岛是美国最大的半岛。

美国经济：美国具有高度发达的现代市场经济，其劳动生产率、国内生产总值和对外贸易额均居世界首位，有较为完善的宏观经济调控体制。美国自然资源丰富。煤、石油、天然气、铁矿石、钾盐、磷酸盐、硫磺等矿物储量均居世界前列。其他矿物有铜、铅、钼、铀、铝矾土、金、汞、镍、碳酸钾、银、钨、锌、铝、铋等。战略矿物资源钛、锰、钴、铬等主要靠进口。探明煤储量 35966 亿吨。探明原油储量 270 亿桶。探明天然气储量 56034 亿立方米。森林面积约 44 亿亩，覆盖率达 33%。工农业生产门类齐全，集约化程度高，经济发展水平居世界领先地位，国民经济总值占世界首位。汽车工业和建筑业在产业中占有重要地位，为美国经济的两大支柱。近年来，在信息、生物等领域科技进步推动下，美国产业转型加快，劳动密集型产业进一步被淘汰或转移到国外。与此同时，信息等高科技产业发展迅速，产品更新换代日益加快，利用高科技改造传统产业也取得进取。主要的工业产品有汽车、航空设备、计算机、电子和通讯设备、钢铁、石油产品、化肥、水泥、塑料及新闻纸、机械等。农业高度发达，机械化程度高，主要农产品有小麦、玉米、大豆等均占世界领先地位。粮食总产量占世界的 1 / 5。美国是世界上最大的商品和服务贸易国。

美国主要出口国和地区依次为：加拿大、欧盟、墨西哥、日本、中国。主要进口国和地区依次为：加拿大、欧盟、日本、墨西哥、中国。2001 年国内生产总值（GDP）102081 亿美元，人均国内生产总值 35843 美元(按时价计算)。

美国气候：美国的气候大部分地区属温带和亚热带气候，仅佛罗里达半岛南端属热带。阿拉斯加州位于北纬 60 至 70 度之间，属北极圈内的寒冷气候区；夏威夷州位于北回归线以南，属热带气候区。但由于美国幅员辽阔，地形复杂，各地气候差异较大，大体可分为五个气候区。东北部沿海的温带气候区，因受拉布拉多寒流和北方冷空气的影响，冬季寒冷，1 月份平均温度为-6℃左右，夏季温和多雨，7 月份平均温度为 16℃左右，年平均降雨量为 1000 毫米左右。东南部亚热带气候区，因受墨西哥湾暖流的影响，气候温暖湿润，1 月份平均温度为 16℃，7 月份平均温度为 25℃，年平均降雨量为 1500 毫米。中央平原的大陆性气候区呈大陆性气候特征，冬季寒冷，1 月份平均温度为-14℃左右，夏季炎热，7 月份平均气温高达 30℃。年平均降雨量为 1000－1500 毫米。西部高原干燥气候区为内陆性气候，高原上年温差较大，科罗拉多高原的年温差高达 25℃，年平均降雨量在 500 毫米以下，高原荒漠地带降雨量不到 250 毫米。太平洋沿岸的海洋性气候区冬暖夏凉，雨量充沛。1 月份平均气温在 4℃以上，7 月份平均气温在 21℃左右，年平均降雨量为 1500 毫米左右。常用天气预报网站：
www.ustravelweather.com
www.nws.noaa.gov
www.weather.com
…

行政区划：分十大地区：新英格兰地区、中央地区、中大西洋地区、西南地区、阿巴拉契亚山地区、高山地区、东南地区、太平洋沿岸地区、大湖地区和阿拉斯加与夏威夷。共有 50 个州和首都所在地华盛顿哥伦比亚特区，有 3042 个县。联邦领地包括波多黎各自由联邦和北马里亚纳；海外领地包括关岛、美属萨摩亚群岛、美属维尔京群岛等。

时区：在中国，无论你在东南西北哪个角落，都习惯于一个时间，那就是北京时间。而美国的时区分布是比较复杂的，共跨六个时区，西五区至西十区（-5-10）。夏时制为西四区至西十区。其本土四个时区，分别为美国东部时区（Eastern Time）：华盛顿特区、纽约、波士顿、亚特兰大、费城、迈阿密等在此时区；中部时区（Central Time）：芝加哥、圣路易斯、新奥尔良、休斯顿等在此时区；山地时区（Mountain Time）：丹佛、凤凰城、盐湖城等在此时区；太平洋时区（Pacific Time）：洛杉矶、旧金山、圣地亚哥、拉斯维加斯、西雅图等在此时区；另外还有阿拉斯加时区（Alaska Time）和夏威夷时区（Hawaii Time）。而且，美国的时间还分夏令时（Day Time）和标准时(Standard Time)，美国夏令时开始于每年 3 月的第二个星期日，止于每年 11 月的第一个星期日。夏令时比正常时间早一小时。北京 +8 时区，北京与美国的时差为 13-18 小时。美国比北京慢 13-18 小时。

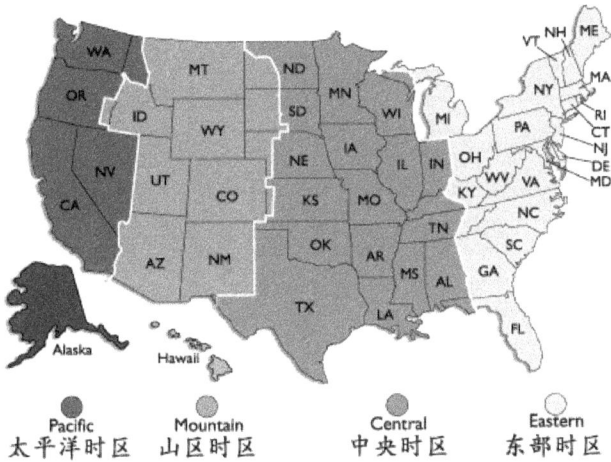

http://getpowers.com/meiguo/images/us-time-zones-map.gif

如何计算中美时差

中美标准时差，即美国标准时间与北京标准时间的时差，美国时间＝
北京时间－时差（因为北京时间早于美国时间）：

- 东部时间：-13 小时
- 中部时间：-14 小时
- 山地时间：-15 小时
- 太平洋时间：-16 小时
- 阿拉斯加-夏威夷时间：-18 小时

中美夏令时时差，即美国夏令时时间与北京时间的时差：（夏令时比标
准时间早一个小时）：

- 东部时间：-12 小时
- 中部时间：-13 小时
- 山地时间：-14 小时
- 太平洋时间：-15 小时
- 阿拉斯加-夏威夷时间：-17 小时

在这个网站上很容易看出世界各地时间，**http://24timezones.com**，大家可以参考一下。

美元简介：美元（**U.S. Dollar**）俗称美金，是美国的货币，货币符号为 USD。目前流通的美元纸币是自 1929 年以来发行的各版钞票，主要是联邦储备券。1785 年 7 月 6 日，美元被选为美国的法定货币。它的出现是由于 1792 年美国铸币法案的通过。它同时也作为储备货币在美国以外的国家广泛使用。当前美元的发行是由美国联邦储备系统控制。最常用的表示美元的符号是"$"，而用来表示美分的标志是"¢"。国际标准化组织为美元取的 ISO4217 标准代号为 USD。美国的本币、外币出入境自由，但超过 1 万元须向有关部门申报。钞票面额：纸币$1、$2、$5、$10、$20、$50、$100 元七种。以前曾发行过 500 和 1000 元面额的大面额钞票，现在已不再流通。辅币有硬币 1 分（**One Cent**），5 分，10 分（**One Dime**），25 分（**Quarter**），50 分，1 元等。在早期的硬币上多铸有自由女神像，后来铸有人物头像、动物图案，装饰符号等，以铸有历史上著名总统头像为多。有金、银、铜、镍等各类材质铸造的钱币。硬币在美国使用广泛，有很多种服务非用硬币支付不可：搭乘市内公共汽车需要付给定数硬币；使用公用厕所、电话及售物机也都需要硬币。所以美国不少地方设有换钱机。可把 2 角 5 分或 5 角硬币换为面额较小的硬币。

从 1913 年起美国建立联邦储备制度，发行联邦储备券。现行流通的钞票中 99％以上为联邦储备券。美元的发行权属于美国财政部，主管部门是国库，具体发行业务由联邦储备银行负责办理。美元是外汇交换中的基础货币，也是国际支付和外汇交易中的主要货币，在国际外汇市场中占有非常重要的地位。

目前美国人一般较少随身携带大笔现钞，而是喜欢携带和使用信用卡和借记卡。此外，旅行支票也是取代现金的一种安全简便的方法，大多数银行及外币兑换店都经营这种支票，其面额有美金 10 元、20 元、50 元、100 元及 300 元等数种。美国多数商店和娱乐场所在接受旅行支票时不另加服务费。美元与其他主要货币的汇率，可查看相关网站：

http://www.quoteline.com
http://finance.yahoo.com/
...

美国电压标准：出国时，您一定会带一些心爱的电器（电吹风、数码相机、笔记本、充电器等等），可是，很多留学生第一次到国外都会遇到同一个问题：就是带了电子产品，到了地方却不能充电。这是因为美国的电压是 110V，中国电压是 220V。因此，额定电压 220V 的电器在美国一般无法使用，或属于严重欠压工作，会缩短设备寿命。上述设备不必携带。使用 110V-240V 自适应电源的电器可以带到美国。美国的三相插头的布局就是多数台式电脑机箱电源的那种，也就是一个圆柱插脚加上两个平行扁插脚，完全不同于中国的常用三相插头。美国的两相插座两个插孔的大小不同，一侧略大于另一侧，但是兼容中国的两相插头。

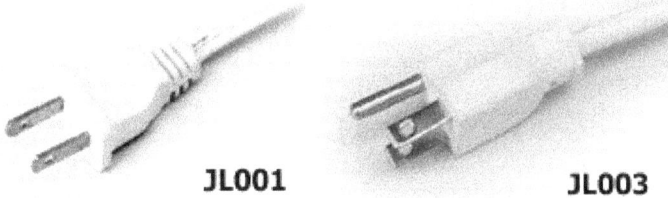

JL001   JL003

美国节假日：美国节日很多，凡是联邦政府庆祝节日都是法定假日。如果某个节日刚好是在星期六，就会在之前的星期五放假。如果某个节日刚好是在星期日，就会在之后的星期一放假。美国联邦法定假日：

元旦（New Year's Day），每年 1 月 1 日；

马丁路德金日（Martin Luther King, Jr. Day），每年 1 月的第 3 个星期一；

华盛顿诞辰日（George Washington's Birthday），每年 2 月第 3 个星期一；

阵亡烈士纪念日（Memorial Day），每年 5 月份的最后 1 个星期一；

国庆节（Independence Day），每年 7 月 4 日；

劳动节（Labor Day），每年 9 月份的第 1 个星期一；

哥伦布日（Columbus Day），每年 10 月 12 日；

退伍军人节（Veterans Day），每年 11 月 11 日；

感恩节（Thanksgiving Day），每年 11 月最后 1 个星期四；

圣诞节（Christmas Day），每年 12 月 25 日。

1.2 美国的通讯服务

不论是联系接机，向家人报平安，还有在美国学习工作，对于那些很快要来美国的中国人，不妨把学习在美国打电话作为美国生活的第一课。

急救电话 911

只要您遇到对生命、财产造成威胁的紧急情况，如火警、严重意外事故、病情危急、生命危险或正在进行的危险犯罪行为等，就可以拨打这个号码。当你拨打 911 时，你的电话号码（包括非公共性的号码）将自动显现在公共安全控制中心的银幕上。呼叫者号码的显现可以使急救单位迅速找出发生紧急的地点。手机和公共电话多可以直接拨打急救电话。

公用电话

使用公用电话可用投币和电话卡两种方式：

1. 使用投币电话先要准备好硬币。投币式公用电话（**Public or "Pay" Phone**）在美国比较常见, 话机上有具体使用说明。先拨号，再投币，超时要再次投币，但多投则不退还，多数投币电话机只接受 25 美分的硬币。

2. 使用电话卡的程序一般是：先拨电话卡上 1-800 或 1-888 开头的号码，按提示输入电话卡上的密码（**Pin Number**），再拨打电话号码。

美国的电话号码是由 3 位区号（**Area Code**）和 7 位电话号码
（**Telephone Number**）组成。拨打一般市内电话,可拨包括地区号在
内的十位数电话号码,长途电话要在十位数电话号码前加"1"。

使用查号台。在美国大部分地方,查号台的电话号码是 411。电话接
通后要先告诉接线生你要查的是哪个城市哪个州,然后再说你要查的
是什么,接线生会先为你报号,再帮你把电话过去。公共电话机旁,
一般放有一本当地的"电话黄页":列有当地单位、团体、服务行业
等等的名单、地址和电话号码,按部门类别分类后再按英文字母排
列,部门类别则有索引可查。

往中国拨打电话的几种方法

1. 如果要是从美国拨打中国的电话,顺序为:011+86+国内电话号码
（区号+座机号码,或者手机号）

2. 利用 **MSN, QQ, Skype** 等免费软件,即可语音又可视频,是最经济实
惠的办法,只要双方都在线就可以随时免费聊天。

3. 安装 **Skype** 软件（www.skype.com）,申请帐号后用信用卡购买一
定金额的点数,就可以用电脑直接拨打国内的座机或手机,通话的效
果也很好,每分钟约人民币 1-2 毛钱。

4. 使用 **IP** 电话卡:美国有各式各样的国际电话卡,商店、超市、方
便店、机场等地均有电话卡出售。可以用任何电话先拨打 **IP** 卡上的
一个电话号码,再按提示语操作,最后拨中国的电话或手机,011(国
际长途直播代码)+86(国家代码)+01(城市代码)+电话号码,拨打手机
应拨 011+86+139xxxxxxxx,买卡的时候要特别说明是要打中国的。
以下是一些在美国提供拨打中国的 IP 卡的公司和网站:
www.pingo.com
www.phonecardsforsale.com
www.dynasky.com
...

中美短信

中国手机直接发送：直接带中国手机国际漫游，给中国发短信大约每条 2 元人民币。

美国手机发送短信：美国手机发送短信大约 0.2 美元/每条，发送手机号码的格式为 011+86+手机号码，美国手机多不支持中文，只能发送英文的短信。

Skype 发送接收国内短信：使用 Skype 可以发送和接收国内的短信，每条 5－6 美分/每条。需要下载 Skype 软件，并在 Skype 客户软件上发送和接收短信，可发送中文。

手机业务

和中国一样，手机业务在美国也非常普遍，几乎是人手一部。今天的手机已经不仅仅是接打电话而已了，电话、短信、上网、游戏，甚至视频通话样样都行。

美国的手机服务商多提供两种服务模式：无需合同按使用量收费的预付费式，和签订长期合同的包月式。预付费式就是您先花钱购买一部手机和一部分话费，话费使用完了，您需要充值后才能继续使用。包月式就是您和手机服务商签订一份一般为期两年的手机使用合同，每月缴纳固定的使用费，免费获得手机一部（可以额外交钱升级更好的手机），每月按照合同中规定的通话量、短信数，和上网流量使用，超额部分额外收费。每月费用从 50 美元到 100 美元不等，一般包括 500－1000 分钟的通话时间，无限制短信和一定流量的上网。常见的美国手机服务商有：
www.att.com
www.t-mobile.com
www.verizonwireless.com
www.spint.com
...

TIPS 1: 如果您和您的家人有多人需要使用手机，可以购买手机服务商的家庭套餐：可以得到多部免费的手机，相互之间通话也是免费的，每月的使用费也只是比单部手机高一点点。

TIPS 2: 与手机服务商签订合同获得免费手机时，一般对方需要您的社会安全号码以获得您的信用报告（我们会在本书中具体介绍），确认您的信用记录良好，不会提前终止合同。如果您刚到美国不久，并没有任何信用记录和社会安全号码，可能很难通过手机服务商的审核，您可能需要缴纳一笔押金作为保证金。

上网业务

在美国上网和中国差不多，上网方式基本上有：拨号、DSL、有线电视电缆、卫星等等。目前，DSL 和有线电视电缆比较常见，价格一般在 40 美元到 100 美元之间，根据速度和带宽不同价格也不相同。大学的校区和宿舍一般都提供宽带上网，不少学校已经覆盖了宽带无线网络。美国很多公共场所也提供免费的网络服务，例如公共的图书馆，Starbucks, McDonald's 等等。常见的美国网络服务商有：
www.att.com
www.comcast.com
www.verizon.com
www.wow.com
…

TIPS: 在使用网络时，不要非法下载有版权保护的电影、歌曲、软件、书籍等等。一旦被发现，罚款非常严厉。除了不要下载这些资源外，更不应该提供源文件供别人下载，那样性质更为严重。

电视业务

美国电视信号已经完全数字化，常见的电视业务有有线电视业务，卫星电视业务，和网络电视业务。频道分为普通清晰频道和高清晰频道；一般性频道和额外收费观看的频道。常见的美国电视业务服务商有：
www.att.com

www.comcast.com
www.wow.com
www.directv.com
www.infinitydish.com
...

提供中文电视服务的公司：
长城平台中文卫星电视 http://gwdish.com/chinese
麒麟电视 http://www.kylintv.ca

TIPS: 提供电视业务服务的公司一般也提供网络和电话业务，如果您一起购买，会有额外的优惠。

邮政服务：美国邮政局（The United States Postal Service, USPS, www.usps.com）提供各类邮政服务。美国邮政编码（Zip Code）用的是五位数字，以此标明你的住址位于哪个邮政区域（Postal Zone）。有些个人、单位、团体使用更加精确的九位数编码。每个城市都有一个邮政总局，较大的城市则有多个提供全方位服务的邮政分局。邮局提供各种邮政服务，例如出售邮票，邮寄国内国外信件、包裹，办理汇票（Money Order），办理美国护照更新等等。邮寄信件和包裹的费用根据物品的大小、重量、需要到达的时间不同而不同。通过美国邮政寄出邮包的重量和大小都有限制，具体费用和有关限制可向邮局了解。

TIPS: 如果您改变了地址，可以在当地邮局填写地址变更表，邮局会讲误寄至老地址的信件转寄到您的新地址。如果您需要外出一段时间，也可以要求当地邮局为您托收信件一段时间。以上都是邮局提供的免费服务。

美国还有数家商业快递公司，例如 FedEx, www.fedex.com, UPS, www.ups.com 等等，它们以多种邮递方法为用户提供邮寄服务。

第二章 住宿篇

人的一生有三分之一的时间是在床上度过的。不管您是短期出行还是准备到美国长期居住生活，安排好自己的住宿都是需要优先考虑的事情。本章节，笔者就来说说有关住宿的话题，帮助您了解如何在在美国安排住宿和买卖房产。

2.1 旅馆，宾馆

在美国，旅馆和宾馆也是按照星级划分的：一星级到五星级。单从名称上您也能知道其大概的档次，价格最便宜的叫做汽车旅馆（Motor Hotel, Motel）多为一星到两星，普通旅馆（Inn）为两星到三星，价格比较高条件比较好的宾馆（Hotel）为三星及以上。美国的酒店业已经高度整合，连锁化了。知名酒店集团旗下的不同档次的旅馆、宾馆遍布美国大中城市和高速公路节点。美国常见的酒店品牌有如下这些，汽车旅馆：

Motel 6, www.motel6.com
Super 8, www.super8.com
Econo Lodge, www.econolodge.com
...

www.motel6.com

普通旅馆：

Red Roof Inn, www.redroof.com

Days Inn, www.daysinn.com

Holiday Inn, www.holidayinn.com

Best Western, www.bestwestern.com

...

www.bestwestern.com

三星以上宾馆：

Hilton Hotels, www.hilton.com

Marriott International, www.marriott.com

Starwood Hotels & Resorts, www.starwoodhotels.com

Four Seasons Hotel & Resort, www.fourseasons.com

...

Four Seasons Chicago, www.fourseasons.com

激烈的市场竞争和消费者越来越挑剔的眼光使得各酒店都力争提高自己的硬件配置水平和服务水平。比如，绝大多数酒店都提供无线网络和有线电视，房费内包含了简单的冷早餐或者热早餐（Cold breakfast, Hot breakfast），另外还有室内的小型健身房和游泳池等等。所以在您选择合适的酒店时，更多的应该考虑酒店的地理位置和价格。

直接在酒店的官方网站上查询位置和价格并不是最快捷的方法，不利于横向比较。而一些提供在线旅游服务的网站会方便很多。当您输入目的地的地址后，网站会根据您的要求（比如价格范围，距离等等），列出可供选择的所有酒店，列表上不仅有各酒店的详细地址，到您输入的目的地的距离，房型，价格外，还有具体酒店的外观照片和室内照片，顾客的评价和反馈，联系电话等信息。而且这些网站上给出的价格一般会比酒店的官方价格优惠不少，笔者常用的网站有：
www.expedia.com
www.orbitz.com
www.priceline.com
www.travelocity.com
www.hotwire.com
www.orbitz.com
www.kayak.com
…

在美国预订酒店和在酒店住宿需要注意的地方

关于房间套型。一般分为 Two standard size beds, Two queen size beds, One king size bed 等，您可以根据自己的需要和入住的人数来决定，价格也有区别。

关于入住的人数。预订房间时，您需要告诉对方，您有几个人入住，一个标准间最多可以住四个人，当超过两个人时，需要额外收费。

关于取消预订和入住、退房时间。除少数特价房需要预订时提前付款不允许取消预订外，一般预订是可以取消的，酒店会为您保留房间到下午 5 点或 6 点，如果您没有办理入住，预订就自然取消了，所以如果您需要推迟入住时间，请事先电话酒店和酒店前台确认。一般酒店的入住时间是下午 1 点到 3 点之间，退房时间是第二天的上午 11 点到 12 点之间。如果您需要提前入住或者推迟退房，请与酒店提前联系。

TIPS: 有的旅游网站会联合酒店一起推出特价房（Best deal），这类特价房的价格会比网站上的优惠价格还要低，但是需要提前付款，并且不能取消，如果您能确定自己的行程，可以选择它。

关于吸烟房和无烟房（Non-smoking Room）。订房时，您可以选择不同的房间，在无烟房内是不允许吸烟的。如果您发现预订的无烟房内有烟味，可以要求更换房间。

关于宠物。多数酒店是不允许携带宠物的，有的酒店是允许的，请你事先查询清楚。

关于衣物清洗和熨烫。酒店内一般都设有自助式的洗衣机和烘干机，您如果有衣物需要清洗，可以自行处理。房间内一般配有电熨斗，如果没有请和前台联系。

关于洗漱用品。美国酒店一般不提供牙膏、牙刷等私人洗漱用品，也没有一次性拖鞋，请你外出前自行准备。

关于小费。美国是小费制国家，一般给帮您拿行李的服务生 1 美金/件行李；退房时在房间内留下 1－2 美金；如果您有订餐服务，需要支付餐费 15%－20%的小费。

关于付款方式。网上预订或者电话预订酒店时，一般要求您提供一张信用卡，作为事后付款所用。当然，入住时您也可以选择现金或其他方式付款。退房时，请索要收据，以作为消费的凭证。

关于酒店的价格。除了不同档次的酒店价格不同以外，酒店的价格也是随市场需求波动的。旅游旺季，价格高，淡季价格低。周五入住价格高，平时入住价格低。有些热门地区、景点、公园的酒店还有最短入住时间的要求，比如要求周末入住时必须是周五入住，周日退房，请您事先了解清楚。

上面提到的这些常用旅游服务网站，不仅提供酒店预订，还提供机票预订，租车业务等等。如果您在预订酒店的同时，还捆绑预订了租车或者机票，还有额外的优惠，有时酒店加租车比单独预订酒店还便宜呢。而有的网站还提供酒店的竞价，竞拍服务：当您在搜索了特定地区的酒店后，对各酒店的报价还不满意，您可以自己出价，如果酒店接受了您的价格，就成交了。例如网站 Priceline, www.priceline.com 就有类似的竞拍功能（Name your own price）。您可以事先在几个网站上查询特定地区的酒店，了解了基本价格后，在此基础上以低 20%的价格来竞价，如果对方不接受，可以再往上增加价格（每天同一地区同一星级的酒店只能竞价一次）。笔者就用这种方式以 84 美金的价格拿到过纽约曼哈顿岛上 4 星级酒店原价 206 美金的房间。

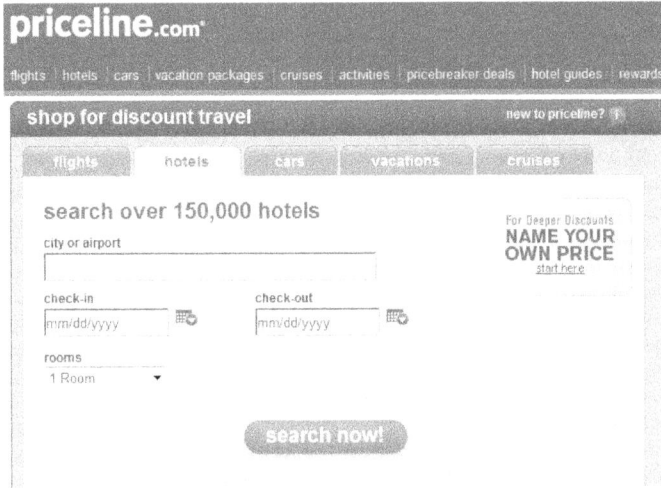

www.priceline.com

这种竞拍的方式，要求在竞拍前输入您的信用卡信息，因为一旦竞拍成功，您需要立即付费，而且您的预订是不能取消的。另外，不是所有的酒店都参与这种竞拍，一般大都市的酒店，高档的酒店会参与这种模式。

当然，货比三家多比较几家网站上的价格，永远是没错的，花点时间做点功课，您一定能找到满意的酒店。

TIPS: 青年旅馆（Hostel），专门为学生和年轻人提供住宿的廉价旅馆。在北美、欧洲的旅游胜地和大都市非常普遍。单人床铺或者上下铺，多人合用的卧室，公用的浴室，有的还有厨房。干净，卫生，价格低廉。如果您是一名背包客，青年旅馆也是一种选择。您可以在网上搜索到更多关于当地青年旅馆的信息。而另一种很有特色的住宿方式—民宿（Bed and Breakfast），我们会在下一章节做具体介绍。

2.2 民宿

民宿（**Bed and Breakfast, B & B**），顾名思义就是当地居民利用自家住宅的空余房间对外经营，有偿的向旅客提供住宿服务。民宿在美国和欧洲都很普遍，也非常受游客的欢迎。虽然价格并不比一般酒店更有优势，但是如果您厌倦了千篇一律的宾馆、酒店，想深切体会当地居民的生活和饮食，了解当地的民俗和文化的话，民俗绝对值得尝试。

Snug Hollow Farm, www.snughollow.com

在美国，民宿可以是纽约曼哈顿岛上百年历史的民宅，也可以是肯塔基州的山间小木屋，或者是佛罗里达州的海边度假屋。民宿没有规定的模式，可以只是主人的住宅中多出来的一间两间卧室，也可以是主人在自己的土地上专门加盖出来的一排客房；餐饮方面，主人可以提供简单但是可口的早餐，也可以为您准备富有本地特色的晚餐。民宿的价格从三四十美金一晚到一两百美金一晚不等。

Snug Hollow Farm, www.snughollow.com

如果您想寻找当地民宿的信息，可以在网站 www.maps.google.com 上直接输入地址，然后寻找附近的 B & B 就可以了，也可以去以下的网站查找，这些民宿都是在当地政府注册，正规营业的家庭旅店：
www.bedandbreakfast.com
www.bbonline.com
...

虽然民宿一般都是私人经营的，但是在条件和服务上不会打折扣，私密的卧室，干净的床铺，一应俱全的卫生间。很多民宿现在都有自己的网站，上面有自我介绍，每间卧室的照片，价格等等。可以说没有两个民宿是完全一样的，没有两间卧室是完全相同的就是美国民宿最大的特色。

和一般酒店一样，民宿也需要提前预订，付费方式也可以是信用卡或者现金，您也需要告诉主人您的入住时间和退房时间，因为主人可能还需要为您准备晚餐和早餐。有的民宿不提供宽带上网，甚至在一些乡间、山林中，连手机信号都时有时无，您需要提前询问清楚。

插图上的木屋就是笔者住过的一家位于肯塔基州山间的民宿－全美最佳民宿之一的 Snug Hollow Farm，民宿的女主人已经年过六旬，当然她有几位帮手。她非常好客，说起话来滔滔不绝，可以告诉您关于这个农场的一切历史，而且她的烹饪技术也非常了得，您的晚餐、早餐都是她亲自下厨的。她只提供素食，所有原材料都来自于您住的这个农场。

TIPS: 民宿提供的房间一般都有限，少则一两间，多则不过四五间，所以不太适合团队旅游，您在出行前也一定别忘了事先预订。另外，民宿不像正规酒店有清晰的星级区分，硬件和软件水平也参差不齐，在选择民宿时，第三方网站上顾客的反馈信息和评价很值得参考，朋友的推荐也是可以优先考虑的。像网站 www.idollardeals.com 也能帮你找到特定地区有优惠活动的私人旅馆，上面的顾客评价，都是旅游者亲身体验后留下的客观评价。

2.3 租房

如果您有在美国长期居住的打算，无论是读书还是工作，都免不了考虑租房的问题。一般人们初到美国的时候会先与亲戚朋友住在一起，待找到住处后，他们就会搬出去居住（宗教或社区机构也会帮您寻找临时住处）。在美国大多数人和家庭会把百分之二十五到三十五的收入用于居住消费。

首先您要了解美国的房屋类型，主要有连体或独立的房屋（Townhouse, House），公寓（Condominium, Condo），和单元房（

Apartment），后两者并没有太大的区别，可以统称为公寓房（主要
区别在所有权上）。

Stone wood, Houston, TX, www.hellohouston.com

Prairie Shores Apartments, Chicago, IL

出租房的房源主要有两种：个人和公司。公司指的是公寓住宅的拥有
者或者管理者，负责一个或数个公寓住宅小区或公寓楼的正常运营。
初到美国，笔者建议您和正规的公司"打交道"，一来所有的手续有

章可循，您的利益更有保障；二来，公寓住宅区还有很多公共设施，您都可以有偿和免费使用。

在美国，租房居住是很普遍的，不仅仅是在校学生，刚参加工作的年轻人，还是三口之家，或者是安享晚年的老年夫妇，都会选择租房。租房，最大的好处就是方便。您可以短期居住或者长期居住；工作变动了，可以在另一个城市重新租房；不用考虑和担心房屋的维护和保养，不用自己动手割草铲雪，修剪屋外的树枝；也不用像买房时需要投入不小的资金或者背上十五年到三十年的贷款，每月按时缴纳租金就可以了。

美国的大中型城市，大学周边地区都有不同档次的公寓住宅小区，人口密集地区以高层公寓楼为主，非人口密集区，以 1－3 层的公寓住宅为主。有的小区同时提供公寓房和独立房屋出租。公寓房的套型主要按照卧室和卫生间的个数来区分，常见的有单人房（Studio），一卧室一卫生间（One bedroom, one bathroom），两卧室一卫生间（Two bedrooms, one bathroom），三卧室两卫生间（Three bedrooms, two bathrooms）等等。价格也按阶梯式上升，根据地区和房间大小的不同，价格从四五百美金每月到一两千美金每月不等。

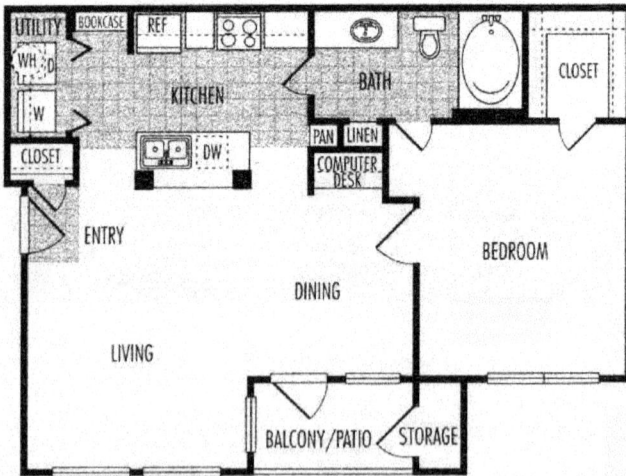

One bedroom, one bathroom, Stone wood, Houston, TX

28

公寓内，厨房设施齐全，冷暖空调，24 小时冷热水。普通公寓，一般不配备家具，您需要自行购买或者租用。公寓楼内有公用的自助投币式洗衣机和烘干机，有的小区内还有公用的健身房和游泳池。每个住户配有 1－2 个停车位，还有专门给客人准备的临时停车位。小区内有专门的服务中心和接待人员，负责接待准住户和办理相关手续，负责接受住户的报修，缴纳月租费等事宜。下面我们来具体介绍下如何租房：

确定租房的区域

根据地区的治安好坏，到达学校或者公司的距离，公共交通情况等等确定租房的大致范围。如果您是考虑合租，您还需要和您的室友商量，选择大家都能接受的区域。

寻找租房的信息

多留意建筑物的上"公寓出租（Apartment Available）"，"租屋（For Rent）"的标示，或参考报纸中的"分类广告"（Classified Advertisements）部份。这些页面中会有关于出租房屋的资讯，例如在什么地方、有几个房间、以及租金多少等等。很多公寓住宅小区都有自己的网站，您可以在网站 www.maps.google.com 上输入指定的地区，比如城市或者邮政编码，然后查找附近的公寓。您也可以去以下提供在线租房服务的网站查找：
www.apartments.com
www.rent.com
www.apartmentguide.com
www.homefinder.com
…

这些网站能帮您在指定的地区范围内进行搜索，列出一定距离内的公寓小区，价格，套型，图片，联系方式一目了然。您也可以索取当地超市、银行、餐厅门口免费的杂志，一般都有当地的公寓住宅信息。

实地查看，了解费用

网上看的再好，也不及亲自去看一看。对于自己比较满意的几个公寓，都应该去实地考察一番。一来了解房型和小区的公共设施，二来了解价格和隐藏的费用。同样是两间卧室两间卫生间的公寓，因建造年代和保养的不同，可能差距很大，而且有的小区配备完善的公共活动空间，娱乐室，健身房，室内游泳池都免费开放，而有的小区却不提供这些。

当您到达小区后，可以让小区的接待人员陪你参观小区的样板房和空房（样板房都粉饰的很好，空房才是您可能入住的真正模样）。如果您对房型满意，那开始了解费用吧。首先您应该了解的是不同套型之间的价格区别，这只是最基本的费用，然后您需要询问关于电费，暖气费，空调，热水等费用的收取情况，每个小区可能都有自己的规定，有的已经包括在月租费中，有的需要您自己支付，还有的是超过一定限额时，需要您支付等等。还有关于停车，宽带上网，有线电视的费用。当然，不能忘了了解押金，租期，提前解除合同，正常结束合同和续租的规定。最后，在您做任何决定前，索要一份空白的合同，回家研究一下。当您横向比较了几家公寓的费用和规定后，您应该知道自己的目标了。大部分的租赁契约是一年。您也可以找到短期出租的房屋，例如一个月到三个月（短期租赁房屋的租金一般会比长期租赁房屋的租金高一到三成）。

TIPS: 租房合同（Lease Contract）中都会明确注明关于提前解除合同、转租、续租，和合同到期时的规定，您一定要了解清楚。一般性的规定是，合同期内不允许转租，特殊情况需要转租，转租人必须和公寓方签订转租合同。合同到期前 30 天，需要书面通知公寓房，您是准备续租还是搬出，搬出前需要清理房屋卫生，和接受检查。有的州规定如果您因为工作变动或者家庭意外时可以要求提前解除合同的，请事先了解清楚。

提交申请，签订合约

所谓申请表，主要是您的个人信息，职业和收入情况，还有您的社会安全号（SSN）－对方需要确认您有能力支付每月的房租，并且确认您有良好的信用记录。如果您没有社会安全号码的话，可以出示护照，并且说明您有能力按时支付房租，比如奖学金等等。在签订正式的合同前，笔者建议您要求公寓方陪同您实际参观一下您准备租住的房间，以确保您对房屋的楼层和朝向满意。当然，在合同签订后，公寓方是需要和您一起检查房屋的，一是交接房屋的钥匙，二是检查屋内的各项设施，确保各类电器运行正常，地毯、地板，墙壁，房门等清洁和完好。租赁契约是法律文件。您一定要遵守您的合约规定。出租方也要遵守规定维持房屋的安全和良好情况。房客搬进房子时，通常需要付一笔押金。这笔押金的金额通常等于一个月的房租。当您搬离时，如果房子清洁并且状况良好，就可拿回这笔押金。否则，对方可能会扣留部份或全部的押金来支付清洁或修理费用。所以搬进去前，先检查房子或公寓；搬离开前，先自行清理房屋，然后与对方一起检查房屋状况，签字后搬出，可以拍照留证。

TIPS: 合同签字后的房屋检查，请您一定重视，发现的任何问题都写在检查清单上，请公寓方签字。建议您在搬进公寓前和搬出公寓后，都拍照为证，如果遇到纠纷，也有照片可以作为证据。有位学生在检查时发现地毯上有烟头烫坏的痕迹，并没有重视。合同到期退房后，公寓方以地毯损坏需要局部更换为由，从押金中扣除了两百美金。

上面说到出租房的来源还有一类就是个人。个人提供房屋出租时，一般是自己的住房，多出一两间卧室，希望平摊部分费用，或者是单独买的投资房，专门作为出租之用。房东有责任保持您所租赁的房屋或公寓安全和情况良好。如果您发现问题请先和房东沟通，例如空调暖气不工作，浴室漏水等等。告诉房东问题在哪里，并要求即时修理。如果您的房东不肯修理的话，您可以通过法律途径保护自己的利益。

网上有很多渠道可以获取私人出租住房的信息。除了上文提到的网站也会提供私人租房的信息外，您也可以在网站 www.craigslist.org 上搜索，这个网站是一个供私人买卖物品、交换物品、求职和提供各类服务的平台，很受美国人欢迎。当您在网站输入自己所在的城市后，网站会跳转到二级目录，中间部分就是关于房屋的板块（Housing），上面有房屋出租，寻找室友等子板块。

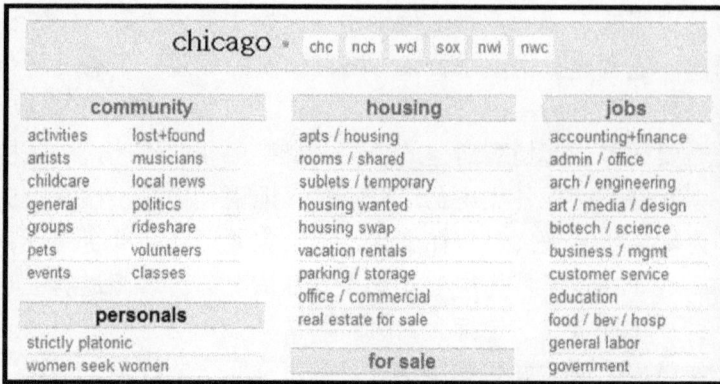

www.craigslist.org

您也可以通过当地的房屋中介，请他们帮您挑选合适的出租房，当然他们会收取部分费用，或者由房屋出租方承担中介费。不管您是通过何种途径获得的私人租房信息，在处理上要比从公寓小区处租房更加小心。一定要有书面的合同，关于租期，押金，每月费用，公共费用的分摊都要有明确的说明。不要使用现金支付押金和月租，使用支票，这样至少有个证据。在签订合同前，确认对方的身份，确定对方就是房子的拥有者。下面我们就来说说在租房中可能遇到的纠纷：

合租

与人合租时，很难做到完全公平和责任清晰。但是，至少所有合租者的信息都应该出现在合同中，不管您是两人合租还是三人合租，所有合租人都应该在合同上签字。这样，如果一人违约，租赁方可以直接向其索赔。或者，当你们的利益收到损失时，租赁方也必须向你们所有人进行赔偿。

提前解除合同

一般在合同中都明确注明了提前解除合同时的赔偿要求，如果提前解约，您不仅会损失全部的押金，还需要赔偿 1－2 个月的租金。如果您不确定您的安排，应该事先要求短期租约。有的州规定如果是突发的工作地址改变等不可抗拒的原因需要提前解约，双方应该协商解决。其中一个补救方法就是您帮助租赁房找到转租人，让其代替您住完租期，当然，三方当事人需要补签转租合同。退租前写一份书面的通知书，告知房屋租赁方或房东您要搬出。大部分的合同中会要求房客在搬出去之前，至少需要提前 30 天做出书面通知。

房屋卫生和设施破坏

这可能是租房过程出现纠纷最多的环节了。当您合同到期搬出公寓后，不仅没有拿回押金，还收到对方寄来的账单，账单上罗列了墙面粉刷费，地毯清理费，和炉具更换费等等。首先，对收到的账单，您不能置之不理。在一定时间内，如果租赁方没有收到您的支票，是有权将您告上法庭的，或者把您的案子交给讨债公司处理，还会影响您的信用记录。在收到账单后，您应该要求对方详细说明费用情况，如果您觉得和事实不符，应该积极回应。而如果您想避免这种情况的发生，首先应该在搬进公寓时仔细检查屋内的情况，书面说明并且拍照为证。搬出公寓时，认真检查各项设施，并且仔细打扫卫生，结束后也拍照为证。

房屋设施的正常折旧费用是包含在月租费之中的，租赁方无权向你收取这笔费用，就算收取也必须按照正常的折旧年限折价处理。收到账单后，如果您觉得误差很大，可以将对方告上当地政府的小额诉讼法庭（Small claim court），提供相应的材料和照片要求租赁方退还押金，甚至补偿您的损失。

TIPS 1: 很多州规定了租房押金的最高限额，并且要求必须在退房后的 15－30 天内退还押金或者说明账单明细。如果您觉得受到了不公正的对待，可以向当地政府咨询，寻求帮助。但是，您的书面合同，证据，照片都很重要，您在租房开始前，就应该保存好这些材料。各州法律有所不同，您可以咨询当地的政府部门。

TIPS 2: 中国人喜爱做菜做饭，特别是大火炒菜。而很多美式的厨房，并没有向外排风的抽油烟机，屋内房间还全部铺的地毯。很多时候，并不是您的美国房东"无理取闹"，长期的油烟，和通风不良，造成地毯发黑变硬，无法清理只能更换。所以，当您在使用厨房时，请做好通风，并且即时清洁厨房。您也可以定期请清洁公司来清洗地毯，花费比合同到期后需要更换地毯要少很多。

租屋歧视是不被允许的

房屋租赁方不能因为您个人的原因而拒绝把房屋租给您。以下的原因是违法的：

- 种族或肤色
- 来自的国家
- 宗教信仰
- 性别
- 身体障碍
- 家庭状况，例如，是否结婚，有几个孩子
- …

如果您认为您是因为这些原因而被拒绝的话，可以向美国住宅与都市发展部投诉（Department of Housing and Urban Development）。

TIPS 1: 如果您准备搬家的话，应该即时通知美国邮政局（USPS），这样他们才能将您的邮件转送到新的地址。您可以在网站 www.usps.com 上变更您的地址，或者到当地的邮局填写地址变更表格。

TIPS 2: 本章节讲的租房主要指长期的租房（Long term rentals），如果您是找中短期的租房（Short term rental, month to month rental），比如1—3个月的短期租房，有些网站和公司也提供相应的服务。

如果您是一位房东，准备出租一两间房间，或者您是一名房产投资人，有独立的公寓、房屋需要出租，也可以参考以上的内容。了解租房者的收入信息和信用记录是非常重要的，一旦房客不能按时缴纳月租，您是不可以擅自行动将房客"赶出去的"，需要通过当地的法庭和警察来执行。这个过程可能会长达半年到一年之久，请您事先和相关的律师了解清楚。您也可以将自己的出租房交给专业的房屋中介管

理，他们会帮您登广告寻找房客，负责签署合同和代收月租费，当然，他们会收取一定比例的佣金。

2.4 学生宿舍

如果您是来美国读书，不管是短期项目还是四年制的本科，或者两年制的硕士项目，宿舍都应该是您最初应该选择的住宿方式。首先，我们来说说选择住在宿舍的理由：

安心

当您提着两个沉重的行李走出机场海关时，如果还不知道今晚应该"露宿何方"时，那会是何等的心情？虽然，您可以暂时借住在朋友家里，或者是在宾馆小住几天，但是这些都不是长久之计。而如果在出发前，您就知道学校已经为您安排了一间属于自己的宿舍，相信您就不会那么紧张了。

One dormitory building of UIC, www.housing.uic.edu

安全

美国的城市也有治安不好的地区，刚到美国，人生地不熟时，您不应该自己在外面租房子居住，至少也应该在自己对学校周围的环境了解后，在治安较好的地区需要合适的公寓。而学校的宿舍，不管是在校园内的还是校园以外的（Off campus dormitory），在安全上比较让人放心。校园内有警察巡逻，进出宿舍楼一般也要检查证件。

方便

方便绝不仅仅是指地理位置上的便捷。学校的宿舍，一般会就近设在校园内（On campus dormitory），您完全可以步行出行，省去了您刚到美国没有私人汽车的烦恼。而且，多数的宿舍，都是配备了必要的家具的，桌椅板凳，床铺一应俱全。宽带上网，有线电视也都预先准备好了。

就餐便利

住在宿舍您绝不用担心会饿肚子。在校园内，您可以找到一个或者多个餐厅。学校为住在宿舍的学生，提供了不同的选择，您可以选择包餐，一般是包周一到周五的三餐，也可以选择不包餐，想自己动手下厨时，就自己做饭，想换换口味时，就去餐厅就餐，餐厅也分自助式的和点餐的。

TIPS: 美国的宿舍一般分两种，带厨房的和不带厨房的。自带厨房的宿舍您当然可以自己做饭。有些不带厨房的学生宿舍，要求住宿的学生必须在学校餐厅包餐，您在选择宿舍时一定要看清楚要求。

便于交流

您来美国读书，第一个需要克服的障碍就是语言上的障碍。而提高英语最好的方式就是使用它。说，和美国人交流，还有什么比和几个美国同学住在一起，天天用英语对话更快，更好的方法？而且大学的宿舍都安排有学生顾问，刚入校的新生，任何住宿和生活上的问题，都可以向顾问寻求帮助。

下面笔者就来具体介绍住在学校宿舍的注意事项:

首先，您需要打报告写申请。特别是一些知名学府的宿舍可不是"随到随住"的。当您被美国的大学录取后，您会收到学校寄来的新生入学指南，上面会有学校宿舍的介绍。或者，您也可以登录学校的网站，网站上会有关于学校宿舍（Dormitory, Housing）的专门页面。您要做的是下载宿舍申请表，选择入住的时间，宿舍的类型，比如单人间还是双人间，有无特殊要求等等，连同申请费一同寄给学校，或者网上递交。如果学校的宿舍紧张，没有空余的房间，在您递交了申请后，您就排在了宿舍的等待名单上（Waiting list），一旦有房间空出学校就会通知您。有的学校也会为国际学生优先安排的。

美国大学的宿舍没有统一的模式，各个大学之间区别很大，费用也不相同。主要的区别在于卧室是单人的还是双人的，多人合用一间卧室的情况比较少见。常见的一套宿舍公寓内有 4 间卧室，2 个卫生间，所有人共用客厅和厨房（有的宿舍不提供厨房），宿舍内有必要的家具和床铺，24 小时冷暖空调和冷热水，提供宽带上网和有线电视，如果有厨房，厨房内提供炉具，冰箱和微波炉。每层宿舍设有投币式的自动洗衣机和烘干机，宿舍设有公共的活动空间和娱乐空间等等。

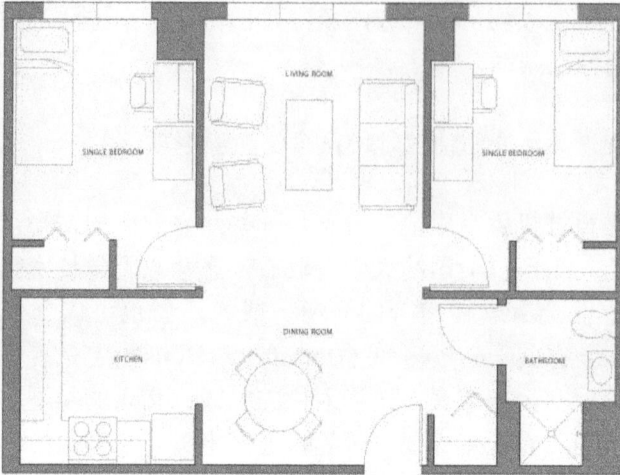

One kind of floor plan at UIC, www.housing.uic.edu

选择宿舍时，您不仅可以根据自己情况选择不同的套型，还可以选择在学校餐厅用餐的方式。您可以选择以自己做饭为主，偶尔在学校餐厅用餐，按次缴费；也可以选择包餐，周一到周五三餐都在学校餐厅用餐，自助式用餐。

宿舍都有配套的停车场，不管您有自行车，还是汽车，停车都很方便。比较大的校区，还有免费的校内公共交通系统。

另外，美国大学每年有三个学期：春季，夏季，秋季，夏季为短学期，非必选。您在选择住宿时，可以需要住 12 个月，10 个月还是只住夏季的短学期，费用都不相同。

TIPS 1: 如果您准备自己在厨房做饭，需要注意做饭时产生的油烟。美国的房子以木质结构为主，非常重视防火，学校宿舍的房间内都设有烟雾报警器，做饭油烟大时，可能触发报警装置，您需要做好通风。

TIPS 2: 自己的卧室需要自己打扫，公共部分像卫生间，客厅和厨房，您需要和您的室友共同打扫，学校会定期检查，不合格的会给出警告，或者请专人来打扫。当然，收到账单的人会是您。当您在搬出宿舍前，也需要把宿舍的卫生打扫干净，不然，打扫卫生的额外费用会从您的押金中扣除。

TIPS 3: 宿舍一般禁烟禁酒，所以不要在学校宿舍内吸烟喝酒，被发现后，轻则警告，重则"请"您搬出宿舍，不到年龄饮酒，还会报警处理。

TIPS 4: 宿舍安排有管理员，一般是学生兼职工作，负责宿舍的安全，卫生检查等等。您也可以申请宿舍的管理员职务，不仅有工资，住宿费也可以减免。

也许大家也注意到了，笔者并没有在上文中说到美国大学宿舍的费用。的确，选择住在美国大学的宿舍里，并不便宜，有时还非常昂贵。每年的花费在四五千美金到一两万美金之间，这和大学所在的城市和地区，还有宿舍的条件有关。加上在学校餐厅就餐的费用，每年也是一笔不小的开销。很多美国学生，在第一年熟悉了校园和周边环境后，也会选择"搬出"宿舍。几个人合租一套公寓，自己做饭，会比住在宿舍自由很多，费用上也会少一些。具体关于租房的内容和注意事项请参考本书关于租房的章节。

2.5 买房、卖房

关于在美国买房

www.homefinder.com

相信您也有这样的梦想，一定要在美国拥有一套属于自己的花园洋房。在我们开始讨论如何买房前，笔者先要澄清几个事实：

不是美国人，不能在美国买房

错。任何人都可以在美国购买房产。拥有房产和合法居住是两个概念，我们会在后面的章节介绍合法居留的问题。不管是美国公民，在美国居住的外国人，在美国读书的学生，还是持有短期工作签证 H1-B 在美国工作的人员，或者不在美国的外国人都可以在美国购买、投资房产。

在美国购买了房产，我就可以在美国合法居住，获得绿卡了

错。现在很多报道、广告说只要您在美国购买 50 万美金以上的房产一套，您和您的家人就能获得美国的绿卡即永久居留权了。到目前为止，完全没有这么回事，EB-5 投资移民中提到的 50－100 万美金指的

是您在美国投资在指定项目上，有利于美国经济和就业的资金，和您用于购买房产的资金完全没有关系，关于投资移民，我们会在后面的章节介绍。

在美国购买房产后，房产和土地就永久性属于个人了

对，或者说基本上正确。首先，上一章节中，我们介绍到美国的房屋有几种形式，独立房屋，连体房屋，和公寓房等。连体房屋和公寓房，购买后您只拥有部分的产权，甚至只拥有房屋的产权，而不拥有土地的产权。只有独立房屋，您在购买后才拥有完全的房屋产权和相应的土地产权。另外，不要忽略了美国的房地产税制度（**Real Estate Tax or Property Tax**），如果您不能按时交税，政府是有权收回您的房产的。关于房地产税，我们会在后面的章节介绍。

在我们正式开始买房前，先让笔者来帮您大致算算在美国买房和养房的花销有多大（多数人在买房时会考虑从银行贷款，所以以下费用中包含了贷款和利息的部分，如果您是一次性付款买房，请忽略相关部分，并且本章介绍的是私人住宅，商用住宅的税费有所不同，也会高一些，我们不做详细介绍，每个州的要求和规定有所不同，请您在具体买房前和当地的房产经纪人确认）。

买房的费用包括：

房屋贷款首付的部分（**Down Payment**）
房屋检查费（**Inspection Fee**）
房屋估价费（**Appraisal Fee**）
土地测量费（**Survey Fee**）
产权保险（**Title Insurance**）
政府登记费（**Recording Fee**）
文件费（**Document Fee**）
...

有的时候，或者有的州还会包括律师费，信用记录调查费，购买贷款利率点数费和部分地税等等。以上部分费用可以统称称为房屋过户费（Closing Cost, Closing Fee）。这些手续可以由您的房屋买卖经纪人准备（Real Estate Agent），或者由第三方托管公司负责准备（Escrow Company），所以也叫 Escrow Cost。

养房的费用：

房屋贷款的本金和利息（Home Mortgage）
地税（Property Tax，每年的费用一般是房产价值的 1%－3%）
房屋保险（Home Insurance，包括火灾，水灾，地震，龙卷风等等，更多的内容请参考房屋保险章节）
如果房屋是在小区内或者是公寓还有小区费和物业费（HOA Fee，Homeowner Association Fee）
请人修剪草坪和除雪的费用（Mowing and Snow Removal，当然您可以自己完成）
水电煤气费用（Utility Fee）
房屋正常的维护费用，比如外墙油漆，更换屋顶、空调等等（Maintenance Fee）
...

以上费用是需要按年或者按月支付的。

不管在哪里买房，都是您和家人人生中重大的投资之一。准备充分，事先了解购买房产的知识和步骤，把问题考虑在前面都是必要的，下面我们来具体说说买房的过程：

1.准备买房

1.确定购房的总价和首付的比例。您可以购买任何价格的房屋，美国的房屋价格从几万美金到上千万美金不等。您除了需要考虑房屋的总价，首付的部分，还需要考虑您每个月支付贷款的能力、地税、维护保养费用等等。美国一般的计算方式是房屋价格不超过家庭年收入的

5 倍，比如您的税前家庭年收入为 10 万美金，您可以负担的起的房屋价格不应该超过 50 万美金；您有 10 万美金存款可以作为首付部分，您可以负担地起的房屋价格就可以上升至 60 万美金。如果超过了这个比例，每个月在房屋上的支出压力会比较大。

关于首付，以前银行允许零首付，现在要求比较高，需要贷款人支付房屋贷款总额的 5%－20%作为首付。首付的比例高，贷款的比例就少，每月还贷的压力就少，随之每月支付给银行的利息部分就少。

比较有效的方法是，在准备购房前，去自己开户的银行了解下自己的经济情况和支付能力。银行会根据您家庭的收入情况，您的信用分数，和您现有的存款数目，帮你估算出您可以承受的房屋总价，您可以得到的贷款利率、贷款总额，和每月还贷的数目。这样您可以做到心中有数，看房时目标明确，并且在日后办理贷款时有个参照。

2.确定房屋的类型和基本要求。前面的文章中我们介绍过美国常见的住宅类型有独立房屋，连体房屋和公寓房。如果您是在大都市工作和生活，因为土地资源有限，一般会考虑购买公寓或者连体房屋，而如果您是生活在城市近郊或者人口密度不大的地区，一般可以考虑购买独立的房屋或者连体房屋。

房屋的基本要求指的是房屋的大小，卧室的个数，楼层，房屋的年份等等。根据美国 2009 年的官方统计数据，美国的平均家庭成员人数是 3.19 人，也就是说多为三口之家和四口之家。所以多数家庭买房时更喜欢有三间卧室和两个独立卫生间的房屋，当您日后准备卖房时，这样的房屋也最受欢迎。美国常见的独立房屋和连体房屋有一层，两层，或者三层。北方的房屋多带地下室（Basement），南方的房屋较少带地下室。另外您还需要考虑房屋附带车库的个数，一般是一个或者两个车位，有两个车位的车库更受欢迎。

关于房屋的年份。美国有的房屋年份比较长，十年，三十年，甚至超过五十年的都有。您也可以购买新房，或者购买土地让承包商根据您的要求来设计和建造新房。新房老房各有利弊，老房一般更靠近市区，交通便利，社区成熟。但是老房因为建造年份的客观原因，一来房屋的保养有个体上的差异，二来过去和现在，在房屋建造上的要求不同，年份短的房屋在设计上可能更科学，用料上更安全和环保，房屋保温上也做的更好，能有效减少夏天冷气的费用和冬天暖气的开销。当然，不少老房已经整体上翻新过了，各方面一点都不比新房差，而且很多老房在木材和石料的选择上比今天的新房更加讲求，有的购房者反而更加偏爱老房。

3.确定房屋的位置（Location）。在美国的房屋买卖中，最重要的三个原则是什么？Location, Location，还是 Location。其实美国人和中国人一样，都非常看重房屋的地理位置。这里讲的位置，不仅指的所在的州，郡，或者城镇，还指的是离您和您家人上班地点的距离，附近有无高速公路，学校，医院，购物中心，所在地区或者小区的治安如何，小学、中学的质量如何等等。您在考虑房屋的位置时，需要根据个人和家庭的实际情况来权衡利弊。并不是离大都市越近越好，大都市附近人口集中，密度大，相对来说房屋和社区也比较陈旧，但是交通便利，公共设施也比较完善；也不是离大都市越远越好，虽然人口少的地区，房屋价格便宜，私密性也好，但是您也需要考虑到上下班花在路途上的时间和费用，平时外出活动和购物的便利性等等。

美国的社会治安总体来说是不错的，但是也有区域性，不同的城市，不同的地区差别较大。您在买房前应该先了解当地的治安情况，除了自己的亲身体会和从当地的房屋买卖经纪人和经纪公司处获得一些信息外，还可以在当地政府的网站上获得一些信息。很多城市警察局的网站上，都会公布当地的犯罪记录，时间、地点、什么类型的犯罪都在网上能查到。另外，关于性犯罪者（Sex Offender），法律规定他们的信息是公开的，您可以在当地或者政府的网站上查找到当地的性犯罪者的姓名、地址和照片。例如网站 www.nsopw.gov，通过查询，您也可以从一个侧面了解到当地的治安状况。

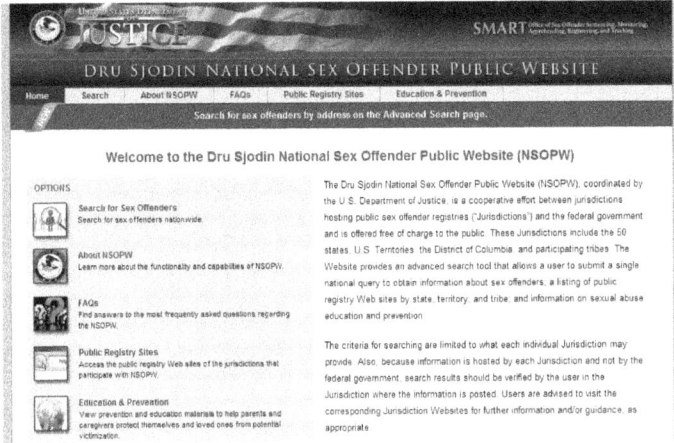

www.nsopw.gov

考虑房屋的位置时，所在地的学区（School District）也是很重要的，特别是您现在或者不久的将来会有学龄前的孩子。美国的中小学公共教育（公立学校）严格按照学区划分，学生按照居住地所属的学区就近入学（当然您可以选择私立学校）。好学区的房屋价格明显高于普通或者较差学区的房屋价格，好学区的房屋地税也会比较高。您可以通过当地房产经纪人了解到当地学区的划分，当地政府网站上也会有本地区学校的介绍。另外以下网站也能帮助您了解特定地区的学校情况：

www.greatschools.org
www.nces.ed.gov/ccd/schoolsearch
www.schooldistrictfinder.com

…

2.选定房屋买卖经纪公司和经纪人（Real Estate Agent, Realtor）

在美国买房时，可以不用经纪人自己操作完成吗？一般来说，是可以的。但是在笔者说明了请经纪人的好处后，您一定会打消自己操作的念头：

经纪人比您更了解本地区的地理情况（交通，地势，学区，医院，购物中心等等）；

经纪人比您更了解本地区的房市（近几年全国和本地区的房屋价格走势，上市待售的房产，银行收回的房屋，拍卖的房屋等等）；

经纪人比您更有买卖房产的经验（法律法规，文件处理等等）；

经纪人比您更了解房屋的好坏（新房老房的优缺点，房屋质量等等）；

经纪人可以帮您比较房屋贷款机构和保险公司，帮您找到最好的价格；

最后，房屋买卖经纪人的佣金是由卖方支出的，和买房的您完全没有关系。既然这样，多一个人为您服务，帮你把关，何乐而不为呢？

如何选择合适的经纪人为您服务呢？优秀的房产经纪人应该具有丰富的房屋买卖经验，良好的听说读写和沟通能力，可以熟练使用电脑，互联网等现代通信设备，最好是全职工作，以便有充裕的时间帮您寻找合适的房屋并陪同您看房。您可以在网上寻找到当地房产经纪人的信息，或者在当地的房产杂志和报纸上寻找，最有效的方式是咨询您在本地的朋友和同事，因为做经纪人的，口碑和人品非常重要，以往客户的推荐，最有说服力。

选定了合适的经纪人，一般需要签订一封书面的合同（Buyer Agent Agreement）。此后，这位经纪人将作为您唯一的买房代理帮您选房和处理买房的手续，没有特殊情况，一般是不更换的。

TIPS: 正规的房产经纪人应该具有本州的房产经纪人执照，有的经纪人会同时拥有多个州的执照。很多经纪人有自己的公司，或者作为大型房产公司在本地的代理。选择经纪人时，您可以挑选 2，3 位比较满意的候选人当面接触交流，考察他们的专业知识和待人的态度。一位敬业的经纪人，不仅能传授您很多买卖房屋中的知识，还能帮您在第一时间发现适合您的房屋，争取到最好的价格。在美国，有不少华人和华裔的经纪人，精通中文和英语，在沟通上可能更方便些。

3.贷款预审 （Home Loan Pre-approval）

大部分人需要通过贷款支付购屋费用，您可以向当地的银行或房屋贷款机构借贷。您在考虑买房时一定已经计算过可以承受的房屋总价是多少，首付多少，贷款多少等等。在美国，80%－90%的买房者都会考虑房屋贷款。（如果您准备全额付款买房，当然可以，请忽略本节的内容。）在房屋买卖双方确定了房屋价格，正式办理房屋买卖手续前，您需要办理房屋贷款的预审批准书。房屋卖方需要了解您的经济状况，确认您有能力支付房屋的首付款和获得银行的房屋贷款。在美国，房屋的卖方在接受了您的报价后，是不能再接受别人的出价的，也就是说，卖方是有一定的机会成本的，一来也许会有人报价更高，二来您的贷款被银行否决。一旦最终您的贷款申请没有被银行批准，卖方可能损失了最佳的卖房时机。所以，没有看到您的房屋贷款预审批准书，卖方一般是不会接受您的报价的。

办理房屋贷款的预审批准书并不困难。您可以去自己开户的银行办理，也可以让您的经纪人帮你找贷款经纪人（Broker）办理。您需要提供您的姓名，住址，工作单位，年收入等信息和社会安全号。银行在评估了您和您家人的收入，信用记录，存款，债务等信息后，会书面通知您是否可以向您提供购房贷款，贷款的上限是多少，贷款的利率和每月需要缴纳的本金和利息是多少等等。

美国的房屋贷款种类很多，最常见的有两种：浮动利率贷款和固定利率贷款。浮动利率贷款（Adjustable Rate Mortgage）的初始利率比固定利率的低，但是以后的利率是随着银行利率的指数上下浮动变化的。固定利率贷款（Fixed Rate Mortgage）的利率一旦确定，在整个还贷期间都不会随着银行利率的变化而变化。特别是这几年，美国银行的贷款利率已经是历史最低点（根据 2012 年 1 月份的数据，30 年固定利率贷款的利率为 3.88%，15 年固定利率贷款的利率为3.22%），笔者建议您选择固定利率贷款。另外，常见的房屋贷款年限为 15 年和 30 年，您可以根据自己的情况选择；房屋贷款又分为小额贷款，普通贷款和大额贷款（Jumbo Loan），超过 47 万 7 千美金的贷款称之为大额贷款（每个州的规定可能不同），利率会更高一些。以上知识，您的经纪人都会也应该为您做详细的说明和解释，并站在您的角度，帮你分析和做出选择。

4.看房选房

首先，笔者希望您知道，买房是件大事，同时也是一件需要耐心和理性思考的事情。平时买一样东西，您会货比三家，买房时，多看几家更是必须的。最初看房时，特别您是第一次买房的时候，一定不要冲动，要有一颗平常心。多看几套房产，有助于您了解当地的房地产情况，房屋的结构，装修，年代的区别，小区的好坏，交通情况等等。一般来说，经纪人会带您看 5－10 处房产，这个过程下来，您一般能做到心中有数了：知道在自己的目标价格区间内，能买到什么地区，什么年代，什么结构大小的房屋。这时，真正的选房才刚刚开始。

最初看房时，您可以由经纪人陪同也可以自己找房看房。房产经纪人获得在售房屋信息的渠道很多，他们能访问很多公开和非公开的房产数据库，根据客户您提出的要求，比如价格范围，地区，房屋大小，楼层、卧室、卫生间、车库的数量，年份，甚至外墙材料，供暖方式等等信息，帮你细分市场，缩小目标范围。他们还能第一时间知道银行在售和拍卖的没收房产（Foreclosed House, Short Sale House）。您也可以自己通过网络，当地报纸和杂志寻找合适的房屋信息，常见的房屋信息网站有：
www.zillow.com
www.trulia.com
www.realtor.com
www.ziprealty.com
...

当您输入了指定地区的地址或者邮政编码后，网站会帮您搜索当地在售的房产。您也可以具体输入房屋的价格范围，卧室、卫生间数量等要求，进行精细搜索。

For Sale: $439,900
Est. Mortgage: $1,613/mo ▾
See current rates on Zillow
View Your 2012 Credit Scores Now, Free!

Beds	4
Baths	3.5
Sqft	2,779
Lot	13,068 sq ft / 0.30 acres
Type	Single Family
Year built	1996
Last sold	July 30 2007 for $450,000
Parking	--
Cooling	--
Heating	--
Fireplace	Yes
On Zillow	3 days
MLS #	07973071

More facts

METICULOUSLY MAINTAINED-YOU WON'T FIND A BETTER HOME-HARDWOOD 1ST+2ND FLOORS-NEW LUXURY MASTER BATH W/TRAVERTINE-NEW HALL BATH-FINISHED BSMT W/REC RM-GAME RM-BEDROOM+FULL BATH-NEWER ITEMS: ROOF-TREX DECK-PATIO-PELLA DOORS-IRRIGATION SYSTEM-INVISIBLE FENCE-FURNACE-CENTRAL AIR-50 GAL HOT WATER...More

www.zillow.com

您的经纪人会将他/她觉得满意的符合您要求的房屋信息通过邮件的形式发给您。您也可以将自己发现的满意的房屋信息发给您的经纪人，让经纪人安排时间陪你前去看房。

TIPS: 在售的房屋不等于您可以随便进去参观的，一般需要通过您的经纪人与对方卖房经纪人联系，预约看房的日期和时间。对于空置的在售房屋看房会更方便一些。有些房屋的卖家，也会安排专门的房屋开放日（Open House），欢迎感兴趣的买家前来参观。如果您发现在售房屋门前有房屋开放日的标示牌，您也可以大大方方的进去参观。

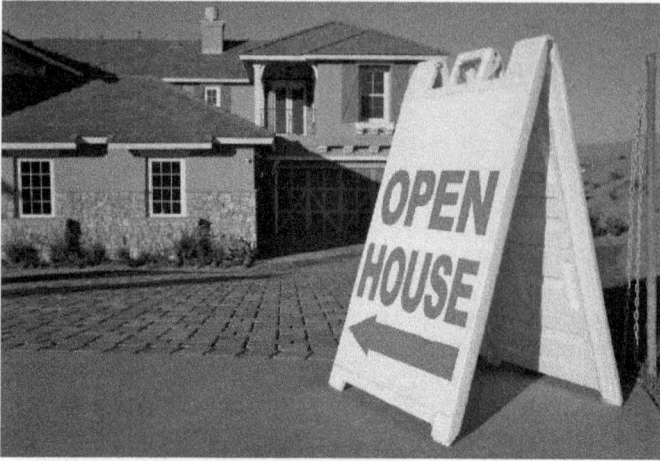

您在挑选房屋时，不宜只看了一两套房产后就匆忙地做出决定，也不能看了十几甚至几十套房屋后，还是犹豫不决。俗话说，物极必反，看了太多房屋后，您可能更不知如何选择，而且很多地区房屋销售的季节性很强，比如美国北方地区，一旦您错过了房屋上市销售的黄金时段（每年的 4 月到 10 月），很有可能只能等到来年再选房了。

Foreclosed House, Foreclosure House 指的是丧失抵押赎回权的房产，也就是因为不能按时偿还房屋贷款，被提供房屋贷款的银行或借贷方没收的房产。银行或者贷款的借贷方在没收了这类房产后，会低价上市销售，以弥补房屋贷款中的损失。这几年美国房地产市场不景气，失业率上升，很多家庭无法承担每月的房屋贷款，房屋被银行强制收回。您会发现这类房屋的价格会低于或者远远低于正常销售的同类型房屋。但是当您选择这类房屋是也需要特别小心，一是确认原屋主已经搬出了房屋（法律程序复杂和耗时），二是亲自检查房屋并通过第三方公司检查房屋。因为很多这类房屋长时无人居住或者缺少正常的维护，房屋内外都有不同程度的损坏。更有甚者，原屋主不满房屋被银行没收，搬出前恶意破坏房屋。

Short Sale House 指的是卖空房屋，或者叫低价销售房屋。原屋主因为无力继续偿还房屋贷款，向贷款的银行或者贷款方申请低价销售房屋，比如房屋贷款为 **40** 万美金，屋主希望以 **35** 万出售房屋。这种情况对银行和原屋主都是有损失的，但对双方的损失都小于丧失房产抵押赎回权的情况，所以有时房屋借贷方也会接受这种销售方式。

作为房屋买方的您，上述是两种比较特殊地情况，在价格上比正常销售的房屋更有优势，但是办理房屋买卖的手续也更加复杂和耗时，所以请您一定和您的经纪人充分沟通后再做出决定。

5.选中房屋，下订单，签合同

如果您找到了比较满意的房屋，该出手时就该出手了。这个时候，又该您的经纪人出马了。在售的房屋，都会有一个定价，或者叫要价（List Price），就是指房屋卖方的期望成交价。房屋买卖的最终成交价可以就是这个价格，也可能低于或者高于这个价格，取决于房屋本身的好坏和房屋市场的好坏。您的经纪人会和您一起分析这套房屋的情况，以确定您的报价（**Offer**）。这里指的分析，主要指的是分析房屋自身的情况，比如以往的销售记录，此次上市的时间，房产税，面积，房间数，楼层，建筑年代和材料等等；和横向比较此套房屋和附近街区同类型的房屋的价格高低，比如近期在同一街区中，另一套相似房屋的出售价格，本地区其他房屋出售时，卖方要价和最终成交价的比例（如果多数房屋成交价低于要价约 6%，则您也可以砍价 6%）等等。

TIPS: 如果在您准备出价时，对方卖房经纪人说已有买家报价了（Have One Offer or Multiple Offers），您就要小心了，说明您遇到竞争对手了。您有可能需要接受卖方的要价，甚至报价高于要价几千美金才可能获胜。

当您和经纪人确定了您的报价后，经纪人需要开始准备合同了，这是一份正式的房屋买卖合同，不仅会注明您的报价，还需要您提供一定金额的押金以示诚意，另外还会写明合同的附加条款，比如此报价的有效期（一般 24－72 小时），卖方接受报价后，您会检查房屋，包括房屋本身的质量，是否有白蚁，地下室是否有氡气，如果发现问题卖方负责解决，或者终止合同，拿回定金等等。房屋买卖经纪人一般都有本州房屋买卖合同的模板，都是经过律师反复修改和长期使用的，可能有4，50页之多，经纪人会逐页向您解释，并让您签字。当您签完字后，经纪人会将合同和押金支票传真给卖方经纪人（有的州规定房屋买卖合同需要由律师来准备，您需要按照本州的规定来办理）。

很多时候，卖方不会接受您的第一次报价，双方不免讨价还价一番。对方可能提出一个间与要价和您的报价之间的折中价格，或者对合同中的附加条款有所异议，比如希望延长交房的时间，验房时发现的房屋问题不做维修等等。您也可以选择接受卖方的要求，或者坚持原先的报价。如果双方不能就价格和合同条款达成一致，合同自动作废，押金也不会兑现。如果买卖双方就房屋价格和合同条款达成一致，双方签字后，合同就此生效拉。

6.办理房屋贷款

房屋买卖合同生效后，您需要做的第一件事情就是办理贷款。在前期的贷款预申请中，您应该已经基本清楚了自己的经济情况：自己的信用分数是多少，贷款的上限是多少，银行提供贷款的利率是多少等等。现在您可以正式办理贷款了。您可以继续请自己开户的银行办理贷款，也可以请经纪人推荐的贷款经纪人（Broker）办理。贷款经纪人会将您的信息同时发给多家银行和贷款机构，所以拿到更低的贷款利率的可能性更大。银行的利率是每天都在变化的，当初您得到的贷款利率已经失效了。在您正式申请贷款确定由一家银行为您提供房屋贷款时，需要签字确认当时的贷款利率（Lock the Interest Rate），然后才是正式办理贷款手续。申请贷款，需要填写贷款申请表，详细真实的填写个人信息，并且提供最近3个月的工资单（Paycheck）和近两年的税单（W2），如果您不是美国公民，还需要提供材料证明您在美国的合法居留身份。

办理贷款中会由一些额外的费用，比如文件费，房屋估价费（Appraisal）－银行需要确认房屋的真实价值，如果贷款额超过房屋的价值，银行可能拒绝提供贷款。另外还有购买点数的费用，花钱购买的点数（Discount Points）可以进一步降低贷款的利率（比如银行给您的利率是 4%，您可以额外交钱将利率降到 3.75%或者更低。当然您应该仔细算算，看如何操作最为省钱）。

TIPS 1: 您在比较和挑选房屋贷款银行时，不仅要比较利率的高低，还要比较各家银行列出的相关费用的多少，有的银行虽然利率诱人，但是申请费，文件费很高，您不可忽视。另外，您每年支付的房屋贷款的利息部分，在第二年的报税中有相应的减免，请参考本书的金融章节。

TIPS 2: 您能获得的贷款利率和您自己的信用分数有直接关系，关于个人的信用分数，请阅读本书的金融章节。

TIPS 3: 请小心那些收取高房贷利率的贷款公司。因为您来美国不久，有些贷款机构会尝试向您收取较高的利率。法律上有保护您在购买房子时不受到欺骗、被收取不必要的费用、以及被歧视的条文。您可以向美国住宅与都市发展部投诉（Department of Housing and Urban Development）。

7. 房屋检查（Home Inspection）

房屋检查和房屋贷款申请是同步进行的，这时的房屋检查可不是您当初看房时的"走马观灯"了。一般合同中都规定，合同生效后，您有 15 天的时间完成房屋的检查。这次的检查需要由独立的，具有验房执照的房屋检查师（Home Inspector）来完成。您的经纪人会帮您推荐几位熟悉的验房师，您也可以自己请验房师来验房。前面提过，这笔费用是由买房者承担的。验房师会和您预约时间一起检查房屋，时间大概是 2—3 个小时。您应该和验房师一起检查房屋，一来对自己的准房产有个更加深入的了解，二来可以从中学习到很多关于房屋质量，维护的知识。房屋检查都有详细的项目，大概包括房屋的结构、地基、屋顶、外墙内墙、门窗、阁楼、地下室、供暖系统、空调系统、热水系统、电路系统、壁炉烟道、供水排水系统、烟雾报警器、庭院等等。好的验房师在检查房屋时，不惜口舌，会一路向您讲解相关部分的知识，好在哪、不好在哪、已经使用的年份，剩余寿命还有多久，平时应该如何维护保养，更换时的花费是多少等等。发现的问题，验房师都会一一记录下来，并且拍照为证，大的问题也会坦诚的告诉您，甚至建议您取消合同，比如严重的地基问题，白蚁等等。验房完成后，验房师会在 3—7 内出具书面的正式验房报告，您的经纪人会将验房报告传真给卖方，卖方可以选择维修或者根据估价给您相应的价格优惠，如果卖方拒绝维修，您可以要求解除合同。

TIPS 1: 银行没收的拍卖房屋一般是不负责任何维修的，您需要自己处理或者要求银行降价。

TIPS 2: 上文提到的氡气（Radon）是一种致癌的有毒气体，在部分地区的地下室常见。一般需要请第三方公司专门检测，费用由买家负责。如果发现地下室的氡气含量超标，您可以要求房屋卖方安装专门的换气装置。

TIPS 3: 美国的房屋以木质结构为主，买房时应该进行害虫特别是白蚁（Termite）的检测，如果发现白蚁的活动痕迹，卖家需要请专业公司进行处理，并且提供一定时间的质量保证。

TIPS 4: 如果您购买的是新房，可以选择不做房屋检查，建筑商会提供一年的房屋保修，等时间接近一年时，您可以再做房屋检查，发现的问题，建筑商需要负责维修。

8. 办理相关手续

当您在办理房屋贷款和做房屋检查时，您的经纪人也没有闲着。他/她也有很多工作需要同步进行。有一项很重要的工作就是检查房屋的产权（Title Search）。检查房屋的产权需要由专门的律师或者公司来进行。他们会把房屋的历史查的清清楚楚，确认房屋卖方是否真正具有房屋的产权，如果房屋是夫妻或者家族共同财产，是否每个人都同意出售这套房产，房屋是否还有贷款没有还清，借贷方是谁，房屋是否有任何抵押，房产税是否有拖欠，有无任何房屋相关的债务和法律纠纷等等。有时，您还需要办理房屋产权的保险，日后一旦出现房屋产权的纠纷，一切损失由保险公司承担。

另外，经纪人还需要在当地政府部门核实房产的文件记录，地址，面积，和邻居的分界线等等。如果有任何异议或者不明确的地方，需要请专业公司重新测量地界（Survey）。

在房屋过户前您还需要购买房屋保险（Home Insurance），具体房屋保险的内容请阅读本书保险的章节。再次检查房屋（Final Walk Through），确认房屋已经清空，打扫干净。房屋检查时发现并且需要由卖方维修的部分已经妥善处理，没有出现任何房屋检查时未发现的问题。同时，您可以联系当地的水、电、煤气、网络公司，预约过户和安装。

您的经纪人会在房屋过户前，给您一份清单，上面注明了房屋过户时需要准备的一切文件和费用，请逐条确认核实。过户时的费用一般需要以现金支票支付，您也可以带上个人支票以备不时之需。

房屋买卖的手续很多，包括贷款和各项检查在内，可能需要 30－60 天时间，如果是银行没收的房屋或者低价销售的房屋，可能需要更长的时间。

9. 正式办理过户（Closing）

当房屋贷款办妥，各项检查结束，文件准备齐备，房屋买卖双方就可以在合同约定的日期正式办理房屋买卖过户手续了。这个手续一般在房屋买卖的第三方托管公司（Escrow Company）进行。参加人数可多可少，如果您是以个人身份从银行购买的丧失抵押赎回权的房屋，参加办理过户手续的只有您和托管公司的银行代表两人；如果是正常买卖的房屋，在有的州需要律师在场的情况下，到场人员可能包括您和您的家人，您的经纪人，您的律师，卖方夫妻，卖方经纪人，卖方律师，和第三方托管公司的代表。所谓过户手续，主要就是买卖双方分别在众多的文件上签字，双方签字后的文件一式多份，买方付钱，卖方交钥匙。恭喜您，现在房屋终于属于您了！

10. 后续事宜

房屋过户后，您可以开始准备搬家了。如果是新房或者可以立即搬入的旧房（Move in Condition），您可以随时搬入。如果是旧房，可能在搬入前需要简单的装修和维护。房屋装修和维护的内容请参阅下个章节的内容。搬家，您可以请搬家公司，或者自己租车搬家。本书的交通章节，会介绍美国常见的卡车租赁服务，您可以作为参考。

另外，房屋过户后，您会陆续收到当地政府寄来的房产文件和银行寄来的房屋贷款文件，以便于您缴纳房产税和每月的贷款费用。

TIPS 1: Property Tax Appeal 房产税和您房屋的价值，地理位置，学区等因素有关，每个州、郡、城市的税率都不一样，一般是房屋价值的1%—3%。税率您无法改变，但是房屋的价格是随着市场变化而上下波动的，特别是这几年房屋市场不景气，美国大部分地区的房屋价格都有所下降。您在当地政府的网站上，可以查到自己房屋的估价，如果您觉得政府的估价明显高于周围同类型房屋的估价，或者高于您买房时的房屋估价，您可以向当地政府提出申诉，要求做出调整。很多情况下，这类申诉不需要请律师操作，您自己就可以完成。您在提出申诉的同时，要积极收集"证据"，比如您买房时的估价报告，本街区同类型房屋的估价等等。

TIPS 2: Refinancing 我们说过，银行的利率是会上下波动的，例如在2006 年前后，银行贷款利率高达 8%—10%，而 2012 年只有 3%—4%。当您发现当前的利率明显低于当初买房时银行提供的利率时，可以进行重新按揭（Refinancing）。一旦新的贷款顺利批准，每月能节省下几十到几百美金的贷款费用，在整个 15 年到 30 年还贷期内，可是一笔不小的数目。办理重新按揭可以在同一家贷款机构办理，也可以重新寻找一家银行办理。初审时，对方会根据您的情况帮您估算出新的利率，每月的还款额，和手续费等等，如果您觉得合适，可以锁定利率，正式办理。办理手续和周期和您当初买房时办理贷款的情况类似。

最后，根据美国的传统习惯，当您搬入新居三个月的时候，应该把亲朋好友请来欢聚一番（Housewarming Party），祝贺您的乔迁之喜！

更多关于买房的信息和法规可以登录美国住宅和都市发展部的网站查阅 www.hud.gov。

关于在美国卖房

有买房，就不免有卖房的时候，不管是您工作变动，需要去别的城市，还是家庭人口的增加，需要更大的房子，都会遇到需要出售房产的情况。当您经历过买房的过程，卖房，其实过程是类似的。对于卖房，笔者在此不做详细介绍，只做简单说明和提出一些建议。

www.complete-solutionsllc.com

首先是聘请房屋买卖经纪人的问题。通过上篇文章的阅读，您一定对房屋买卖中牵涉到的众多复杂的程序深有感受，一定庆幸自己在买房时，有位经纪人从旁帮助，而且完全不收取任何费用。别忘了买房时，您有您的买房经纪人，对方也有他们的卖房经纪人，双方经纪人的佣金（Commission）是由谁支付的呢？需要支付多少比例的佣金呢？或许，您已经猜到了，对，就是房屋的卖方。房屋卖方需要支付双方经纪人的佣金，佣金一般为房屋成交价格的 5%－6%，双方经纪人各得一半。卖房经纪人的工作除了在房屋买卖后期帮您准备文件和处理相关过户手续外，前期的工作也很多。首先经纪人需要帮您评估房产的价格，确定房屋的要价（List Price），要价过高，无人问津，要价过低，您会有损失，他/她拿到的佣金也会缩水。确定要价后，经纪人还需要将您的卖房信息公布到各大房屋买卖的网站和当地的报纸杂志上。同时在您出售的房屋前，树立房屋出售的标示牌。与感兴

趣的买家联系，预约看房时间，和安排房屋开放日（Open House）
等。

TIPS: 5%－6%比例的佣金只是房屋市场的平均水平，您也可以在委托
经纪人前和他们讨价还价，争取降低佣金的比例。特别是有的经纪人
会同作为您的卖房经纪人和别人的买房经纪人，如果他/她能促成这
笔买卖的话，可以独得全部的佣金；或者您同时请这位经纪人作为您
的卖房经纪人，和您下一套房产的买房经纪人，都有可能降低佣金的
价格。

您在出售房产时可能有几种情况：1. 您已经搬出您的房产，并且房屋
已经完全修饰一新。2. 您已经搬出您的房产，房屋只做了简单的清
理。3. 您还居住在准备出售的房产内，需要等到房屋过户前才能搬
出。以上几种情况都是常见与合理的，当然第一种情况，最受买家的
欢迎，也容易卖个好价格。不管是何种情况，笔者都有一些建议给
您，能帮助您尽快的以满意的价格将房屋售出：

1. 减少个性化的装饰。换句话说，您不应该继续将需要出售的房产看
成您的私人"小屋"了，您需要考虑大众的审美观。不管是在内墙的
颜色选择，还是屋内的格局和家具的布置等，都应该更大众化一些。

2. 收起您和您家人的私人物品。比如您和您家人的照片，私人的收藏
品，特别中国化的装饰物等等。您需要给潜在买家一个想象的空间，
让他们能想象出他和他的家人搬入新居后的情景。

3. 整理房屋的储藏空间。不管您的房屋是大是小，有几间卧室，有几
间壁橱，车库的车位有几个。您在卖房时，都应该认真清理一番。整
理储藏室和壁橱内的物品，一般只放满整个空间的三分之一到二分之
一，让买家觉得房屋的储藏空间是富余的。特别是车库，不应该堆满
杂物，堆满物品的车库会让买家产生房屋没有足够空间的错觉。如果
您的私人物品较多，您应该考虑临时租用公共的储藏室（Public
Storage）。

4. 重点清理卫生间和厨房。大多数买家特别是女主人在看房时，最为看重房屋的卫生间和厨房。所以您一定要重视这两个部分的卫生情况，将不常用的物品放到壁橱内。当然，买家在看房时，是允许打开您的壁橱的，所以别忘了整理壁橱。中国人喜欢烹调，厨房内不免留下油污和饭菜的气味，请您事先清理厨房内的油污，做好通风。

5. 做好小修小补。就算您还居住在待售房屋内，也不准备在搬出后重新装修房屋，您也应该在卖房前检查房屋，如果发现问题，即时修补或者请人修理。保养良好的房屋，不仅能给买家留下良好的印象，也避免在房屋检查中发现问题，买家以此为借口还价或者需要请人维修。

6. 清理和修整屋外的庭院。如果您出售的是独立房屋或者连体房屋，出售的房产都包括屋外的庭院。您在整理房屋室内的同时，别忘了屋外的部分：草坪、花卉、树木，人行道，外墙等等。如果买家对屋外都提不起兴趣，又怎么会愿意进来看看呢？

7. 点缀您的房屋。最后，在买家来看房前和房屋公开日前，别忘了简单装饰下您的房屋：清理掉屋内的垃圾，摆上几束鲜花，点上几盏蜡烛等等，营造一种家的气氛。

2.6 房屋维护与装修

房屋维护

如果您是住在学校的宿舍中，或者租住在公寓、连体房屋、独立的房屋中，您大可不必关心如何维护房屋，因为一旦发现问题，您只需要通知学校或者房东，他们就得请专人来解决问题，是修是换，与您无关。但是，如果您是住在自己的房屋中，您确实需要学习点房屋维护的知识。一方面，美国的人工非常昂贵，很多日常维护工作都可以由您自己完成，没有必要花钱请人；另一方面，房屋的情况，您最清楚，小问题没有及时发现和修理，等问题大了，要花费更多的费用和时间。笔者不是教你如何成为一名合格的电工或者水工，只是和您分享一些房屋维护的基本知识和技巧。下面我们以一套独立房屋来做说明，介绍房屋维护大概包括哪些内容。

美国常见的独立房屋（Single House）多为一层和两层，外加阁楼和地下室（南方地区房屋多没有地下室）。阁楼（Attic）起保温隔热作用，有时也做储藏室，或者完全装修后作为正常房间使用。地下室（Basement）多为储藏室，外加洗衣间（Laundry Room）供洗涤烘干衣物所用，还是多功能间（Utility Room），安装有提供热水的热水器（Water Heater），取暖和制冷的锅炉（Furnace）等。平时的维护工作有以下这些，发现问题请及时处理或者请专业公司检查和解决：

- 首先您应该知道房屋内电源总开关，水闸的位置，必要时首先切断电源和关闭水闸
- 每年检查阁楼一次，观察有无屋顶漏水的痕迹或者因为潮湿生长霉菌（Mold）
- 每年检查各房间内的烟雾和一氧化碳报警器一次，需要时更换电池
- 春秋两季检查门窗的密闭性，观察有无脱胶和漏风
- 如果经常使用壁炉，每1－2年需要请人清理烟囱一次
- 冷暖锅炉的空气过滤网（Air Filter）需要定期更换，一般3－4个月更换一次
- 观察冷暖锅炉冬天取暖，夏天制冷的效果，1－2年需要请人检查保养一次，通风管道每隔几年也需要清洁一次
- 检查热水器有无漏水的情况，特别是年限较长的热水器，一旦发现漏水，说明需要更换了（正常寿命为10－15年）
- 观察屋内有无出现蚂蚁等害虫，特别是白蚁（Termite），一旦发现，及时请专业公司处理
- 观察地下室有无潮湿和积水处，确保排水泵（Sump Pump）工作正常
- 定期清理屋外、房屋四周的杂草和落叶，保证排水槽（Gutter）畅通，排水管应该延伸至外墙一米以外
- 检查地基和外墙有无裂缝，如果外墙是木质材料，每隔几年

需要重新油漆
- 检查庭院四周围栏是否松动
...

另外，全年房屋的水、电、煤气支出中，关于制冷和取暖的支出就占了一半以上。如何降低这部分的费用，一方面是锅炉空调的效率高低，另一方面是房屋的整体保温和隔热的好坏。能源网站 www.energystar.org 上有关于房屋节能的详细介绍和说明，它会向您介绍如何优化房屋的隔热和保温，应该选购哪些节能产品。

www.energystar.gov

如果您准备自己动手维护和修理房屋，首先需要有合适的工具和材料。在美国，喜爱自己动手的人很多，商家也看准了这一点，提供相应的服务。美国销售工具和建材的连锁公司有很多，例如：

Home Depot, www.homedepot.com
Lowe's, www.lowes.com
Menards, www.menards.com
...

您可以在其网站上找到离自己住址最近的商铺地址。这类公司的产品和服务相当的丰富，小到螺丝起子，大到门窗房梁，甚至花园里需要的泥土和肥料，应有尽有。您不仅可以购买您需要的工具和材料，有些不常用的工具，您也可以选择租用。他们也提供送货上门服务。对于需要专业人员进行安装和维护的产品，他们也会向您推荐本地具有正规执照的公司和人员。当地的商铺还会定期举办免费的讲座，讲授房屋维护、装修的知识和技术。此外，有几本书籍笔者有必要向您推荐，Home Depot 出版的《Home Improvement 1-2-3》，和《Lawns 1-2-3》，这两本书很详细的介绍了房屋的各个部分，可能遇到的问题，维修的步骤和需要的工具；草地和土壤的特性，割草的步骤等等。您可以在当地的商铺或者网上购买。

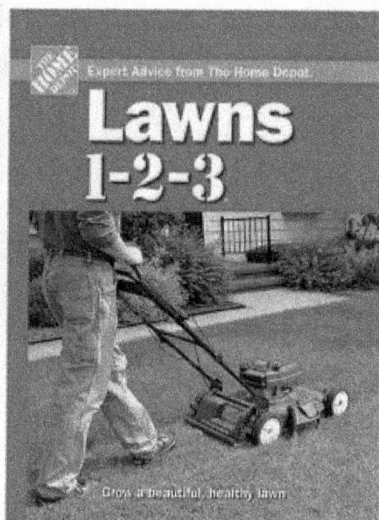

如果您才搬入新居不久，一定需要购买不少工具、材料、装饰用品和电器设备。Home Depot, Lowes 公司有专门给您的优惠卷，你在可以网上申请后，会收到他们寄来的 10%折扣的优惠卷：

www.homedepotmoving.com

www.lowesmoving.com

如果房屋出现问题，而您又无法自己解决怎么办呢？您需要请具有专业执照的承包商来进行维修。所谓具有专业执照的承包商，承包人（Licensed Contractor），不仅说明他们具备专业的知识和技能可以胜任工作，还说明他们是当地政府许可的，具有工作保险的公司和个人。美国每个州，甚至每个郡对房屋都有不同的要求，例如电线的布线，水管的规格，地下室的用途等等。一家承包商需要通过当地政府部门的审核才能在本地区进行房屋的维修和改建。而且具有电工执照的承包商只能承担和电力有关的维修，不能跨工种作业。最主要的，承包商需要有相应的商业保险，他们在您的房屋中工作时，一旦发生事故，需要由他们的保险公司负责赔偿，否则，您有可能变成被告人。是否是具有执照的承包商，您可以在当地政府部门的网站上查询，或者直接电话当地政府核实，也可以让承包商出示执照和许可，注意执照的有效期。寻找本地区的承包商，您可以在本地区的黄页上查找（Yellow page, Yellow book），也可以在网上查找：

www.yellowbook.com

www.yellowpages.com

www.angieslist.com

……

输入您的地址和需要查找的类别，就可以进行查找了，www.angieslist.com 是个比较新的网站，不仅能帮您查找相关的承包商，还能显示客户对他们的评价，便于您的选择。

房屋装修

上文说过，美国每个州、郡、城市（State, County, City）对住宅都有不同的要求。理论上说，您在对房屋进行任何改动前，都需要得到政府的许可（Permit）。政府的检察员需要审核您的工程计划，确认工程是由有正规执照的承包商来进行施工，工程结束后，检察员还需要上门审查，确定工程合格，没有安全隐患。有些人觉得办理许可麻烦还要花钱，不找正规的承包商，偷偷的进行施工，一旦被发现，罚款不说，还有可能被送进拘留所。

一般来说，简单的房屋维修工程并不需要申请许可，例如重新油漆墙面，更换地毯等等。但是，工程量较大，会影响到房屋结构和安全的项目，您都需要提前申请许可，例如房屋扩建，装修阁楼，更换屋顶，更新电路系统等等。您在开始工程前，可以电话当地政府，咨询是否需要办理许可。

在美国的住宅建筑工程中，分工明细。不同工种，都有不同的执照，常见的有电气承包商（Electrical Contractor），取暖、空调承包商（HVAC Contractor），管道承包商（Plumbing Contractor），和综合承包商（General Contractor）。综合承包商可以承接较为复杂的项目，例如整体房屋翻新，加盖等等，具体项目再交给有专门执照的次级承包商（Subcontractor）来完成。

承接房屋维修、装修项目的承包商多属于地区性的中小型企业，甚至是家族、个体经营的公司。他们的服务质量和技术水平有好有坏参差不齐，装修行业也是全美国投诉率较高的行业之一。您在和他们打交道时，应该多加小心。一方面，您应该选择本地区有正规资质，得到政府许可的公司，同时在工程开始前，申请政府的工程许可，工程结束后，请检察员检查验收；另一方面事先和承包商签订书面合同，明确注明工程内容，开工和完工时间，首付款比例，支付尾款的时间，以及支付方式。使用信用卡和支票付款，不要使用现金。

当然，考虑的再周密，也难做到万无一失。装修工程有时因为客观因素的影响而延期和超支，例如在工程进行中发现了新的问题或者天气原因而进展缓慢，您需要有一定的心理准备。美国人经常说，装修时要做好工程时间翻一番，工程支出翻一番的准备。

TIPS: 美国很多房屋在设计和建造时并没有考虑厨房的排油烟系统，很多厨房没有排油烟机或者只有提供内部循环的过滤系统，排油烟效果并不理想。如果您喜爱烹饪建议您购买和安装对外排风的油烟机（Range Hood），不仅自己使用满意，将来卖房时也是一个亮点。

第三章 交通篇

相信您一定是"飞"到美国来的,不是吗?是飞机把地球缩小了,是飞机让您在睁眼闭眼之间来到了大洋彼岸。不管当时您是"直飞"还是"转机",是坐的"美国航空"还是"联合航空"的飞机,您一定对当时拖着两个沉甸甸的大箱子走出海关的那一刻记忆犹新吧。在美国,主要的交通工具除了飞机,还有汽车,在大中城市还有发达的公共交通系统:巴士、地铁、轻轨交通、出租车等。本章节,笔者就来说说美国的交通工具和交通系统。

3.1 公共交通之飞机

飞机是您往返于美国和中国之间的唯一选择；飞机也是您在美国境内出行时，主要的交通工具之一。买机票绝对是一门学位，耗精力，耗时间。但是，有付出才会有收获，当你拿着比正常票价低 30%到50%，甚至是免费的电子机票时，您一定会有一种成功的喜悦。

与飞行有关的常识

电子机票（Electronic Ticket, E-ticket）

电子机票就是当您通过航空公司的网站或者代理订购机票后，收到的包含航班信息的确认页面或者对方发来的确认邮件。页面中包含了您的个人信息，航班信息，条形码，和订票的确认码。在您办理登记手续时，出示您的护照或者确认码就可以办理登记，获取登机牌了。您也可以使用确认码在机场的自动终端机自行办理登记手续。

单程和往返机票（One-way, Round-trip）

顾名思义，当你选择旅行的航线时，首先要确定您的行程是单向的还是往返的。如果您的行程是往返的，并且您能确认返程的日期，您应该预订往返机票。往返机票比两张单程的机票优惠很多。当然，往返机票也是有限制的，比如在时间上，返程日期不能超过 6 个月，更改返程日期，要加收改票费等等。除了单程机票和往返机票外，航空公司还提供多个目的地的联程机票（Multi-City Flight），您也可以根据自己的需要预订。

直飞和转机（Non-stop, one-stop or more stop)

直飞就是一站式的，芝加哥到北京，华盛顿到旧金山。转机可以是中途停一站，也可能是两站三站，间隔时间可能是两三小时，也有可能需要过夜。如果中途需要过夜，航空公司一般会安排免费的住宿和餐饮。同样的行程，购买需要转机的机票一般比直飞的机票便宜，当然时间上会久一些，而且您要注意在中途机场的间隔时间，如果间隔时间只有一两小时，会比较紧张，一旦遇到前一个航班晚点，就更麻烦了。

TIPS 1: 有人在安排回国的行程时，会特意安排在日本转机。日本转机，可以获得 72 小时的临时签证，在东京玩几天也是不错的选择。

Tips 2: 有的人自作聪明，发现从底特律到上海，在芝加哥转机的航班机票比芝加哥到上海的机票还便宜，他就给自己定了底特律到上海的往返机票，想着反正自己在芝加哥上飞机下飞机不就行了。可是等他在机场换取登机牌时被告知，他的机票因为在底特律没有被激活，已经作废了。这类需要转机的航班，如果您没有使用前一段的航程，航空公司认为您并没有上飞机，机票自动作废。也就是说，联程机票必须从起始站开始使用。

TIPS 3: 当您需要在第三国转机时，请事先了解该国对过境航班的签证要求，有的国家对过境转机的乘客提供临时的签证，而有的国家需要您事先取得有效签证才允许过境。例如，您是持有中国护照，需要在加拿大转机，您需要事先申请临时的过境签证（Transit Visa）。

座位（Seats）

现在的民用客机，座位数量少则一百多，多则四五百个。您在预订了机票后，可以选择自己喜欢的座位位置。在您获得了机票的确认码后，直接登录到航空公司的网站上，网站上会显示指定航班的座位图，您可以根据剩余座位的情况，预订座位。或者在机场办理登机牌时，直接和服务人员说明您想要的座位位置，比如靠近窗户的座位（Window seat），靠近过道的座位（Aisle seat）等等。不过有些美国的国内航班，为了降低成本和提高效率，不再预订座位，采取任意座位了（Random seat），哪有座位你就可以坐哪。

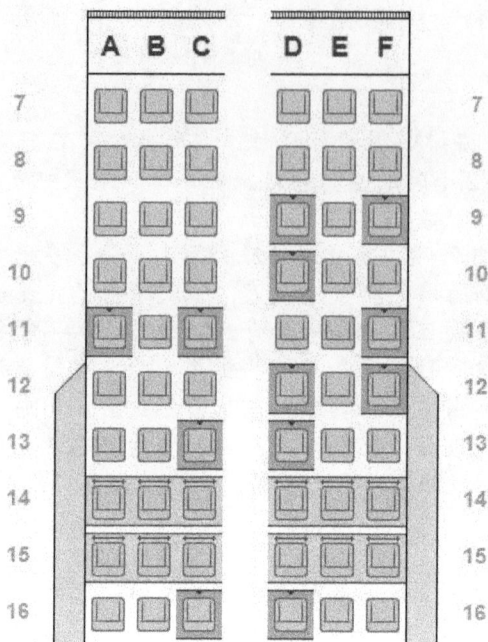

Seats map, www.aa.com

经济舱，商务舱，头等舱（Economy Class, Business Class, First Class）

以美国航空公司（www.aa.com）芝加哥到上海的往返机票为例，正常票价，头等舱机票为 28000 美金，商务舱机票为 20000 美金，经济舱 5000 美金。优惠后的价格是，头等舱机票为 14000 美金，商务舱机票为 10000 美金，经济舱 1500 美金。头等舱和商务舱，服务更周到，餐饮更丰盛，座椅也更舒服，甚至可以完全平躺下来，私密性也很好。而且您还可以优先上下飞机，携带更多的行李等等。有些美国的国内航班，已经不再设有头等舱了，只有两种舱位，甚至完全是普通经济舱。国内航班的餐饮也简化了很多，有时只提供水和零食。国际航班会按时提供饮料和餐食，还有额外收费的酒精饮料。您也可以在经济舱的基础上，升舱至商务舱或头等舱，可以是通过购买或者里程兑换的方式获得，我们下面或说到。

68

行李规定（**Baggage Allowance**）

每个航空公司对行李的规定都不一样，国内航班和国际航班的规定也不相同，具体规定请查看各航空公司的网站。一般国内航班可以携带一个个人物品包，一个三边总长不超过 45 英寸的随身行李（**Carry-on bag**），和一个三边总长不超过 62 英寸，重量不超过 50 磅的托运行李（**Check-in bag**）；一般中国往返与美国之间的国际航班可以携带一个个人物品包，一个三边总长不超过 45 英寸的随身行李（**Carry-on bag**），和两个三边总长不超过 62 英寸，重量不超过 50 磅的托运行李（**Check-in bag**）。超过数量和重量的行李，都需要额外收费。

改期和退票（**Reschedule, Refund**）

对于机票的改期和取消，航空公司的网站上都有详细的要求，改票费和退票费的多少也有相关的说明。一般说来，全价机票，改票退票比较容易，特价机票，特别是您在网上"淘到的"超低价机票，都严格限制了改票和退票。特殊情况，比如住院生病，是需要正式的医生证明才可以办理的。所以轻易不要改变您的行程，在行程不确定前不要订票或者只定单程票。

TISP: 美国的机票都是实名制的，不能转给他人使用。在您订票时，请再三确认您的姓氏和名字，注意拼写。

航班晚点和取消（**Delay, Cancellation**）

任何航班，都有可能晚点或取消，有的是因为天气原因，有的是机械原因等等。在美国，联邦法律没有要求航空公司必须为航班的晚点或取消做出赔偿。当然，航空公司一般会为您提供免费的餐饮和必要的住宿，而且会尽快的安排您搭乘下一班飞往目的地的班机。

TIPS 1: 搭乘飞机出行是美国人中长途旅行时的首选，特别在感恩节，圣诞节，和新年期间，各大机场都非常繁忙，机场的安检也越来越严格和费时。您在做出行准备时，一定要保证提前到达机场办理登机手续，国际航班需要提前 2 小时到达机场，国内航班要提前 1.5 小时到达。

TIPS 2: 您在出行前应该考虑到因为航班晚点或取消带来的麻烦和损失，有时应该购买额外的保险以防不测。例如您准备和家人一起从纽约飞往佛罗里达的坦帕（Tampa, FL），搭乘第二天下午出海的游轮，您已经为 7 天的游轮预付了一千多美金。美国东部数天的大雪导致机场关闭，所有航班取消。如果您事先购买了旅行保险（Travel Insurance），不仅机票的费用，所有预付的游轮的费用都会由保险公司承担。

超额预订（Overbooking）

大多数的航空公司在售票时都会采取"超额预订"的方式。打比方说，100 个座位的飞机，航空公司在售票时会卖出 105 张机票，因为多数情况下，总会有 4−5 人因为各种原因没有赶上飞机。当然，一旦登机时出现了 101 或者 102 位乘客，就得有人做出"牺牲"了。这时，航空公司会通过广播寻找自愿改乘下一个航班的乘客。当然，航空公司不会让您白白做出"牺牲"的，您的机票费用会被免除，甚至还会得到数额不等的礼金卷。

订票时间和出行时间（Booking time, flight time）

这两个时间直接关系到机票的价格。理论上，机票可以提前一年预订，如果您可以确定出行的准确时间，您应该尽早预订机票。当然，提前一年也没有必要，而且航空公司也不会那么早就提供特殊的优惠。笔者建议您提前三个月开始关注机票和预订机票，因为航空公司一般会提前三个月开始提供优惠机票，而且订票的基本原则就是尽早预订。

机票的价格和您的出行的日期也是直接相关的。机票的价格是与机票的需求量成正比的。一般，周一和周五公务出行和返程的人多；周五和周日私人出行和返程的人多。所以，机票价格的走势是，周二、三、四比较低，其次是周六，周一、五、日最高。另外，您在准备出行时间时，应该尽量避开传统美国节日的出行和返程高峰，和寒暑假、春节等中美航线需求高峰。

TIPS 1: 当您在网上查询机票价格时，输入出行日期和返程日期时，多尝试几种组合，比如提前一天出发，提前一天返程；或者推迟一天出发，推迟一天返程等等，有时差别只有一天，但是票价会有明显的区别。

TIPS 2: 如果您的出行时间比较灵活，或者是临时准备出行，有时也会发现以外的惊喜。Last minute travel, Last minute deal 就是您要找的。为了在最后时刻将剩余的座位预订出去，不至于空载，很多航空公司，游轮公司，剧院都会有这种优惠。笔者的一位朋友就买过圣诞夜当晚飞往上海的机票，不是一般的优惠哦。

关于预订中美国际航班的机票

国际航班的机票，一定要提前预订。不然临时购买票价昂贵，还有可能无票可买。在确定好自己的行程后，您可以先在美国航空公司的官方主页上查询票价，主要的有飞往中国航班的美国航空公司有：
AA, www.aa.com
UA, www.united.com
Delta, www.delta.com
Continental, www.Continental.com
…

除此之外，像 Air China, Japan Airlines, Air Canada, Korean Air, Cathay Pacific 等航空公司也有中美间的航班。直接在航空公司网站上查询机票的价格，可能不方便您比较各航空公司的报价。在美国有很多帮您比较价格，预订机票、预订宾馆，和租车服务的在线旅行服务网站：
www.expedia.com
www.orbitz.com
www.priceline.com
www.travelocity.com

www.cheapoair.com

www.hotwire.com

...

在网站上，输入您的出发地和目的地，选择单程还是往返机票，确定出发时间和返程时间，网站会开始帮你搜索各个航空公司的报价。搜索结束后，网站会给您一份详细的列表，各个航空公司的报价，出发和到达时间，直航还是需要转机等等。如果有您觉得合适的航班，您可以按照步骤完成机票的预订。有的网站还提供特色服务，比如网站 www.priceline.com，您就可以通过竞价的方式购买机票：您对各家航空公司报价还是不满意，您可以输入自己认定合适的价格，网站会把您的出价发给众多航空公司的代理。当然，您需要事先提供您的信用卡信息，因为一旦有代理接受了您的价格，您是必须要购买的。不仅仅是机票，您还可以通过同样的方式预订宾馆。

您还可以通过一些私人的票务公司，华人的票务代理购买机票，他们可以直接用中文和您交流。总之，尽可能的找信誉好，口碑好的正规公司购买机票，机票预订好后，一定仔细检查确认文件上的信息，航班，日期，姓名等等。

以上介绍的是在美国购买国际机票的方式，如果您在中国，可能会有所不同。一来登录一些网站可能不那么方便，二来用信用卡付费也比较麻烦。国内不少关于出国留学的网站和论坛都有介绍机票的购买方法，比如飞往中国（www.iflychina.net）。另外，国内一些专门提供旅游机票信息的网站也提供国际机票的预订，比如携程网 www.ctrip.com，去哪儿 www.qunar.com 等等。

关于预订美国国内航班的机票

学会了如何预订国际机票，美国国内机票的预订您就可以举一反三了。美国还有些提供优惠国内机票的航空公司，比如：

Southwest Airlines www.southwest.com

JetBlue Airlines www.jetblue.com
Air Tran Airways www.airtran.com
...

预订国内机票的一般原则和方法与预订国际机票是一样的。一是尽量提前预订，而是尽量避开出行和回程高峰。另外还有些小窍门您应该知道：

- 不少美国大城市，像纽约，芝加哥都有多个机场，有些航空公司只使用其中一个机场，或者在一个机场只有少量航班，而在另一个机场有大量航班。当您在查找航线和价格时，不要忽略了您的出发城市或者目的地城市可能还有一个机场；
- 国内航班很多是需要转机的，您在查询航班时一定要注意网站上的说明（Non-stop, one-stop, or 2-stop）。不仅时间差别很大，而且价格区别也很大；
- 大城市之间的航线，航班众多，一天十几个到几十个航班都有可能。每个时间段的航班价格差别很大。一般早晚的价格低，您可以根据自己的需要来选择。

关于机票的其他购买方式

您除了可以通过以上介绍的方式直接购买机票，通过信用卡和银行卡直接支付以外，还有其他的购买方式和省钱的方法。

加入会员，积累里程

各大航空公司为了吸引乘客，并且让乘客继续选择其航空公司作为出行时的交通工具，都推出了类似的免费的会员制度。加入其会员，您不仅可以了解到航空公司的各种优惠活动，更主要的，是可以积累"飞行里程"（Miles），您积累的里程数相当于您的消费积点。例如，美国航空公司的 AAdvantage Program，美国联合航空公司的 Mileage Plus Program 等等。

比如，您搭乘了美国航空公司的航班，在芝加哥和上海之间往返飞行了一次，您飞行的里程是 15000 英里左右，您获得的里程积点就是 15000 点，或者 15000 英里。当您获得了 35000 积点时，您可以免费乘坐美国航空公司的任意航班，在北美地区往返飞行一次；当您获得了 70000 积点时，您可以免费乘坐美国航空公司的航班，在美国和中国之间往返飞行一次（具体规定请查看美国航空公司的网站，www.aa.com）。就算您的积点还不够兑换免费的机票，您也可以花钱购买一些点数来补齐要求的点数。

您在一家航空公司积累的飞行点数，一般只能在这家航空公司和它下属的航空公司内使用，可以兑换机票，升级舱位（经济舱升为商务舱等），也可以兑换其他一些由航空公司和其合作伙伴推出的旅游项目，宾馆住宿，租车服务等等。

TIPS 1: 您个人积累的飞行里程，一般只允许您个人使用。当然，您可以用自己的里程帮家人兑换机票，也可以将自己的里程，转到他人名下，这是要收取手续费的。有些网站，和华人的论坛，提供飞行里程的交易和买卖。笔者不建议这么做，因为这些交易是个人行为，不受法律保障，一旦航空公司发现这种交易，也有权取消。

TIPS 2: 您积累的积点和里程数，是有时效性的，一段时间内没有使用，就会过期作废了，您可以登录自己的账户查看自己积点的有效期。

申请信用卡

现在很多航空公司都推出了自己公司的信用卡，或者和其他大型金融机构联合推出了信用卡。当您在使用这些信用卡购买机票时，可以获得额外的 1% 到 5% 的折扣；当您在使用这些信用卡进行一般消费时，也能帮您累计飞行点数。有些公司为了鼓励您申请其信用卡，在您使用其信用卡首次消费后，会赠送您 30000 甚至更多的积点，（具体规定和使用要求请查看相关公司的网站）。

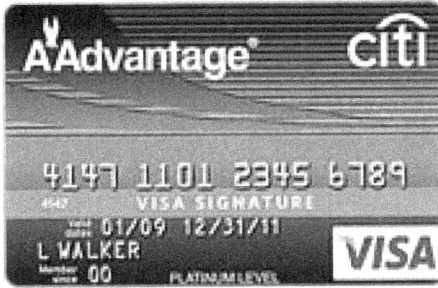

www.citibank.com

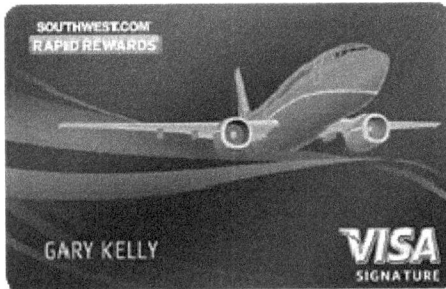

www.chase.com

TIPS: 这类专门针对航空公司和机票的信用卡，一般是需要收取年费的（Annual fee），请您在申请前注意查看说明。

3.2 公共交通之火车

大家一定都听说过很多关于美国铁路建设的故事，美国的铁路交通为美国的西部开发发挥过重要的作用，第一代中国移民也在铁路建设中做出过巨大贡献。美国的铁路网，遍布 46 个州，有过辉煌的时代。但是如今，受到航空业和汽车业的挤压，铁路货运量和客运量都逐年萎缩，特别是客运量，已经大不如前了。选择火车出行的人数远远低于选择飞机和汽车出行的人数，占总比例的 5%不到，甚至很多年轻的美国人，从来都没有坐过火车，更不知道自己城市的火车站在何处。

美国铁路交通的主要运营商是美国铁路公司（AMTRAK,
www.amtrak.com），这是一家完全国有的公司，目前年年亏损，依
靠联邦政府拨款维持着。

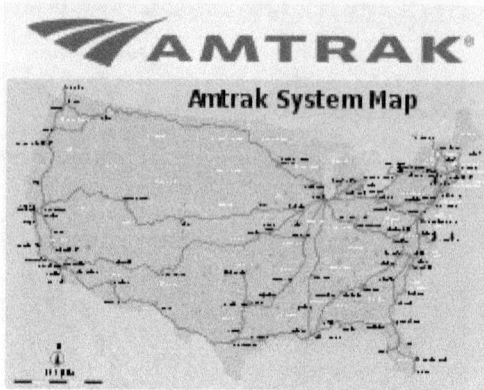

www.amtrack.com

虽然美国铁路公司年年亏损，但是它仍在正常运营，而且服务还是不
错的，您可以通过其网站直接订票也可以在车站直接买票。火车站不
一定富丽堂皇，但是干净整洁，火车上也是宽敞明亮，宽大的座椅，
乘客不多，一点都不拥挤。美国铁路交通不太准时，经常晚点，您在
做出行安排时，一定要考虑周全。

在美国如果有人选择火车出行的话，多是考虑到它的价格低廉；更多
的人把乘坐火车出行，看成一项特殊的旅游方式。美国铁路公司也推
出了一些经典旅游线路，火车上提供餐饮，卧铺，短则一两天，长则
一周或者更长。透过巨大的玻璃窗和天窗，您可以尽情享受车外的风
景。当然高质量服务的同时，是并不便宜的价格。

美国的铁路交通部门也在研究高速铁路项目，相信不久的将来，乘坐
火车出行，又会变得流行起来。同时，在美国的大都市圈周围，还有
中短途的城际火车，我们会在城市交通的章节再做具体介绍。

3.3 公共交通之长途巴士

在美国，另一种常见的中短途旅行方式就是乘坐长途汽车。美国的高速公路发达，四通八达的高速公路连接着美国各州的主要城市。美国的长途巴士在各主要城市间穿梭运行，短则几小时，长则一夜，如果您要去的目的地没有直达的班车，需要转车的话，走上几天也是有可能的。

选择长途巴士代替飞机旅行的主要原因应该是前者的价格优势了，比如从纽约前往首都华盛顿，一个人的票价也就十几美金，遇上打折促销，您还会发现 1 美金的票价。

美国主要的长途巴士公司有灰狗巴士（Greyhound bus, www.greyhound.com），麦格巴士（Mega bus, www.megabus.com）等等。灰狗巴士公司是一家老牌长途客运公司，网点众多。麦格巴士公司比较年轻，但是价格更低，经常出现 1 美金的票价。两家公司都可以通过网站直接订票，和订机票的原则一样，提前订票价格优惠，最后一秒钟订票，有时也会有惊喜。大巴车的条件都不错，空调，洗手间，有的大巴车还配置了个人的电源插座和免费的无线网络。选择长途巴士旅行也要注意以下几点：第一，人身安全和财产安全。因为价格低廉，所以乘客也比较复杂，形形色色的人都有，特别是时间较长，夜间行驶的车次，请您注意财物安全。第二，因为乘客复杂，也就引起了美国边境警察的注意，有时会遇到边境警察突击上车检查身份，所以当您在旅行时，请随身带好自己的护照和签证材料。

www.greyhound.com

TIPS: 灰狗巴士公司还提供特色的通票，15 天到 60 天不等，一张车票，不限车次，不限地点，在美国和加拿大两国的任何网点都可以使用，很受背包客的欢迎。如果您准备长途旅行，网上查找好自己的行程，开始您的旅程吧！

3.4 公共交通之公路系统

高速公路

美国地势平坦，汽车工业发达，相应的公路交通也非常发达。第二次世界大战后，美国的高速公路（**High Way**），特别是洲际高速公路（**Interstate**）发展迅速，目前已经遍布整个美国。洲际高速公路将美国的每个州，主要大城市都连接了起来，横跨美国东西海岸，直通南北。东西向的高速公路以偶数命名，南北向的高速公路以奇数命名。

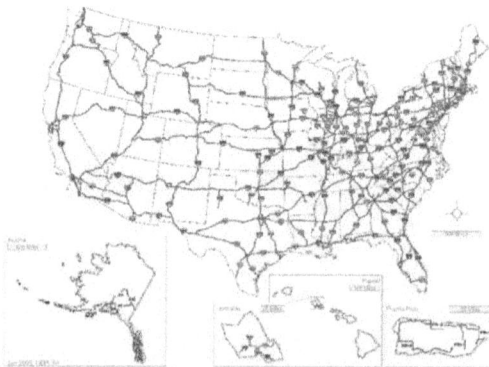

美国洲际高速公路网 www.transportation1.org

美国高速公路发达，但是收费的公路并不多，即使收费，费用也很合理。以洲际高速公路为例，收费公路的里程数只占总里程的 9%，单位里程的收费标准也很合理，有的路段只收费 25 美分。收费的高速公路称之为 Toll way。高速公路缴费的方式也很便捷，可以自己投币，人工收费，或者购买电子通过卡来完成（E-ZPass）。E-ZPass 是一套预付费的电子通过系统，您在成功注册了您的汽车信息并且预付费后，会收到一个小巧的信号发射装置，将其放在您的汽车内，当你驾驶汽车通过高速公路的收费处时，路边的信号接收装置就能收到信号，您的缴费就已经完成了。这样您不仅不需要停车找零钱，一般还有费用上的优惠。美国很多州都已经使用这套系统，每个州的名称不太一样，比如 I-PASS, E-PASS，都是联网可以跨州使用的。

Illinois I-Pass

TIPS 1: 如果您没有购买电子通过卡，而误闯了收费系统，请即时和高速公路部门联系，补交费用，不然事后会收到罚款单的（高速公路上都有摄像系统）。

在美国的大都市内和近郊，连接着便捷的高速公路系统，方便人们的上下班出行和避开繁忙的普通交通和红绿灯。在使用这些道路时，也有一些需要注意的地方：

CARPOOL LANE, HOV (HIGH OCCUPANCE VEHICLE) LANE

这指的共乘汽车专用车道。当车上有两人或两人以上时才可以使用的快速通道，当您是独自驾驶汽车时是不能使用的。这不仅高效，而且环保。

RESERSIBLE LANE

这指的是可逆车道，或者潮汐车道。一般是连接市中心和近郊的高速公路，间与双向车道的中间，上班高峰时期，供进城的汽车使用，下班高峰时期，供出城的汽车使用。

关于停车

美国多数地区，地广人稀，开车、停车都很方便。公共场所，比如商店、银行、餐厅、学校、医院等等都提供免费的停车场，而且车位数量非常富余。您在使用这些停车场时，需要注意以下几点：

安全

这些停车场虽然归其业者所有，但是其业主并不负责停车场的安全。请注意您留在车内物品的安全，如果发生了破窗盗窃，业主是没有责任的。特别像是容易引起别人注意的，GPS 导航装置，相机，笔记本，钱包等等，最好随身携带，或者锁入后备箱中。

残疾人停车位

关于残疾人停车位（Disabled Parking, Handicapped Parking）的使用，交通部门有着严格的规定。如果您在停车位前的标识上或者地面上看见下图的标识，说明这个停车位是专门为残疾人或行动不便的人士准备的，您无权使用，如果您停错了位置，会面临高额的罚款。当然，如果您是残疾人士，或者暂时行动不便，您也可以凭着医生的证明去交通部门办理正式或者临时的残疾人停车许可。

时间或车辆限制

有些地方虽然提供免费的停车，但是有时间和车辆限制。有的停车场会注明最长停车时间 15 分钟、30 分钟，或者注明本停车场仅供在此购物、就餐的人士使用，请您一定注意。

在交通繁忙路段和闹市区，停车位置一般比较紧张，很多停车位和停车场都是收费的。在闹市区，您会看见很多室外和室内的停车场，这类停车场一般是以小时和天数收费的，几美金到几十美金不等，大型停车场分为很多层，每层也会分为很多区域，以数字或字母区分，当您停好车后，一定记住自己停车的位置，不要到时找不到自己的汽车了。

路边的停车位，一般都是以分钟或小时收费的，相对比较便宜，但是有最长停车限制，比如两小时或者三小时。缴费一般是自助投币式的，有时也可以使用纸币和信用卡。

闹市区的免费停车路段一般有特殊要求，比如仅限本街道的住户使用，或者交通高峰期不可使用，每周街道清洁时段不可使用等等，请一定注意路边的标示牌。

当您办事回来，发现自己的汽车"失踪"了，它多半是被交通部门指定的拖车公司拖走了。您应该尽快的与本地的交通部门或者警察局联系，他们会告诉您，您的汽车身在何处。然后，您应该争取当天就去取车，当然违章停车的罚款和拖车费是免不了的。如果您是第二天或者第三天去取车，您还需要补交汽车的过夜费。

3.5 驾驶执照，学车

驾驶执照

在美国没有有效的汽车驾驶执照和汽车保险是不能开车上路的，是违法行为。在美国，只有学员许可（Learner's Permit）的有限许可驾驶执照是不能单独开车上路的，是违法行为。您必须在一位且只能有一位，年满 21 周岁的，有正规驾驶执照的人的陪同下，学习驾驶汽车(每个州的要求可能不同，请查阅本州的相关规定)。办理驾驶执照的办事处在不同的州可能有不同的称呼。一些比较常见的名字有"机动车管理局"（Department of Motor Vehicles）、"交通局"（Department of Transportation）、"汽车管理局"（Motor Vehicle Administration）、或"公共安全局"（Department of Public Safety）。您可以在网上或者电话黄页上找到这些办事处。有些永久居民已经有其它国家的驾照，您也许能够用那张驾照来换领您所在州的驾照。请向您的州办事处咨询是否可以这样做。或者到网站取得更多资讯www.firstgov.gov/Topics/Motor_Vehicles.shtml。

在美国买车很容易，花上几百美金到几万美金，您都可以买到一辆汽车。可是，有了汽车，你就能合法开车上路了吗？当然不是这样。有效的汽车驾驶执照和汽车保险是必须的，这不仅是法律要求，也是对您和他人的安全负责。另外，驾驶执照在美国有类似身分证的作用：身份识别。即使您没有私人汽车，申请一张驾驶执照也是必要的。

TIPS: 不要相信国内一些机构办理的"国际驾照"，International Driving Permit (IDP)在中国境内没有办理机构，中国也不承认"国际驾照"。如果您在第三国办理了有效的"国际驾照",在美国使用时,也需要同时出示本国的驾照。有关信息请以美国官方发布的信息为准:http://www.usa.gov/Topics/Foreign-Visitors-Driving.shtml

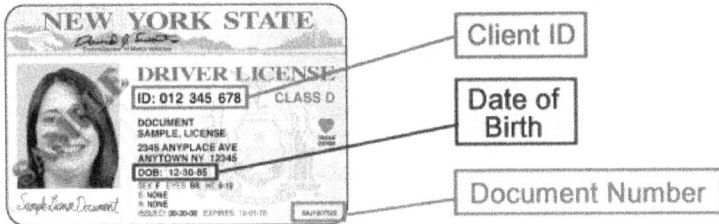

Drive License sample, http://www.nydmv.state.ny.us

如果您是来美国短期出差或旅游,需要租车的话,您没有必要办理美国的驾驶执照,请参考本书租车的有关章节;如果您是在美国长期上学,工作,和生活,有一辆自己的汽车,会方便很多。作为在美国独自驾驶汽车的前提条件,我们来说说如何在美国获取驾驶执照。美国每个州对办理驾驶执照的要求和规定是有区别的,您在阅读了以下的内容后,还需要查看本州的法律规定,一般每个州的交通部门网站上都有详细的说明。

如果您的年龄已满 18 周岁,您可以通过以下步骤获得驾驶执照(不满 18 周岁或 16 周岁,有额外要求):

笔试(Written Test)

笔试是为了确定您已经了解本州的交通法规,掌握了安全驾驶的基本技能。笔试的题目以本州的驾驶员手册为基础,多为多项选择题。驾驶员手册可以在本州的交通部门免费索取,也可以在网站上直接下载。笔试没有通过,您可以在第二个工作日重新参加考试;多次不过,您可能需要等上一段时间才有资格再次参加笔试了。

学员许可(Learner's Permit)

在通过了笔试和视力检查后，您就可以申请学员许可了。学员许可允许您在获得正式的驾驶执照前，上路练习驾驶汽车。学员许可是不允许您单独驾驶汽车的，您必须在一位且只有一位有正式驾驶执照的人士陪同下，驾驶汽车。申请学员许可时，您需要提供本人的护照，社会安全号，并证明您是本州的住民。如果您没有美国的社会安全号（Social Security Number），请向您所在的学校或当地的国土安全部门咨询如何办理。

路考（Road Test, Driving Skills Test）

在取得了学员许可一段时间后，您可以在当地的交通部门预约驾驶技能考试。您必须在一位持有有效驾驶执照的人士的陪同下前往。路考所用的汽车由您提供，可以是您自己的汽车，也可以是别人的，但必须是在本州注册的汽车，并且车况良好。路考时，考官会坐在副驾驶座的位置，您在考官的要求下，正常驾驶 10－15 分钟，期间需要特别注意车速，前后车距，各种交通指示信号和指示牌。考官还会检查您平行停车等技能（Parallel Parking）。路考没有通过，您可以在一段时间后再次预约路考；多次不过您可能就需要重新参加笔试了。

TIPS: 所谓熟能生巧。在参加正式的路考前，您可以让您的朋友充当考官，进行模拟路考。需要重视的有，路段的限速，STOP 标识前是否把车完全停稳，双手是否脱离了方向盘，变道前是否打方向灯、并且回头观察，平行停车的技术等等。上车后不要忘了系好保险带，不然您的路考还没开始就已经结束了。

通过路考后，您就可以申请驾驶执照了。如果您是非美国公民，在申请驾驶执照时，您还需要提供相关的文件，比如护照，社会安全号，在美国居留的合法许可等等。至此，恭喜您顺利拿到汽车驾驶执照。以上介绍的只是办理私人汽车驾驶执照的相关内容，如果您是申请商业汽车驾驶执照，或者摩托车驾驶执照，请联系当地的交通部门。

学习汽车驾驶

笔者希望每一位读者都能重视驾车安全。平安驾驶，不仅关系到您自身的安全，还关系到他人，和您家人的安全。汽车交通事故已经是人类的第一大"杀手"。在美国，获得驾驶执照相对比较容易，也没有必须参加"驾驶学校"学习的硬性要求。您可以在驾驶学校学习开车，也可以在您父母亲，或者朋友的指导下学习开车。如果您在中国已经学习过汽车驾驶，并且获得了驾驶执照，来美国后，您需要熟悉本州的交通法规，了解美国的交通指示灯和标识，在一位有效驾照持有人的陪同下，熟悉和练习开车。如果您还没有学习过汽车的驾驶，请一定在一位有经验的，有效驾照持有人的陪同下，练习汽车驾驶。您也可以选择参加美国的汽车驾驶学校（Driving School），他们不仅会教授本州汽车驾驶手册上的知识，也会有专人教您如何驾驶汽车。有的州规定，如果您在正规的汽车驾驶学校学习期间通过了他们的"路考"，是可以代替当地交通部门的考试的。在驾校学习开车，是按照小时收费的，您可以在黄页，或者网上查找当地驾校的信息。

TISPS: 如果您的年龄未满 21 周岁或者 18 周岁，在参加笔试和路考前，每个州可能有额外的要求和规定，请您事先和当地的交通部门联系。

3.6 租车

为何选择租车

首先笔者需要说明一下不只是短期来美国游玩，出公差的人士需要租车，在美国读书，工作的您，甚至是家里有 3 部汽车的美国人有时也会选择租车。其实租车的好处很多：
- 工作出差（不使用私车）
- 外出游玩一段时间，需要跑几千英里或者更长（租车没有里程限制，车辆机械故障由租车公司负责维护）
- 异地用车，或者异地取车还车（一般租车公司在机场都有服

务点，也允许你在异地还车）

- 几人拼车外出游玩（每个人的费用，保险，责任清晰明了）
- 买车前不确定这款车是不是适合自己，先租来开几天再说（有的租车公司允许您指定车款和年份）
- 更多的选择（租车公司提供经济型，紧凑型，小型，中型，大型，豪华型轿车，还有越野车，房车可供选择）
- 您的私车因故暂时无法使用

美国的租车业务非常发达和成熟，主要的租车公司有：

www.avis.com

www.enterprise.com

www.hertz.com

www.orbitz.com

www.alamo.com

www.thrifty.com

www.budget.com

www.nationalcar.com

...

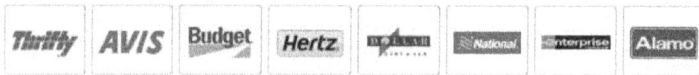

Avis, Hertz 等都是比较大的租车公司，网点多车也比较新，一般都是1，2年新的车，3年以上或者里程比较高的车他们都会淘汰或者拍卖掉。一些相对小的租车公司价格上可能更有优势，但是相对来说，服务网点少，车龄较高，车况也差一些。美国租车公司提供的车型多为美国产的汽车，有些也提供进口高档车。几大租车公司也是全球汽车生产厂家的大客户，因为每年他们都需要补充大量的新车。租车公司在选择购买车型时，需要考虑价格，顾客的喜好，还有车型的故障率。故障率高的车型意味着顾客的满意度降低和维修成本的上升。就在几年前美国汽车业不景气的时候，美国三大汽车厂商，通用，福特，克莱斯勒都以极大的折扣向租车公司提供新车。有时，根据签订

的合同，汽车生产厂商还会直接负责租车公司的汽车维护保养，甚至将其旧车购回，完全解决了租车公司的维护和旧车处理的难题。

租车需要的文件

如果您有美国的有效驾照，租车时只要出示您的驾照和保险卡即可。如果是中国公民在美国短期租车，需要有合法和有效的中国驾照，同时需要中国政府公证机构办理的英文公证书。

如何租车

现在的租车公司都可以通过网站订车，您只要登录其网站输入你需要用车的起止日期和时间，选择取车和还车的地点（是同一地点取车还车还是异地取车还车），以及你需要的车型即可。租车的费用包括租车的基本费用，各种税费，额外的保险费用，和额外费用（比如租用 GPS 导航设备或儿童座椅，路边故障支持等）。确认后您可以将确认页打印出来，以备取车时使用。

取车，用车注意事项

第一点也是最重要的一点是，如果有多人将驾驶此车，所有驾驶者都需要到场，出示有效的驾照，并且在租车合同上签字。一旦未登记的人员驾驶车辆遭遇任何交通事故，租车公司是不负责任的，切记。

取车时一般会有工作人员陪同你取车，并且和你一同检查车辆的外观和车况，如果你发现任何碰撞的痕迹请即使告知工作人员，并在检查单上记录下来，以免还车时被认为是您的责任。

关于汽油，一般租车公司提供的车辆都是加满汽油的，还车时你只需在还车点最近的加油站将油箱加满即可，如果你没有加满，租车公司会收取额外的汽油费，单价一般都比较高。有时租车公司也会告诉你您的车油箱并未加满，油箱刻度在 3/4 或者 1/2 处，还车时您只要保证汽油不少于取车时的状态即可。加油时请确认汽车需要加何种燃料，一般加油盖上有注明：普通汽车加 87 号汽油，有些豪华车需要加 91，93 号汽油。有的车是柴油发动机，需要加柴油（Diesel）。还有的车使用的是酒精汽油（E85），如果不确定或者有疑问，请和租车公司联系。

还车就更简单了，将车开回指定的还车点，会有工作人员来收取车钥匙和检查车辆的车况，一般 5 分钟就搞定了。租车的费用会从你提供的信用卡中直接扣取，如果你发现账单有出入，请和租车公司联系。请仔细阅读您的租车合同，注意事项都有详细的说明。

如何省钱

货比三家是永远不变的道理，您在准备租车前，比较 2，3 家租车公司提供的报价，基本上就心中有数了。选择您需要的车型，上文我们提过租车公司提供不同的车型可供选车，越大的车，越豪华的车自然价格也越高，所以选择您需要的车型为佳。

上网搜索优惠卷（Discount code, promotion code），商家时不时会提供一些优惠活动，如果您能在网上找到有效的优惠卷，可以立马剩下 5%－15%的费用。如果您加入租车公司的会员，也会定期收到他们邮件寄来的优惠卷（Special offer）。

注意租车时间，租车公司提供的费率是不同的，一般来说，周末最低，其次是整周租车，而周一到周四，因为商务租车较多，费用也相对较高。所以周末用车最划算，而如果您将用车 5－6 天，不如先查一下租车 7 天的费用，到时您提前还车是没有问题的。异地还车一般会有额外的费用，所以如果不是有特殊需要，还是尽量同一地点取车还车吧。

如果您是外出旅游，并且准备通过一些网站预订机票，酒店，比如 www.expedia.com。可以考虑将机票，租车，酒店一起预订，价格会有额外的优惠。

关于保险

租车的基本费用中一般是不包含各种保险费的，比如 Loss Damage Waiver (LDW), Personal Accident Insurance (PAI) , Personal Effects Protection (PEP) , Additional Liability Insurance (ALI)。如果您有美国有效驾照和保险，请事先和您的保险公司确认，看你所使用的保险是否涵盖租车的情况，有无任何条件（比如美国境外，特定车型或者长期租车不在其涵盖范围内）。美国很多信用卡也提供免费和有偿的租车保险，请事先联系你的信用卡公司确认或者登录其网站搜索相关条款。

如果您是来美国短期游玩或者出差，请事先确认您是否购买了相关保险。如果没有，我们还是建议你租车时购买保险，这是对你自己也是对同车的人的保护。

U-haul

U-haul, www.uhaul.com 也是一家美国常见的租车公司，是一家以卡车租赁为主的自助搬家公司。在美国读书工作生活的您，如果需要搬运大型物件或者搬家，U-haul 是不错的选择。他们提供不同的卡车车型，各种拖车，也提供搬运大型物件时需要的工具的购买和租赁。预订方式和一般的租车公司非常相似，在全美都有网点，可以异地取车还车。租车的费用和您选择的车型大小，租车的时间长短，还有使用的英里数相关。他们的卡车一般使用柴油，加油时可不要加错了。

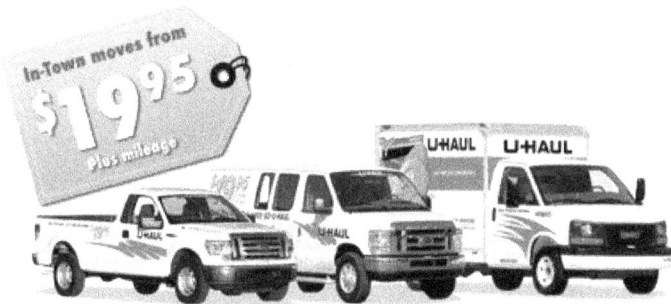

www.uhaul.com

3.7 买车、卖车

提起美国，人们就会想到车，这不仅仅是因为美国车名气大，通用，福特，克莱斯勒，还有他们旗下的众多子品牌。更因为美国的汽车多，汽车的普及率高。美国人口有 3 亿多，而各种民用车（Passenger vehicle）就超过 2.5 亿辆（根据美国交通部 2007 的数据）。一个家庭有 2，3 辆车都是很常见的。说美国是车轮上的国家一点都不假，在美国，您能看见的就是错综复杂的高速公路和川流不休的车流。除了在一些大都市，比如纽约，芝加哥，洛杉矶，有着发达和便捷的公共交通，在美国多数地方，私人汽车一直都是最为有效的交通工具。所以，拥有一辆属于自己的汽车，不仅是一个梦想，也是您生活中不可缺少的一部分。

在美国，你几乎可以买到任何你听说过的，知道的，喜爱的汽车。这不仅是因为美国是世界上最大的汽车消费市场之一，几乎所有的汽车品牌都在美国设有销售中心，而且很多国际大型汽车厂商为了迎合美国市场的需要和降低费用，都直接将工厂设在美国，比如丰田，本田，大众，奔驰，现代等等。而且美国的交通部门，允许任何年份的汽车在路上行驶，只要车辆的尾气排放和安全达标。换句话说，你可以花几十万美金买到全新的劳斯莱斯，也可以花几百美金买到上个世纪六七十年代的老福特轿车。下面我们就分别介绍新车和二手车购买中的注意事项。

关于购买新车

为什么要买新车而不去买相对便宜的旧车呢？笔者认为主要原因之一就是质量有保证。新车出现故障的几率比已经行驶了五年、十年，几万到十几万英里的旧车要低很多；而且就算出现了问题，也可以由汽车厂家免费解决。

关于汽车的质量保证（Warranty），新车卖出后都享有汽车厂商提供的 3 年 36000 英里到 5 年 60000 英里不等的质量保证（哪个数值先到，质量保证就此结束）。这个质保被称之为整车质量保证（Bumper to Bumper Warranty），它基本上涵盖了一辆汽车的所有部件。有的汽车厂商还提供更长的或者终身的发动机及变速箱等主要部件的质保（Power Train Warranty）。各个汽车厂商关于质量保证的时间和范围的规定不太一样，您可以上网查询，或者查看您的汽车用户手册。这类质量保证是由汽车厂商直接提供的，您可以去美国境内任何一家厂商认可的经销商，不受地理限制。

Tips: Lemon Law, 柠檬法规，或者叫做有缺陷产品法规。在美国出售的大多数产品，在出售后的一段时间内，如果消费者不满意，都可以无条件退换，但是，汽车房屋等大件商品除外。如果您购买的新车，重复出现故障，而且汽车厂商无法即时修复，您有权要求退车或者换车。每个州的规定不同，请查阅本州的相关规定。

有人说，买新车还不容易，带上钱去汽车行（Dealer），按汽车的标价（MSRP,厂商建议零售价，美国俗称标签价或车窗价，因为这个价格的标签是贴在新车的车窗上的），加上额外的费用，把车买下来不就行了？当然，如果您愿意这样买车，并且让销售商爽快的多赚上几百甚至好几千美金，笔者也无话可说。换一个角度来说，您只要通过以下章节的学习，把价格压低 10%－20%，甚至更多，都是有可能的，只有少数新款、热门车型的成交价可能接近或等同于车窗价，美国很少有加价卖车一说。

有几个概念我们需要先介绍一下，一个就是上面提到的厂商建议零售价（MSRP, Manufacturer's Suggested Retail Price）,顾名思义，这就是汽车厂商的建议零售价格。按照美国法律规定，出厂的每一辆新车都要将这个标签贴在车窗上，上面注明了这辆车的基本配置，综合油耗，有无任何选配件及价格（Option's price，比如天窗，多声道音响，倒车雷达等等）。

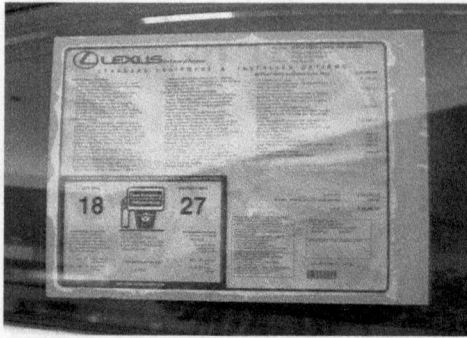

Invoice Price, Invoice Price 可以称之为出厂价，或者批发价，就是车行从汽车生产商批量购买汽车时的价格。一般认为这是车行卖车的底价，负责销售的经理有时会信誓旦旦的把他的批发价格单给你看，说：你看，这就是我们拿车的价格，我们一分钱都不赚你的。其实车行从汽车厂商拿车，价格是有可能低于这个批发价的，汽车厂商会给车行一些额外的折扣，比如广告分担费，年终激励，押金返还等等。

另一个需要注意的是新车的年份，车行销售的没有注册过的车都叫新车，比如您是 2012 年 7，8 月份去车行看车，您会同时看见一款车有 2011 款的，2012 款的，和 2013 款的。请不要觉得奇怪，也不要被销售忽悠了。2011 款是去年的老款，2012 款是今年的现款。而汽车厂商一般在每年的夏季已经推出了来年的新款车型，所以有的车行已经有了 2013 年的新款也不足为奇。车行为了为第二年的销售做准备，他们一般已经开始降价促销 2011 和 2012 款的车型了。所以，如果您不介意买老款的车型，您应该争取更大的折扣。注意一点，一般的车型每年都有会小的变化和改进，每 3－4 年会有大的变化、改款。

价格组成。就算您准备按照"车窗价"买车，等车行帮你准备好文件让你签字交钱时，你会发现价格又高出了许多，这是怎么回事？最终的成交价包括了这几个部分：车本身的价格，运输费或者叫做目的地费（Destination charge），车辆注册费（Registration fee, title fee），文件费（Document fee），和消费税（Sale tax）。车价一般可以和运输费合在一起，你和车行讨价还价的就是这一部分。车辆注册费和消费税，每个州的规定不一样，你可以上网查找，比如伊利诺伊州的消费税是 10%，印第安纳州的消费税是 7%。如果你是跨州买车，最后还是应该按照你的居住地的税率交税。文件费没有具体的规定，您可以事先向车行了解清楚，以免最后他们狮子大开口，超过 100 美金就比较高了。当然，最终的价格中可能还要加上你额外买的延长质量保证的费用（Extended Warranty），或者减去额外的折扣（Rebate，比如学生购车优惠，军人购车优惠，老用户优惠等等）和奖励（Incentive，有的奖励是汽车生产商提供的，有的是由汽车销售商提供的）。我们将这个最终的价格称之为出门价（OTD, Out The Door Price）。您在电话，邮件或者和车行销售人员的面谈中也可以直接向他们询问 OTD 价格，省去很多麻烦，但是我们建议您在签字交钱之前，让他们给您做详细的说明。

上文说到几乎所有的汽车厂商在美国都有销售点，您可以选择购买到任何一个品牌的任何一款汽车。除了对汽车品牌的偏爱和车型的喜好之外，您在买车时还会关心汽车的价格，性能，售后服务，质量，顾客评价等因素。感谢计算机和网络的发展，您现在可以足不出户就得到这些信息了。很多网站都可以查到汽车的具体参数，价格，新车的故障率，顾客的反馈，以及车辆的折旧率等等。比较常用的网站有：

www.edmunds.com

www.kbb.com

www.truecar.com

www.autos.yahoo.com

www.autos.msn.com

www.carbuyingtips.com

…

特别值得一提的是一本比较专业和独立的消费品评测杂志——Consumers Reports, www.cosumerreports.org, 《消费者报告》。这份月刊杂志在美国经久不衰，非常受消费者的喜爱和信任。他们有自己的实验室和团队，会评测和比较各类消费品，小到牙刷餐具，大到房屋汽车。通过比较性能，质量，价格，选出最值得购买，性价比最高的产品。每期杂志也会比较几款同一级别的汽车，给出比较客观的评价：优点，缺点，操控，安全性，油耗，空间，故障率等等。每年的

4 月刊，是汽车专刊，他们会评选出各个级别的年度最佳汽车。市面上常见的汽车——新车和二手车，都有详细的介绍：基本配置，新车价格，二手车价格，是否建议购买，平均故障率是多少等等。他们评选出来的 2011 年度各级别，最值得选择的汽车是：

- **Budget car:** Honda Fit
- **Small car:** Hyundai Elantra
- **Family sedan:** Nissan Altima
- **Small SUV:** Toyota RAV4
- **Green car:** Toyota Prius
- **Family SUV:** Kia Sorento
- **Sporty car:** Ford Mustang
- **Family hauler:** Toyota Sienna
- **Sports sedan:** Infiniti G37
- **Pickup truck:** Chevrolet Avalanche

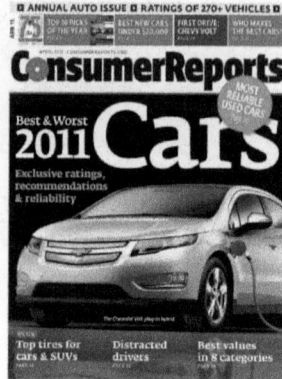

下面就以个人实例来说明如何以满意的价格买到您中意的汽车：

1. 确定您想买的汽车的品牌，年份，车型，甚至颜色和选配件；

我准备购买一辆 2012 年款德国奔驰 E 系列四门 V6 发动机四驱轿车（Mercedes-Benz 2012 E-Class E350 4doors Sedan 4MATIC），基本配置，颜色无特定要求。

2. 通过上文提到的网站查询这车的建议零售价和出厂价；

建议零售价（MSRP）是 53865 美金，出厂价（Invoice Price）是 50856 美金。

3. 通过上文提到的网站查询现在有没有任何促销或优惠；

E 系列车目前有 2000 美金的优惠，同时可以享受 1.9%的低息贷款。

4. 查找附近的销售商，并且发邮件询问报价；

我所在的城市有 3 家奔驰的销售商，随后我分别发邮件询问了价格。

5. 通过邮件和电话联系，让几家销售商相互竞争（Match the price），比如告诉销售商 1，销售商 2 给出的价格是多少，你能不能比他低？再联系销售商 2 和 3，同样的方法。2，3 轮下来，可能有一家已经退出竞争了，你也知道了大概的底线是多少。

我从销售商 2 处得到了最好的价格 50453 美金，我告诉他我准备来和他面谈，让他把答应我的价格和其他费用一起以邮件的形式发为我（口说无凭嘛）。

6. 亲自去销售商处看车，如果合适，签字交钱取车。就算在邮件和电话中，您得到了很好的价格，也不要在邮件或电话中把自己的信用卡号告诉对方，销售商会让你用信用卡先交一比定金，帮你把车定下了。一但交了钱，您就变被动了，等你到了车行，他可以说你要的车没货，要等一周，或者说这辆车配置有变化需要加钱等等。

7. 第二天我亲自去了销售商 2 处看车，试驾。并且告诉他，另一家车行给的报价也很接近，他们也让我去面谈，表示还有降低价格的空间。几个回合之后，我们握手成交：汽车价格 50400 美金，外加两次免费的换机油服务和一年不限次数的免费洗车，汽车注册费 78 美金，文件费 99 美金，消费税 10%，出门价（OTD）55617 美金。我没有购买额外的延长质量保证，但是选用了美国奔驰公司提供的 1.9% 的汽车贷款，这样我就不用一次将车款付清，而是选择了分 4 年付清（首付 5617 美金，月付 10xx 美金）。

办完手续后，销售商给我了一个临时的汽车牌照，我电话通知我的保险公司更新了我的车辆信息，直接开车回家。几天后收到销售商寄来的汽车注册文件，去当地的交通部门办理正式的汽车牌照。

可以看出，笔者在买车前做了一些准备工作，通过以上步骤，节省下了 10% 的费用，也避免了一些不必要的额外开销。这还是在 2011 年购买的 2012 款的进口车，相对还价的余地较小。一般来说，才上市的新款车型优惠少，才经过大改款的车型优惠少，紧俏、热销、供小于求的车型优惠少。

上文介绍的新车购买步骤中笔者忽略了两个方面的内容，一个是旧车置换（Trade in used car），另一个是贷款买车（Car financing）。一来如果您才来美国不久，您可能是第一次买车，没有旧车需要处理，而且没有美国的信用记录，也无法做汽车贷款；二来"旧车置换"我们会在卖车的章节中做简单的介绍，关于贷款，您可以在本书金融的章节找到相关的内容。

TIPS 1: 一年中最佳的买车时间。销售商也是有销售指标的，能否完成，不仅关系到个人的提成，还关系到厂商的激励返点，和进货的价格，所以每个月的月末，六月底，和年终都是买车的好时间。另外美国的几大节日期间，销售商也会给出额外的优惠，比如美国的国庆节，劳工节等等。

TIPS 2: 购买现车。当您走进一个规模较大的车行时，展现在您眼前的将是上百辆，甚至几百辆的待售汽车。同一车型的汽车，也有年份，颜色，配置上的区别。而且现在的车商都提供定制服务，您可以定制您喜欢的颜色，材质和配置。当然，这样一来，车商能给你的优惠幅度会小很多，甚至你只能按照原价购买，而且还需要等上几周到几个月的时间。所以，笔者建议您在销售商现有的库存中挑选您满意的汽车，或者多看几家，总会找到您满意的爱车的。

TIPS 3: European Delivery Program。说到汽车定制服务笔者不能和大家介绍一下这个比较吸引人的项目—欧洲取车计划。这是一项欧洲汽车厂商推出的针对美国汽车买家的激励计划，简而言之，就是您通过汽车厂商的网站定制您喜爱的汽车，等您的汽车生产好后，汽车厂商邀请您去欧洲自己取车。他们提供免费或者优惠的双人机票，住宿，您还可以参观他们的汽车工厂，博物馆，随便游玩一个或多个欧洲国家，等你的行程结束后，将车留在指定的港口，他们再负责帮你把车运到美国，您去附近的销售商处提车就行了。目前 BENZ, BMW, VOLVO 都有类似的项目。具体细节和要求请参考汽车厂商的相关网站：
http://www.mbusa.com/mercedes/european_delivery_program/overview

http://www.bmwusa.com/Standard/Content/Experience/Events/European Delivery
http://www.volvocars.com/us/sales-services/sales/volvo_overseas_delivery/Pages/default.aspx

TIPS 4: 价格谈判过程中，不要怕"抬腿走人"。和经销商的谈判过程中，要让对方感觉到，如果价格合适我就买，不合适，我就走，没什么大不了的。如果让对方觉得你非常喜爱这辆汽车，已经准备购买了，他们就不会在价格上给你太多的优惠了。经销商都是经过培训，了解消费心理学的，他们会揣摩消费者的心理，您可别让他们一眼看穿了。

TIPS 5: 一般情况下，笔者不建议您购买车商提供的额外延长质量保证（Extended Warranty）和任何额外的汽车维护服务。新车都有 3 年 36000 英里到 5 年 60000 英里不等的整车质量保证，各个品牌的政策不同，买车前请检查清楚。延长质量保证就是在此基础上延长质量保证，一般最长可以延长到 10 年 10 万英里。有的是汽车厂家直接提供的，有的是第三方公司提供的。价格从几百美金到几千美金不等。这项服务不是像销售商说的必须在买车时一起购买，而是任何时候都可以从汽车厂商或者第三方公司处购买，而且价格一般比从销售商提供的更优惠。另外，几年后您的车如果转手了，或者因为交通事故报废了，这项服务能不能转给下一位车主，或者取消都很难说，需要看合同上是怎么规定的。别的维护服务，例如底盘防锈，漆面封釉就更不需要了，以当今的汽车制造技术，这些都不是问题，就算出了问题，这些也是汽车的质量保证中覆盖的。

TIPS 6: 如果您选择贷款买车，在汽车的贷款还完之前，汽车的"拥有者"是您的借贷方一银行。法律规定，您必须购买全额保险以保护借贷方的利益（关于汽车保险，我们会在其他章节做详细介绍）。

新车购买步骤清单：

1.购买新车的总体预算是：
2.品牌，系列，车型，年份，颜色，配置：
3.网上查到的零售价和出厂价分别是：
4.目前有无任何折扣和优惠：
5.有无旧车需要置换，旧车价值：

6.是否需要贷款，银行给出的利率是多少：

7.通过邮件和电话向附近的汽车销售商询价，得到的最好价格是：

8：查清楚消费税、注册费、文件费：

9：去和销售商面谈看车试驾，争取更好的价格，或者免费的服务：

10：确定最终的价格，检查合同细节，确认合同中注明的汽车识别码和您挑选的车一致，检测汽车的外观，车漆有无任何划痕。

11：现在可以签字，交钱，拿新车钥匙拉！

12： 联系您的保险公司，办理或者更新车辆信息，收到车辆注册文件后，去当地交通部门办理正式的汽车牌照。如果您在买车的过程中，使用了贷款，在还清贷款前，汽车的所有权证是由银行保管的，如果您一次性付清的车款，汽车销售商应该直接将汽车的所有权证给您，或者在一周左右的时间里邮寄给您。

写了很多，看似内容多而复杂。其实都是些基本的概念和术语。只要您提前在网上做一些调查和研究，按照上面的步骤来进行，花 2，3 天的时间一定能买到让您称心如意并且价格合理的新座驾！

关于购买新车，还有一种常见的形式，就是租车（Lease）。汽车销售商和您签订一份为期三年的租车合同，您在首付零到几千美金后，每月支付一笔固定的费用。合同到期后，您可以选择将汽车还给经销商，或者以经销商给你的价格将汽车购买下来。这种形式的好处是前期的投入比较少，合同到期后您也不用考虑如何处理旧车。缺点是对您的信用记录要求比较高，每年有行驶里程的限制，超过需要额外交钱，而且在租车的三年期间，您必须给汽车购买全额的汽车保险，这也是一笔费用。笔者没用亲身操作过，不好给您做更多详细的介绍，如果您感兴趣，可以上网查找相关的信息。

关于购买旧车

旧车（Used Car），也叫二手车。其实是二手还是三手已经不重要了。只要是销售商卖出的，已经注册过的汽车，不管是一年还是一个月都已经不算新车了，统统叫做旧车。有时美国人一时冲动，贷款买了新车，一个月后不喜欢了，或者失业了还不起贷款，只好把汽车出售，或者低价卖还给销售商。这些车，已经在美国的交通部门登记注册过了，都属于旧车，成色再好，里程数再低，也不能当作新车来销售。

TIPS: 汽车销售商提供给顾客试驾的汽车，称之为试驾车、展示车（Demo Car），和新车一样，这类车都没有注册过，所以属于新车范畴。因为被顾客试驾过，所以您会发现这类车的里程数可能是几百甚至一两千英里。如果你不介意，可以要求以优惠的价格购买这类试驾车，应该可以拿到额外的优惠，并且可以要求销售商负责将汽车的里里外外清洁干净，甚至免费更换机油一次。而如果您发现你挑选的新车的里程数是几百甚至上千英里，说明销售商向你隐瞒了此车是试驾车的事实，您也可以要求换车。

购买新车好处当然很多：没有被使用过，可以选择自己喜欢的颜色和配置，有质量保证等等。购买旧车也不是一点优势也没有：买旧车，最主要的优势就是价格。汽车作为消费品，在使用过程中每年都在贬值。3－5 年的旧车，价格可能只有新车时的一半。车价低了需要缴纳的消费税也降低了，保险的费用也少了。而且，如果这是您的第一辆汽车，你很难保证不发生任何碰撞，旧车有点小的磕碰，也不会心疼。等自己的驾车技术熟练了工作稳定了，再买新车好车也不迟。笔者来美国后的第一辆车就是一辆 4000 美金的"N 手车"，毕业工作后才换的新车。

购买旧车，最大的顾虑就是质量。车辆在使用过程中，随着车龄的增长，发生故障的几率也在增长。而且当您购买一辆旧车时，您对它的过去一点都不了解，甚至它是不是一辆"事故车"都不知道。所以，购买旧车，第一步就是要知道它的"历史"。

VIN, 上文中我们提到了车辆的识别码（Vehicle Identification Number），这组由 17 位数字和字母组成的识别码是一辆汽车唯一的识别标志。一辆汽车的识别码在汽车的发动机舱，前挡风玻璃的右下角，左前车门框下方等处都可以找到。美国的交通部门使用这个识别码来记录一辆汽车的历史。比如，生产商，出厂日期，车主，注册地点，里程数，事故报告等等。当新车注册，车辆买卖时，您都需要去当地的交通部门更新车辆的信息，交通部门的数据库也随之更新了。

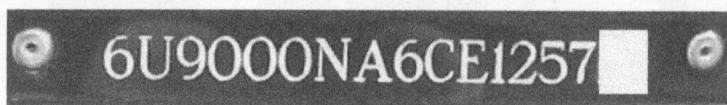

如果知道了一辆汽车的识别码，您就知道了它的"过去"。所以获取和检查汽车的识别码，是您在买旧车时要做的第一件事情。美国有多个网站提供这些信息的查询：

www.carfax.com

这家网站提供有偿的汽车历史记录查询服务。报告内容非常详细：从基本的车辆信息，生产商，年份，配置；到有过几任车主，每任车主使用了多长时间，多少里程，是私人用车，还是公司用车；有无事故报告，是否淹过水，有无任何召回，是否在保修期内等等。

CARFAX 报告的样板, www.carfax.com

www.autocheck.com

这是另一家提供类似服务的网站，价格优惠一些，但数据没有 CARFAX 详细。有些网站和个人，也提供免费的查询，您感兴趣也可以上网找找看，笔者就不介绍了。

TIPS: 当您在查询旧车的历史记录时，也不能完全信任以上提及的网站。这些网站的数据都是来源于交通部门、交警的报告，保险公司和一些大型连锁汽车修理公司的报告。如果车主没有把交通事故上报给警察和保险公司，或者他是通过一些小型的汽车修理公司进行的维修，一些信息也是不会反映在汽车历史记录中的。所以，除了通过车辆识别码检查汽车记录以外，您还需要直接和车主或销售商交谈以了解汽车的情况，或者通过第三方公司实体检查汽车。美国很多汽车修理公司都提供这一服务，花上 20—30 美金请他们帮你初步的检查一下。

购买旧车的途径

新车的购车途径比较单一，只有在汽车的品牌销售商处购买。旧车就不一样了：除了可以在汽车品牌销售商处购买外（一般的经销商都负责销售自有品牌的新车和旧车，也有少量的别的品牌的旧车销售）；也可以在专门销售旧车的销售商处购买（他们没有代理任何品牌的汽车，销售的都是各种渠道购入的旧车）；还可以通过私人车主直接购买；甚至可以去一些对公众开放的拍卖会现场，亲自竞价买车（一般的旧车拍卖会 Auto auction 只对有专门执照的买家开放，对公众开放的叫做 Public auction，很多淘汰的公务车，警车，罚没的汽车都会通过拍卖处理掉，价格低，但是需要特别的经验和技巧，笔者没有亲自操作过，就不多介绍了）。

如何获得在售旧车的信息呢？

网络：汽车销售商自己的网站；www.cars.com, www.carmax.com; www.craigslist.org...

销售商都有自己的网站，网站上有库存汽车的列表，新车、旧车、年份、里程数，价格等信息。

www.cars.com 在首页上选择您要找的汽车品牌，系列，价格范围，然后输入您所在地的邮政编码（Zip code），网站会帮你搜索特定范围内所以在售汽车，注明"dealer"的是销售商，注明"individual"的是私人卖家。发现感兴趣的汽车，您可以发邮件或者打电话直接和卖家联系。

www.carmax.com 是北美规模较大的专门销售旧车的公司，在美国就有超过 100 家店面。优点是明码标价，质量有保证。

www.craigslist.org 在首页上找到自己所在的州和城市，进入二级页面后，在"for sale"的栏目中找到"cars+trucks"，点击进入后，您看到的就是您所在的城市中正在销售的汽车了。卖家也是分为销售商和私人。

报纸，杂志：关注本地的报纸，当地的报纸都有专门的卖车信息。本地的超市，餐馆门口一般都有些免费的报纸，杂志。有些是房屋买卖的，有些是汽车买卖的。您也可以买几本回来研究一下。

睁大您的眼睛：有时在路边的公共停车场，或者私人住宅的门口，您会看见一辆汽车的车窗上写着或贴着"For sale by owner"的牌子，这些都是车主在直接卖车。上面一般注明了价格和联系方式，您如果感兴趣，可以直接联系。

旧车价格评估

新车的建议零售价和出厂价可以在网上查到，那旧车的价值呢？有的网站专门帮您评估旧车的价值：当您输入汽车的品牌，系列，型号，年份，里程数，额外配置等信息后，网站会给出此车的估价（您会得到几个不同的价格：1.卖给车行的价格，2.从车行买入的价格，3.私人买卖的价格。1 的价格最低，2 的价格最高，3 的价格居中，这也是为什么车主愿意自己卖车，而买车人也愿意从私人处直接买车。但是很多情况下，车主还是会将车卖给车行，比如希望尽快出售，私人交易不安全等；买家也会从车行买车，比如挑选余地大，可以贷款等等。）您也可以通过以下网站，反向搜索，估算出在您的预算内，可以买到什么品牌，车型和年份的旧车：
www.kbb.com
www.nadaguides.com

www.edmunds.com

...

购买旧车的具体步骤：

1. 确定您的总体预算，购买汽车的品牌，车型，年份范围。笔者建议您尽可能的缩小您的目标范围。美国的汽车市场太大，可供选择的汽车太多，如果您不清楚自己想要什么样的汽车，很容易被别人忽悠。同时，一些非重点的因素，可以忽略或者最后考虑，比如外观颜色，轮毂的式样等等，不然的话，您也很难挑到一辆 100%满意的"二手车"。

2. 通过上文提到的"何处获取旧车信息"的方法，开始搜索吧。这会是一个枯燥的过程，运气好的话，一两天您就能发现一辆或几辆待选车；运气欠佳的话，一周都看不见一辆满意的。这时您可能需要考虑是不是自己定的价格范围不合适，或者选择的车型比较小众化。总之，保持一颗平常心，是你的，一定跑不了。

3. 通过邮件或者电话和卖方联系。第一，确认汽车还没有售出；第二，取得汽车的标识码，第三，约时间见面看车。不管是经销商还是私人，都应该向您提供汽车的标识码。如果对方刻意隐瞒，一般可以断定汽车的信息有假或者汽车有不良记录，这辆车您可以直接忽略了。拿到汽车的标识码后，请通过上文提到的网站，进行查询。

有几个类型的汽车笔者建议您不要购买。被水浸泡过的汽车（Flood damaged），有的地区地势比较低，洪水或热带风暴过后，有的汽车被水浸泡过，这一类的汽车就算被修好后，汽车的电子设备也容易有故障。重大事故车辆（Salvage title/rebuilt title），这类车辆都经历过重大的交通事故，车辆毁坏严重，被保险公司认定为报废车辆。事后被个人或者公司买下，修复，通过交通部门的检测，允许出售。汽车的整体结构一旦破坏了，修复后的强度也不可能和以前一样，笔者也不建议购买。有的车辆只是发生过小的事故，比如小的碰撞，更换过前后保险杠等等，都不是大问题。还有的车辆，以前是公司用车或者是租车公司的汽车（Business car, Rental/Fleet car），笔者觉得没有什么关系，一般公司都会按照要求，按时保养维护汽车，有的甚至保养的比私人还好。可能您会发现这类汽车的里程数比较高，选择与否，就看您个人了。

TIPS: 如果卖方是经销商，请直接向对方索要汽车的历史记录。经销商都有 CARFAX 的账户可以查询汽车的记录，您就不用自己花钱购买了。

4. 看车、检查、试驾。

看车前上网查看汽车的估价，打印出来作为还价的依据。带上您的一位朋友一同前往，一是为了安全，二是两个人一起检查更容易发现问题。

汽车检查的一般步骤：

外观，内饰：先不要急于发动汽车，检查汽车的前后保险杠，汽车的漆面和玻璃。看前后保险杠有无任何碰撞的痕迹，四周车漆有无蹭刮，锈蚀，汽车的挡风玻璃有无裂痕。如果发现汽车的车漆颜色不一致，说明汽车有过事故，重新局部喷过漆。检查 4 个轮胎的磨损是否一致，均匀。检查内饰，各种开关，座椅，保险带，注意看脚垫下的地毯有无水印，水渍，如果有，很有可能汽车进过水。打开发动机舱和后备箱，检查发动机上是否有油污，各种液体的液面是否在正常的范围内（雨刮液，冷却液，刹车油，机油，变速箱油等等）。后备箱下方的备用轮胎和工具是否齐全。汽车通电后（车钥匙转至启动挡，未启动发动机），检查各类车灯，CD 音响，雨刮器，电动门窗，车锁等等。

启动发动机：观察发动机启动是否顺畅。检查仪表盘上有无任何警告，比如 Engine check, air bag, ABS。观察排气管排出的尾气，正常的是无色的，或者少量白色的水气，如果尾气是蓝色或者黑色的，说明发动机有问题，烧汽油，烧机油。

路试：在确认汽车有牌照和保险后，亲自试车。感觉汽车加速时是否连贯，有无顿挫感（美国销售的汽车以自动档汽车的为主，如果在汽车加速换档中有明显的顿挫感，说明变速箱有问题）。观察汽车在直线前进时，会不会向左或向右偏移。观察汽车在大幅度拐弯时，前轮有没有异响。观察汽车在通过不平路面时，汽车的避震和弹簧是否有异响。观察刹车是否有力，刹车时有无异响。如果温度允许，试一下空调和暖气。如果有可能，驾驶一段高速公路，观察汽车在高速前进是，有无振动，发动机声音是否正常。

对于一辆已经行驶了几年、几万英里的汽车，有点问题是很正常的。但是像发动机，变速箱等重要部件如果发现问题，笔者建议您不要购买。这些部件出现问题，维修费用很高，维修周期也长。如果发现的是一些小问题，维修起来应该不太困难，也可以作为进一步还价的依据。

TIPS: 如果在检查后您还是不放心，或者对机械不是很在行，在征得卖方的允许后，也可以让第三方公司帮你检查汽车（您需要自己付钱），检查的内容和上面提到的差不多，也可以检查一下尾气的排放，看尾气排放是否打到交通部门的要求，不达标，是不能注册和上路的。检查结束后，第三方公司会给您一份检查报告，如果发现问题，他们也给您一份维修的估价。

5. 讨价还价。

无论是经销商还是私人卖家，都是接受讨价还价的。还价的依据，一是您事先在网上获得的汽车的估价，二是您看车试驾后，发现的问题。在双方确定价格的同时，您也需要确认对方接受的付款方式。私人卖家一般只接受现金或现金支票，而不接受信用卡或个人支票。经销商一般比较灵活，接受多种付款方式。

6. 完成交易。

买卖二手车，双方希望的都是"一手交钱，一手交车"，而您要做的是，不仅要拿到汽车的钥匙，而且要拿到卖方当场签字后的汽车的所有权证（Title）。美国每个州的汽车的所有权证略有不同，但是相同的是，上面都会注明汽车的信息，识别码，车主信息等等。您要做的就是核对汽车的信息和识别码和您要买的汽车是一致的。如果对方无法出示汽车的所有权证，请你不要付钱。一是对方可能并不是真正的车主，二是对方可能并没有还清汽车的贷款。有的时候，如果您发现对方提供的汽车所有权证上注明有抵押（Lien），也说明汽车贷款没有还请（如果还请了贷款，应注明 Lien release），不建议购买。

同时，买卖两方签订汽车买卖协议（Used car sale agreement or bill of sale，网上有简单模板下载），注明买卖双方、汽车型号、识别码、价格，和确切的里程数以作为汽车注册时使用。

在获得了汽车的所有权证后，即时办理汽车的保险，然后您就可以去当地的交通部门办理汽车的所有权转换（Title Transfer）和牌照了（有的时候您还需要先去做汽车的尾气排放检查，合格后才能办理注册）。

Indiana Car Title

至此，您的买车手续就基本完成了，恭喜您成为有车一族！下面是一些二手车交易中需要注意的问题和建议：

1. 关于汽车的质量保证，我们在上文已经提到。由汽车厂商提供的整车质量保证，只要没有到期终止，是可以自然转到下一任车主名下的。而主要部件的质保和一些类型的延长质保是只针对于第一任车主的，不能转换，请您在买车前确认清楚。

2. 比较新的二手车，或者价格较高的旧车，笔者建议您在经销商处购买。一是从经销商处购买，付款方式比较灵活，安全；二是您也可以要求经销商提供半年到一年的额外质量保证。而几千美金的旧车，从私人卖家处直接购买比较划算。

3. 年份较短的二手车，可能车主确实没有还完贷款，以至于汽车的所有权证书还在银行处，如果车主愿意，可以一同去银行直接办理付款，并且取得汽车的所有权证书。如果银行不在本地，您可以先支付一定比例的车款，帮助原车主还清贷款取得汽车的所有权证书，切记您的支票是写给对方银行的，不是写给卖家的，支票上注明汽车的识别码。这时，您应该在买车合同中注明，已付车款的比例，多长时间后支付剩余部分，并且换取汽车所有权证书。并且，你应该当天将汽车取车，防止原车主私下将车卖给第三方。

4. 没有特殊说明，或者合同，旧车买卖都是"Sold as is"，交易结束，任何问题概不负责。所以在付款前，请认真检查和试车。交易结束后，如果发现问题，一般只能自己花钱维修了。

5. 私人交易，一定要注意安全。第一，当面看车交易，不要相信卖家说的车在别的地方，要你先付一笔定金或全额付款后，他把车运过来；第二，现金交易时最好在公共场所，比如银行，注意人身安全，不要一个人行动；第三，确认在付款后拿到汽车的所有权证。

6. 私人交易也不是一定要付现金的，您可以支付现金或者银行开据的现金支票（Cashier's Check），现金支票是由银行证明的支票，车主一般都是接受的；而个人支票，车主一般不接受。您也可以在银行办理旧车贷款，以支付买车的费用。

6.有些人在私下买卖汽车时，故意将协议中的汽车交易价格降低或者以免费礼物处理，以达到见面消费税的目的，笔者反对这样操作。交通部门对新车旧车的价格都很了解，一旦发现您提供的买卖价格明显低于正常水平，可以立案调查，后果会很严重。

7.我们在介绍购买新车中介绍过另一种购买方式－租车。有的经销商也提供旧车的租赁服务，您也可以上网查找有关的信息。

关于卖车

卖车、买车的方法和步骤有很多相似之处，只是您的角色由买主变为了卖主。您希望尽快的将汽车出手，安全的拿到车款，同时不给自己留下任何隐患。下面笔者就来和您说说在美国如何卖车。

卖车的途径

1.将汽车卖给汽车经销商

将您的汽车卖给经销商又分两种情况，一是只卖车把钱拿回来；二是通过经销商的以旧换新项目（Trade in），卖一辆汽车再买一辆汽车，补齐差价（不管您再买的是新车还是旧车，都称之为以旧换新。也许您卖了一辆价值较高的旧车，买了一辆价值低的旧车，经销商补给您差价也是可以的）。很多经销商不愿意单独购买私人的旧车，他们只接受以旧换新的形式，也就是说，您必须从经销商处再买一辆汽车。所以您在卖车前，一定要问清楚。在接受单独卖车的公司中，比较知名的是 CARMAX, www.carmax.com。有的经销商也同意帮你代卖汽车，您和经销商签订一份代理合同，他们负责帮你卖车，卖出后收取一定比例的服务费。

TIPS: 如果您是准备卖了现在的旧车，再买一辆新车或者成色更好的旧车，可以考虑经销商的以旧换新项目（Trade in program）。它有以下好处：1. 方便，卖车和买车可以同时进行，经销商也会帮你办理所有的手续和文件。2. 省时，不用和形形色色的买家约时间看车交易，甚至遇到骗子。3. 省税，有的州规定，在购买新车时，旧车的折价部分，可以在新车的总价中减除，这一部分不用交税。4. 旧车出现的了比较大的故障，维修需要花上一大笔钱，不修好，也无法私下卖出，可以折价卖给经销商，当然价格也不会高。

2. 私人交易

不管您是准备单独卖车还是准备卖了旧车买新车，都可以考虑自己卖车。私人交易的价格一般都比卖给经销商的价格更高，当然也比较麻烦，需要更长的时间。

3. 将汽车捐献给慈善机构

当您的汽车价值已经很低，很难卖出时，您也可以考虑将汽车捐献给指定的慈善机构（Donate the car to Charity），他们可以继续使用您的汽车，后者将汽车卖出后用所得款项去帮助需要帮助的人们，您也会得到相应的税务减免。具体操作前请确认对方是美国国税局认可的非营利性机构，您可以在国税局网站上查找相关内容，www.irs.gov。

4. 将汽车处理给废旧车场

问题严重的旧车或者报废的旧车，您可以联系当地的废旧车场（Junk Yard），一般他们会派人来评估您的汽车（几十美金到几百美金）并且免费将旧车拖走。虽然不会给您很多钱，但您至少不用额外花钱承担拖车费和旧车处理费了。

卖车的具体步骤：

1. 评估旧车的价格和确定自己卖车的心理价位。上文中提到的几个网站都能帮您评估汽车的价格，www.kbb.com, www.nadaguides.com,

www.edmunds.com。私人成交价和卖给经销商的价格应该是您关心的，一个将是您的期望价格，一个是底价。

2.确定卖车的渠道。如果您是准备在经销商处以旧换新，就简单多了。直接去您感兴趣的车行看车，当谈到价格时，告诉他们你准备以旧换新，他们会检查评估你的旧车，并且给出他们买入的价格。当然您也可以和他们讨价还价。如果满意，在最终的买车合同中，他们会注明旧车的折价，您将旧车的所有权证签字后交给经销商即可。

3.清洁和整理您的汽车。洗车，打蜡，给汽车内部洗尘。汽车的车厢和后备箱内不要留下任何私人物品，说明书等文件可以放留在车内。找到汽车的所有权证和备用钥匙。如果汽车有一些小的问题，也可以提前去修理厂修理，免得买家看车后砍价。

4.发布卖车信息。我们在购买旧车的章节中提到了"如何获得在售旧车的信息"，买家关心的渠道，就应该是您应该发布信息的渠道。很多网络媒体都是免费的，您可以将汽车的信息，照片，价格，和您的联系方法发布到网站上。当地的报纸和杂志也可以利用，只是一般是收费的。在汽车的车窗内，放上私人卖车的贴纸，贴纸可以自制，也可以在沃尔玛等商店购买，注明价格和联系方式。如果您是学生，在征得学校的许可后，也可以将卖车信息张贴在校园内。

5.预约看车和试驾。私人卖车免不了接受买家的要求，看车、试驾、讨价还价。您需要有个思想准备，卖车需要一个过程，可能有的买家对您的车不满意，或者有的买家给出的价格，您不满意。另外，在看车和试驾的过程中，笔者建议您将见面的时间和地点安排在白天和公共场所，对双方都比较安全；买家在要求试驾前，请对方出示驾照和保险，避免不必要的麻烦。试驾过程中，您应该坐在副驾的位置。

6.完成交易。和购买旧车时的原则一样：一手交钱，一手交车。作为卖家，您需要提供汽车的钥匙（一般是两套），在汽车的所有权证上签字，签署买卖协议。买家需要当场付清车款（只接受现金或者现金支票，不接受任何别的付款方式，可以一同前往银行办理）。

至此，您的汽车顺利出手了。

TIPS: 双方都签字的卖车协议，一式两份，自己保留一份作为记录。汽车的牌照一定要拆卸下来，一来如果准备买车，可以继续在新车上使用；二来避免买家继续使用您的车牌，买家如果在使用您的汽车牌照中违反了交通法规，交通部门会认定为您的责任（有的州对旧车牌有不同要求，请您在卖车前，查阅本州交通部门的网站）。卖车后，将不用的汽车牌照和买卖协议一同交给当地的交通部门，并且联系自己的汽车保险公司，取消车辆的保险或者转到新车上。

3.8 汽车保养，维修

汽车保养

不论是日韩汽车，欧洲汽车，还是美国汽车；不论是是丰田、现代，奔驰、宝马，还是别克、凯迪拉克。汽车，天天在路上行驶，都会有正常的损耗，都需要正确的保养。

在您拥有了一辆汽车后，首先应该做的就是仔细阅读汽车的说明书。说明书不仅会告诉你该如何使用这辆汽车，更重要的是告诉你该如何保养这辆汽车。您应该重点阅读说明书后半部的保养章节（Maintenance）。关于汽车的日常保养和维护，很多事情都是力所能及，可以自己完成的。当然，如果您不想自己动手，您至少也应该知道何时需要去车行进行维护保养。忽视日常的维护和保养，只会是省了小钱，到时要花大钱。如果您是买的新车，但您没有按照要求去做规定的维护，一旦汽车出现故障，汽车厂商可以拒绝为您的汽车提供质量保证。

1. 洗车，吸尘

定期清洁汽车的外部和内部，不仅是为了美观，也是为了保护汽车的漆面和保证汽车内部空气的清洁。在美国北方，冬季下雪的地区，交通部门为了防止路面结冰，会向路面喷洒工业盐和除雪剂，这些都是会伤害汽车的漆面和底盘的。清洗汽车时，您也会尽早的发现漆面的损伤，市面上有很多产品可以帮助您修补漆面上的细小划痕，如果这些划痕不及时处理，等到漆面脱落，车体开始锈蚀时，就更难处理了。在美国，机器自动洗车非常普及，价格也很合理，一般是 5 美金到 8 美金。很多加油站也提供这类洗车服务。人工洗车反而相对贵一些。洗车点，一般还提供汽车的吸尘服务，多是自助的，投币 1 美金，您可以使用吸尘器 5 到 10 分钟。您也可以定期的为汽车打蜡，更好的保护车漆。

2. 更换机油

按照汽车说明书上的要求按时更换发动机机油（**Oil Change**）是汽车维护中最经常也是最重要的环节。机油，发动机的润滑油，起到润滑、冷却、清洁、和密封发动机的作用。机油的种类很多，矿物油，半合成机油，全合成机油等等。机油的标准也很多，美国常用的是 SAE 标准，比如 10W-40，5W-30，W 前的数值指的是冬天低温下的机油粘稠度，W 后的数值指的是夏天高温下的机油指标。一般按照说明书的要求来选择就可以了。更换机油的周期，请按照说明书上的要求，一般为 6 个月或者 7500 英里，哪个数值先到，就要换了。如果使用的是全合成机油，可以一年更换机油一次。更换机油可以在汽车经销商处更换，也可以在当地的汽车修理厂处更换，如果您动手能力强，当然也可以自行更换。自行更换机油，请做好旧机油的回收工作，不要污染环境。按时更换机油的另一个好处是，商家在为您更换机油是，一般会做汽车的初步检查，检查汽车的车灯，轮胎胎压，刹车片，各种液体的情况等等。这样，您也可以即时的发现问题，有选择的进行处理。

TIPS: 很多商家会建议您每 3 个月或者 3000 英里更换机油，这是没有必要的，请按照说明书上的要求来。如果您的汽车还在厂商提供的汽车质量保证周期内，请您保留好更换机油的收据，以作为凭证。

3.检查和调换汽车轮胎

汽车的 4 个轮胎，作为汽车和地面直接接触的部分，是最易磨损的，也是和您的驾车安全息息相关的。检查轮胎并不困难，您完全可以自己来完成。第一，检查轮胎的侧面有无鼓包、刮伤和裂纹。轮胎的橡胶内，有很多起支撑作用的细钢丝，轮胎的侧壁比较薄，在受到外部的挤压后（一般是驾车时不小心，轮胎侧壁撞到了马路边的突起部分一路肩），或者因为本身的质量原因，钢丝断裂变形，形成局部的突起。鼓包，刮伤和轮胎老化产生的裂纹都是汽车行驶中爆胎的原因。第二，检查轮胎的纹路里有无石子和异物，有无嵌入钉子。第三，检查轮胎胎面的磨损情况。美国人最常用的方法是利用有林肯头像的 1 美分硬币。将硬币头像朝下插入轮胎的花纹里，如果您能看见完整的林肯头像，说明轮胎的花纹已经很浅了，需要更换。当然，您也可以用量尺来检查轮胎花纹的深度。

www.tirerack.com

第四，检查轮胎是否磨损不均。如果发现车轮的内侧或外侧磨损比较厉害，说明车轮的定位有问题，需要做车轮定位。第五，检查轮胎的胎压。轮胎的胎压过高或者过低都是不行的，会造成轮胎的过度磨损和爆胎。汽车的胎压要求在说明书和汽车的驾驶座车门框上有说明，一般是 20PSI-30PSI。胎压也会随着季节天气温度的变化而变化，建议一年检查两次。您可以自己购买胎压计进行车辆，或者去车行检查。

如果您发现轮胎有上述的问题，请即时到车行做进一步的检查，有的问题可以修复解决，有的情况只能更换轮胎了。

汽车一般可以分为前轮驱动，后轮驱动和四轮驱动。非四轮驱动的汽车都会前后轮磨损不一。为了保证 4 个轮胎的磨损一致，汽车厂商建议您定期进行四轮调换。可以前后调换和交叉调换。笔者建议您每半年做一次四轮调换。当然，如果您的汽车前后轮的尺寸不一样，是不能调换的。购买轮胎的渠道很多，笔者推荐两家全美连锁的公司：www.discounttire.com, www.tirerack.com。通过其网站您不仅可以找到在您附近的服务点，还可以直接查找到您的汽车需要的正确轮胎尺寸。如果您是通过他们购买和安装的轮胎，他们还提供终身免费的轮胎检查和四轮调换。

TIPS 1: 汽车行驶中爆胎的处理方法：发生爆胎后，汽车会出现剧烈的振动，并向爆胎的一方偏离，这时您应该双手紧握方向盘，控制好汽车的方向，不要急踩刹车，而是利用汽车的惯性慢慢减速，打开汽车的紧急车灯，提醒周围的汽车，然后打方向灯变道，把车停稳在紧急停车到内，然后打电话请求救援。

TIPS 2: 定期检查汽车的备胎。汽车备胎经常被大家所忽视，所以，当您检查轮胎时，也要检查备胎的胎压和老化情况。有的汽车使用的是防爆轮胎，是不提供备胎的。有的汽车的备胎不是全尺寸轮胎（Full Size Tire），非全尺寸轮胎有速度限制，一般是不能在高速公路上行驶的。

4. 检查和更换各种液体

汽车上使用的液体很多，除了上文说到的机油是其中之一外，还有变速箱液，雨刮液，冷却液，刹车液，转向液，电瓶液等等。这些液体都需要定期的添加和更换。简单点的，像雨刮液，当您发现液面低于最小刻度后，可以自行购买和添加，请不要使用自来水，雨刮液的凝固点低于零度，当冬季天冷时，不容易结冰。汽车冷却液也不建议用水代替，长期使用水会导致水箱锈蚀和泄露。其余液体请根据说明书上的要求，按时检查，添加，和更换。

TIPS: 说到液体，别忘了汽油。不同的汽车，使用不同的汽油，酒精汽油，或者柴油。您的汽车应该使用何种燃料，请根据说明书的要求来。美国常见的汽油标号是 87，91，93，标号越高，含铅量也少。如果您的汽车要求使用 87 号汽油，您使用高标号的汽油，没有问题，但也没有好处；反之，会造成汽车爆震，和动力下降。汽油，酒精汽油，和柴油不能混用，如果加油时加错了，请尽快停车熄火，和车行联系。

5. 更换过滤网

汽车上有两种过滤网是需要定期检查和更换的：发动机过滤网和空调过滤网。一般是一到两年更换一次。更换发动机过滤网有助于保证发动机的进气畅通，反之容易造成动力下降和油耗上升。更换空调的过滤网主要是保证车内空气的质量。更换过滤网并不困难，按照说明书上的要求购买尺寸合适的过滤网，然后按照说明书上的步骤来进行就可以了。

汽车维修

相信大多数人和笔者一样，没有准备自己来进行汽车的维修。汽车维修不仅需要专业的技能，也需要专门的工具和仪器。但是，作为汽车的驾驶者，您应该学会即时的发现汽车的问题。即时发现问题，处理问题，这样既省钱也安全。发现汽车潜在的问题，主要靠：看、听、闻，和感觉。

看

看就是观察，一是观察汽车的仪表盘上是否有任何指示灯亮起，常见的有发动机警报，水温警报，安全气囊警报等等。这些指示灯在说明书上都有说明。二是观察停车的地面上有无任何液体或油渍。三是观察汽车的尾气，正常时，尾气是无色或少量的白色气体，如果尾气是黑色、蓝色，或者大量的白色气体，都应该检查发动机。看汽车在直线行驶时是否会偏向左边或右边。

听

听发动机的声音有无任何异常，听刹车时刹车片有无金属摩擦声，听汽车通过不平地面时避震和弹簧有无异响，听汽车大幅度转弯时前轮有无异响，听汽车的排气管有无异响等等。

闻

闻车厢内有无汽油、机油的味道，闻有无电线烧焦的味道。

感觉

感觉汽车是否启动困难，感觉汽车在加速中是否有明显的顿挫感，感觉发动机有无明显的振动，感觉汽车在某一特定速度时是否振动加剧。

如果您发现汽车有以上任何异常，请即时与车行联系做进一步的检查。

3.9 交通法规，交通事故与交通事故骗局

交通法规

不管在哪个国家，违法交通法规都是件严肃的事情。如果不是您的错误，您应该积极争取，维护自己的合法权利。如果是您的错误，您应该学会如何处理，尽可能的减少麻烦。下面笔者就来说说在美国违反了交通法规后应该如何处理。

当您在驾驶汽车时，发现车后方红灯蓝灯亮起，警笛响起，您应该马上意识到，这是交通警察要求您靠边停车（Pull Over）。您应该马上打方向灯变道，在安全的地方停车，可以是路边也可以是路边的停车场。如果是在高速公路上，尽可能不要停在左侧的紧急停车道，应该

使用右侧的紧急停车道，这不仅关系到您的安全，也关系到警察的安全。也就是说，您应该在安全的前提下，尽快停车。不要让警察误以为您是要逃跑或者拖延时间销毁什么违禁物品。

停车后将汽车档位挂到停车挡，保持发动机正常运转或关掉发动机。放下驾驶员一侧的汽车玻璃，双手放在方向盘上。如果是晚上，您也可以主动打开车内的照明灯，您的配合行为，会帮助您把问题简单化。您的任何被认为是威胁到警察安全的举动都会让情况复杂化，比如走出车外，手放在衣服内等等。

当警察走到您的面前后，根据他的要求，做下一步动作，比如取出汽车的注册文件，您的驾照和保险等等。如果您不明白他说什么请直接告诉他，不要随便回答 YES OR NO。

www.wikihow.com

如果您违反交通法规的行为不算严重，并且您的态度良好，配合警察的检查，警察可能只会给您一张警告的罚单（Warning）；如果问题比较严重，您会收到一张正式的罚款单（Ticket）。收到罚款单后，不要和警察争辩，这是于事无补的，而且如果您拒绝在罚款单上签字，警察是有权把你送进拘留所的（Jail）。

在警察走后，仔细核对罚单上的信息，记录下当时的情况，比如街道名称，限速，当时的路况等等。仔细查看罚单上的要求，如果只是一般的违规，您并不需要上庭，接受罚款就行了。当然，如果您认为警察的罚款有误，或者是由于当时的客观情况造成了你的违规，比如修路，交通标识不清等等，您也可以收集证据，要求上庭说明情况，减免处罚。您可以由律师陪同或者单独前往法庭，法官会根据警察的陈述和您的陈述，判定您是有罪还是无罪，是否可以减免处罚。如果您违规的性质比较严重，您会被要求必须出庭。这时，您可能需要事先咨询一下律师，看如何能把处罚降到最低了。常见的违反交通法规的行为有：

- 无驾照，无保险，只有学员许可而单独驾车
- 闯红灯
- 闯停车标识(STOP SIGN)
- 超速
- 非法超越校车
- 没有避让行人
- 不使用保险带
- 醉酒驾驶
- 开车时使用手机（有的州已经开始执行）
  ...

有的时候，您虽然没有被警察直接拦下来，还是会收到寄来的罚款单，比如闯红灯被路口的摄像头拍照了，乱停车，或者您开车违反交通规则被人举报等等。美国每个州的交通法规是有区别的，具体规定请在本州交通部门的网站上查找。违反交通法规，不仅会被罚款，记点数，而且会导致今后的汽车保险费用的增长，更严重的情况下，您会被吊销汽车驾驶执照或汽车牌照，被送进拘留所。所以，请您遵守交通规则，安全驾驶。

TIPS: 搭便车在美国并不像电影中那么不常见，在有些地方搭便车是违法的。为了安全起见，不要随便搭便车，也不要让陌生人搭便车。

交通事故与交通事故骗局

笔者不希望您在开车时发生任何交通事故，不管您是交通事故的肇事者还是受害者，您都应该知道在事故发生后，应该如何应对和处理。

冷静应对，检查伤情

交通事故发生后，请一定冷静处理，第一件事情就是检查自己和车上其他乘客，是否受伤，伤势如何。如果有人受伤，请在第一时间打电话报警。如果只是小事故，请将汽车开到路边，以免汽车停在路中，引发二次事故。

报警，并且取得事故报告

交通事故发生后，请一定报警，请求警察处理，和警察说明当时的情况，不要承认是自己的责任，而是让警察判定是谁的责任，并且取得事故报告。如果您是事故的受害者，而肇事者保证会赔偿您的损失，可是如果没有警察的事故报告，对方事后是可以拒绝赔偿的。如果您是事故的肇事者，警察的报告也能说明当时的情况，对方有无任何责任等等。

收集现场的证据

交换事故双方的姓名，地址，电话，保险信息，车辆的牌照和汽车识别码。现场拍照和寻找目击证人，记录下证人的姓名，电话，车牌信息。详细记录车祸发生时的情况，可以画图辅助，当时的交通，天气，车速等等。

联系保险公司

即时联系自己的保险公司，说明事故的情况，提供事故双方的信息，和警察提供的事故报告。

事故发生后，您不需要和对方直接联系，交给自己的保险公司处理，或者和对方的保险公司联系。保险公司会负责事故后的汽车修理，报废，赔偿事宜。如果在事故中，有人员受伤，请咨询相关的律师，采取下一步的行动。关于汽车保险，我们会在保险的章节中详细说明。

说到交通事故，我们也要说一下交通事故中的一些骗局（Scam）和欺诈（Fraud）。在美国这也是存在的。比较常见的有，对方汽车变道至您的车道的前方，然后突然刹车造成追尾；在路口处，您要左转弯，对方有直行的优先路权，对方向你招手示意让您先通过，您启动后，对方也启动造成事故；交通事故后，对方并没有受伤，一年两年后，您收到对方律师的律师信，要求巨额赔偿（交通事故的追诉期）。防止以上事故的发生，最主要的还是小心驾驶，保持安全车距，注意汽车行驶中的路权。一旦发生这类事故，不要直接和对方交涉，报警处理，联系自己的保险公司。事故后，保留所有文件和材料一段时间。如果有需要，咨询律师的意见。

3.10 城市交通之自行车、大巴、地铁

对于初来美国旅游或者工作的外国人，由于昂贵的市内停车费以及不熟悉的路况，城市公共交通也是一个不错的出行选择。东部主要城市纽约、华盛顿、波士顿、芝加哥的公共交通比较完善，地铁四通八达。不需要汽车，您即可到达城市各主要社区以及周边。相反西部城市，如洛杉矶，地铁系统仅能覆盖市中心几少数几个街区。而当地的巴士覆盖率不高且非常耗时。只有10%的市内交通依靠公共交通。

机场交通

对于美国主要的几大国际机场都有比较完善的公交系统可供旅客搭乘，直通市区或是周边郊区。主要为以下几类：

涵盖全美的固定线路的机场大巴专线 COACH USA (www.coachusa.com)，乘客可以根据自己的航班选择适当的线路，每

一个停靠站都提供免费停车场。乘客可以通过网上或是停靠站服务区选择购买往返或单程车票。

机场地铁专线，相对于大城市的机场，如芝加哥的 O'Hare, Midway 机场都有专门的地铁可以通往市中心。

出租车

出租车也是比较普遍的选择方式之一。对于那些不熟悉城市公共交通线路的初行者，搭乘出租车会节省很多时间，也会提供很多的方便。您所需要知道的只是目的地的地址，其他一切交给司机。

不同的城市，乘坐出租车有不同的情况。在东岸主要城市，如纽约、波士顿等地，你可以在路边扬手叫车，也可以电话预定。在洛杉矶、圣地亚哥等西海岸城市，乘出租车一般只能在固定的出租车扬招点，例如机场和大型车站，或打电话预定。以纽约为例，出租车起步价2.5 美元，每增加 1/5 英里或者路上停车超过 120 秒就增加 40 美分，晚上 8 点之后到次日早上 6 点加收 50 美分，小费需付 10-15%。在雨天、高峰时段或下午 4 点左右(许多司机换班时间)很难叫到出租车。

如何乘坐公共交通

城市公共大巴通常接收现金或交通卡，而城市地铁系统则只接受交通卡。值得注意的是如果你使用现金乘坐大巴：所有大巴均是无人售票，车内没有乘务员，只有司机，现金乘车者需要向投币箱内投掷正好的费用，车内不找零钱。如果你需要下车后转乘其他的车辆，则需要向司机询问是否可以给予你转乘票。为了方便不同乘客的需求，大城市的公共交通卡主要分为以下几类：

1. 捷运卡：可以在网上或者指定的商店，例如 Dominick's, Walgreen，Target, Jewel-Osco, 7-11，或车站的自动售货机上购买。自动售票机接受信用卡和除 1 美分硬币以外的现金纸币和硬币。以芝加哥为例一张捷运卡一次同时最多可上 7 人，第一乘公交巴士收费 2 美金，地铁、高架、轻轨收费 2.25 美金，2 小时内第一次转乘收费 0.25 美金，第二次转乘免费。

2.通行卡：第一次使用时启用，在规定时间内可无限使用。可在换钱处，某些 Jewel 和 Dominick's 商店购买。根据不同的需求大致分为 1 天不限次数，3 天不限次数，一周不限次数和 1 个月不限次数。在纽约，芝加哥等地铁发达的城市，选择这一类通行卡绝对可以帮助你玩好的同时又节省了金钱和时间。

3.充值磁卡：这一类卡唯一的好处是可以和你的信用卡连起来，自动充值，你永远不用担心哪天因为磁卡里没钱了而做不了车。

4.特殊公交卡：对于学生，小孩，老人乘坐公交系统都有特别的优惠政策。如芝加哥有些学校与 CTA 公司有协议，每个学生入学时，都可以领到一张叫 U-PASS 的交通卡，上面印有本人的照片，用这张卡，可以免费乘坐任何 CTA 公司的公交车和轻轨。但只许本人使用，不能转借。这张 U-PASS 到十二月下旬放寒假时就失效了，所以假期里面，坐车出行，还是要自己付钱买票的。

如何下车

事情虽小，但如果不知道，也确实会给您带来麻烦。尤其是如果该车站下车的只有你一人，公车可能一路开过，让你错过了要停靠的车站。下车的流程：

1.你首先要知道公交车司机不会在每个车站都自动停车，他/她只有在接到乘客的停车请求、站台有人候车或到达终点站的三种情况下才会在站点停靠。

2.在将要到达目的地车站之前，你用手拉一下悬在车窗中央的那根绳子，或者按一下车门附近的那个红色按钮，意思是说下站我要下车，请司机到站停车。然后你会听到"铛"一声，同时会看到车内报站的电子显示牌上显示"Stop requested"，如果你不拉绳也不按钮，而且下一站台又无人候车，司机是不会停车的。

3. 车在站台停稳后，你要等下车门上方的绿灯亮起后，用手轻推车门，车门打开后您可以下车，车门自动关闭。注意即使车停了，车门也不会自动开启，你需要自己推开车门。

TIPS: 美国很多公交巴士为伤残人士提供了方便的上下车服务。同时大多数的公交大巴的车头都有一个固定的伸展装置，为有需要的乘客提供自行车装载服务。

旅游巴士

纽约、芝加哥、旧金山等城市有专门为游客服务的旅游巴士。这种巴士外形有别于普通巴士，有的是有古老风格的小火车外形，有的则是双层的敞篷巴士。这些大巴的共同点是他们的行车线路根据游客的需求涵盖了城市的特色景点和街区，您也可以在任一站点下车游玩后搭乘下一班大巴。例如有专门的购物专线，景点专线，博物馆专线等。

游船交通

对于一些水利比较发达的城市，如纽约，芝加哥，产生了专门的水上交通。在纽约，可以搭乘环形渡船公司的渡船，参观曼哈顿岛；搭乘港口轮船公司的游船，参观下曼哈顿和附近的岛屿。而在芝加哥的芝加哥河上（Chicago River）则有专门的水上出租车和小型游轮，导游会沿途讲解芝加哥的著名建筑和历史，夏季的晚上还有焰火表演。

市区至郊区的通勤系统

通勤火车系统为那些在市区工作，居住在郊区的人们提供了极大的便利，类似于中国大城市周边的轻轨交通系统，有多条线路连接着市中心和近郊的卫星城镇。如果您居住的地区有通勤火车线路并且您是在市区工作，完全可以选择通勤火车代替私家车出行：每天开车去火车站，免费停车，然后搭乘通勤火车上下班。如芝加哥的 Metra 系统。市内最大的一个站点叫 Union Station。这个车站的主要功能都建在地下，每天都会看到拥挤的人流从多个出入口进出这个车站。在车站内就可以方便的换乘各条地铁线路。通勤火车的班次在上下班的高峰时段比较密集，十几分钟一班，其它时段半小时、一小时一班，周末约两小时一班，有些线路周末甚至不开，您可以在相关网站下载最新的时刻表。关于买票也非常方便，您可以在网上买票也可以在车站或上车后买票；可以购买单程票、往返票，也可以一次性购买十次、二十次通行票，或者月票。

第四章 购物、消费篇

众所周知，美国是个消费大国，被誉为购物的天堂。无论您是来旅游或者是在这里居住，购物和消费是日常生活中不可缺少的部分。美国各类商店遍布全国，商品种类也极为繁多，而且作为移民国家，在美国您能买到各个国家的产品。因此，到哪类商店去购买所需的物品，如何购物更为经济，已经成了专门的学问，一位美国全职主妇写的日常购物如何省钱的书籍，甚至登上过纽约时报畅销书排名的前十位。总的来说，在美国购物消费还是让人放心的，凭购物发票在规定日期内可以无条件退货；食品安全，也有严格的规定。本章节，笔者就和大家分享下我个人在美国购物、消费的心得。

4.1 食品杂货店（Grocery Store）

民以食为天，对于很多初来美国的中国人最不习惯的一点可能就是民生大计－买菜问题。大多数中国人都已经习惯了国内那种每天去传统菜市场买新鲜的蔬菜。家里做饭的时候缺少油盐酱醋，只要 5 分钟，家附近的小卖部就可以搞定。而美国生活的一大特色就是休息日就是买菜日，通常一周去超市一次购买足够一个星期的伙食。根据不同的需求您可以选择不同类型的超市。

普通美国超市

美国超市主要是以供应西方食物为主。各种商品的价格并不是固定不变的，通常一周浮动一次。几乎每周都有几样主打的优惠商品，您可以通过促销广告或是周日的当地报纸获得折扣卷。值得注意的是很多州规定周日超市是不允许销售酒类的，平时如果您要买酒也必须凭有效的身份证明，并且满 21 周岁。对于习惯了中国食品的人来说，美国超市对他们的选择性是有限的。肉类食品很丰富，以鸡肉，牛肉和猪肉为主，海鲜类多数为冷冻食品。蔬菜的种类比较少一些。不过乳酪制品如牛奶、酸奶、奶酪等还是很丰富的。美国还有一类食品超市专门出售天然和有机的（Organic）食品（不仅仅是蔬菜，牛奶、鸡蛋、肉类等都有），比如 Whole Foods Market 连锁超市，里面的食物更为营养健康但价格也比较高。美国很多地方还有农贸集市（Farmers Market），类似国内的自由市场。农民把他们种的新鲜蔬菜水果带到集市上销售，你可以自己侃价，不过这种集市不是每天都有的，一般是每周开放一次，而且以现金交易为主。

中国城华人超市以及大型亚洲超市

美国还有很多亚洲超市，不管是华人还是日本、韩国人经营的超市，出售的都是我们亚洲人一日三餐喜欢的食品，这些食品在美国超市中很难看到，即使有价格也比较贵。以蔬菜为例，华人、日本人或韩国人超市中的蔬菜种类繁多，上海青菜、大白菜、卷心菜、黄瓜、西红柿、刀豆、四季豆、冬瓜、豆苗、韭菜、黄豆芽、茄子、灯笼辣椒等应有尽有。肉类制品除了鸡肉、猪肉、牛肉、羊肉外，还可以买到兔子肉、马肉、鹿肉等。美国人是极少吃内脏的，所以在美国超市中难觅猪肝、猪腰、猪心、鸡肝等，但在华人，日本人，韩国人超市中，这些下水都可以买到。

海鲜对华人而言是必不可少的菜肴，尤其是鲜活海鲜，乃是华人的最爱。在华人超市及日本韩国人超市中，常常可以看到养在玻璃水池中的各种活鱼以及象鼻蚌、蛤蜊等，有些超市还出售活的黄鳝、牛蛙、螃蟹等。加州地区的许多华人超市为了方便顾客，常常免费将顾客买好的鱼放在油锅里炸，炸好后让顾客拿回家，再按自己的口味加工，这样免去顾客在家里开油锅煎鱼的麻烦，深得顾客欢心，而销售量也就节节上升。除了蔬菜、海鲜、肉类食品外，华人及日本韩国人超市中各类从中国大陆、香港、台湾以及东南亚进口的罐头、袋装食品、烧菜用的各种配料佐料、油盐酱醋、米、面、水饺、馒头、包子等，也都十分齐全。值得一提的是美国超市虽然也有多种大米出售，但是在口感和香味上远远不及华人，日本和韩国超市出售的大米。

华人、日本韩国人超市中也卖熟食，烤鸭、烤乳猪、叉烧、油淋鸡、酱鸭、五香牛肉、盐水鸭、白斩鸡以及各类小炒、加上各种面点如烧卖、韭菜饼、生煎馒头、葱油饼、水晶包、盐水饺、油条等五花八门，颇受顾客欢迎。尤其是许多超市推出两荤一素的三菜一汤，价钱从 3.99 美元到 5.99 美元不等，大大方便上班族的饮食需求，节省了顾客煮食烧饭时间，给顾客带来方便。

从经营规模来看，华人超市不及日本韩国人超市，日本韩国超市不仅面积大品种多（除了中国食物外，也有韩国、拉美裔食物），而且多为连锁经营，比如 H Mart, Grand Mart, Mitsuwa 等。H Mart 在全美有 30 多家分店，主要集中在东部英文名称中的"H"，包含健康（Healthy）、人性化（Humane）、诚心（Heartful）和快乐（Happy）等含义。在 H-Mart 里面通常还有特色的小吃店，面包店，完全的集餐饮和购物为一体。从便利性来看，大多数的华人私人超市购物只接受现金，或者要求购物满 25 美金才可以使用信用卡。就地理分布来说，只要有中国城的地方就会有不止一家的华人超市，而在一些小的城镇周边同样也分布了很多个体经营的中国小超市。日韩超市由于采取大规模连锁经营方式，货品齐全，周转快，不仅东西新鲜，而且价钱也比华人超市便宜，尤其是蔬菜及肉类，所以吸引了大批华人顾客，同时也吸引了许多拉美裔及白人顾客。

H Mart, http://www.hmart.com

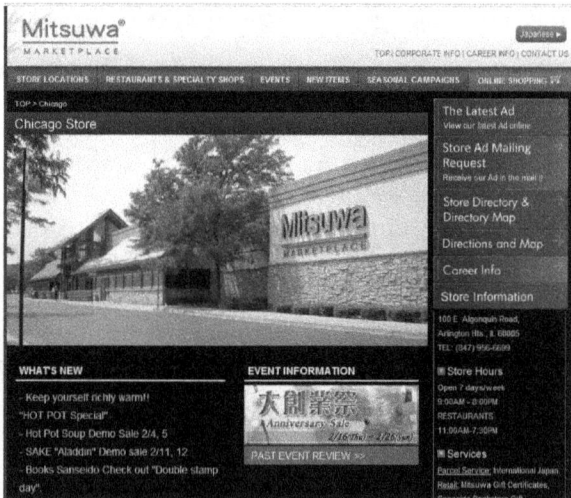

Mitsuwa, http://www.mitsuwa.com

TIPS: 在超市购物结帐时一定仔细核对购物清单，一是打折商品价格可能会有出入，二是机器在读商品条形码时可能会有遗漏或者重复。

4.2 会员制度的仓储式超市

仓者，仓库也；储者，储藏、存放也。顾名思义，仓储式超市就是一种集商品储存和商品销售于同一个空间的零售形式。它们大多利用闲置的仓库、厂房，场内极少豪华装饰，一切以简单自然为特色。商品多直接向厂家大批量订货，在省去中间分销商及批发商层层附加成本的同时，还可从厂家获得更大的价格折扣。商品不需要另设仓库储存，而是直接摆上货架，有的甚至堆放在地板上，顾客进入后就好像置身于一个巨大的库房内，这就免去了货物另行存放和二次运输，从而节省了不少费用。再加上超市应用现代电脑技术进行管理，减少了许多工作人员，自然也就降低了商品的成本。这诸多因素的综合效果足以使商品的零售价格降到可能实现的最低水平，一般都比普通超市要低 20%左右。至于商品的种类，则主要是各类生活资料，且大部分是当地的畅销品类。仓储式超市与普通超市还有一点不同，那就是商品的包装都较大。普通超市用小桶、小袋、小盒、小包，可满足顾客少量购买的需要；而仓储式超市一般是大桶、大袋、大箱、大包，适宜顾客批量购买。

美国大型仓储超市巨头为 Costco 和 Sam's Club。以 Costco 为例（多翻译为"好事多"），它是一家仓储式的购物超市，付费会员制，类似于国内的麦德龙，不过从规模上 Costco 似乎更大，每间店面都有足球场般大小。

www.costco.com

小到牙线大到音响，Costco 应有尽有，质量上乘价格低廉，且都是市面上的信得过产品，比如 SONY 电视，苹果 IPOD，Polo Ralph Lauren 短袖，新秀丽箱包，耐克运动鞋，Rockport 皮鞋等等。它的消费对象为中产阶级的家庭，以量贩取胜（卫生纸 36 卷一个包装单位，可乐 26 桶一包装单位，吉列剃须刀片 32 片一包，中式豆腐三包为一盒），对于单身人士，购买的东西不但用不完，反而会浪费。Costco 竞争对手是 Wal-Mart 旗下之 Sam's Club（也已量贩见长）在价钱上更加低廉，但产品质量则可能也低一些。

Costco 没有"换货"两个字，喜欢则留，不喜欢则退。Costco 店里买衣服没有试衣间，因为你随时都有退货的自由。Costco 的规矩是：我们销售的货物绝对令你满意，否则全额退款。另外您还可以在其网站 www.costco.com 上购买商品，他们会将购物收据发送到您的电子邮箱，便于保管。货物送到后，如果不满意您可以凭收据拿到附近的商店办理全额退款，包括邮费。

TIPS: 需要注意的是是 Costco 只接受 American Express 信用卡，或者您可以使用现金。另外，Costco 出售的深海鱼油和西洋参很受中国人欢迎。

4.3 连锁便利店

美国有很多药房加超市的连锁店，比较常见有 CVS, Walgreens, Rite Aid 等。每家店的营销策略不尽相同。如果了解他们的营销方式，可以节省下不少的生活开支。

CVS

http://www.cvs.com

CVS 的促销优惠周期分为一周和一个月两种。顾名思义是以每个周或每个月为周期的促销活动，分促销优惠周、促销优惠月。每个月开始的时候，可以在各 CVS 店里拿到免费的促销优惠月的手册。里面列出当月促销的产品。每个周末，在发送到各家的促销优惠广告传单中，可以找到下周的 CVS 广告传单，包括产品打折信息。也可以在本周到 CVS 店里拿到。还可以到 CVS 的网站上查询，先输入你所在地区的邮政编码，之后就可看到当周的促销优惠广告传单。

CVS 的促销活动除了每周都有的产品打折之外，主要是通过让顾客赢得店内的购物优惠券方式招揽顾客。此类优惠券允许顾客在 CVS 购买商品时当现金使用。如何得到购物优惠券呢？在促销优惠月手册中列出的产品促销都是以返还顾客优惠券的方式进行的。例如，购买$15某厂家的产品，返还给顾客$5，或买$30 返还$10，或是购买某个指定产品，获得一定数额的优惠券等。促销优惠周中也多有返还优惠券的促销商品。

赢得优惠券首先需要申请一个 CVS 的 Extra Card 卡。这不是信用卡，有点像免费会员卡。只要在网上或者店里填妥一张表格就可以得到。此卡可以用于在 CVS 店内和 CVS 网站上购物。每次购买有返还购物优惠券的产品时，优惠券会打印在收据下面(有时会延后返还，根据促销优惠条例而定)。可将优惠券部份剪下收好，在下一次购物时使用。要注意上面的有效期，过期无效。购物优惠券是同 Extra Card 卡连用的。赢得和使用购物优惠券均需出示 Extra Card 卡。通常返还购物优惠券的商品都有购买的数量限制。如果购买超出限额，就不再返还购物优惠券了。购物优惠券除不可以用来购买礼券（Gift Card）和处方药外，可按优惠券上的说明购买商品。例如，如果你手里已经有一定数额的购物优惠券，用这些优惠券购买正在打折优惠的商品，常常可以做到不需要花钱（只用优惠券）或者只花很少的钱，同时还能赚到新的优惠券，可以用于下次购物。

曾经有位省钱高手，利用 CVS 的返利优惠券近乎免费购得了不少化妆品。原价 8 美元的露华浓的唇膏，促销活动期间折扣后是 7 美元。她有 3 张露华浓 2 美元的抵用券，利用 CVS 卡的返利优惠券，她先后下了三单，获得了 3 个免费唇膏和 5 美金的返利券，具体如下：

- 第一单：1 个唇膏$6.99-$2coupon-$4extra bucks（这是原有的）=$0.99+tax 税+$5extra bucks
- 第二单：1 个唇膏$6.99-$2coupon-$5extra bucks（来自上一单）=$-0.01+tax 税+$5extra bucks
- 第三单：1 个唇膏$6.99-$2coupon-$5extra bucks（来自第二单）=$-0.01+tax 税+$5extra bucks
- 最后还剩余一个$5 的返利券

除了购物优惠券之外，CVS 也会不定期给客户发放或邮寄各类产品的优惠券，如买$15 减$3、买$20 减$4、买$30 减$5 的优惠券。

Walgreens

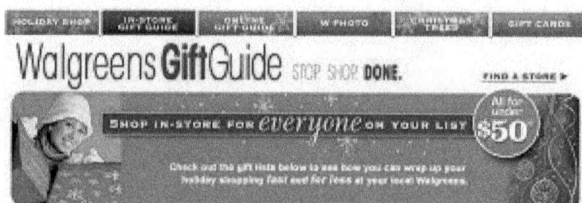

http://www.walgreens.com

Walgreens 的促销计划也分为每周和每月两种。每月促销优惠的开始和结束日期不一定是每个月的第一天和最后一天。在店里可以拿到促销优惠的小册子，上面有当月促销优惠的开始和结束日期。在 Walgreens 网站上也可以看到当前促销优惠的计划。每周促销优惠广告可以在发送的广告传单中找到。如果没有，也可以在店里拿到。

Walgreens 的促销方式除了在促销期间部份商品降价之外，主要有两种：现金返还（Rebate）和登记奖金（Register Reward）。

现金返还是同每月促销优惠同时进行的。也就是顾客在购买当月的促销商品后，Walgreens 会以支票的方式返还部份现金给顾客。在促销优惠手册的后半部份可以看到有哪些促销商品，每件促销商品会返还多少现金以及可以购买促销商品数量的限制。在小册子的中间有详细的说明如何向 Walgreens 索要支票。如果通过邮件索取，就要注意保留购买商品的收据，将收据连同填写好的申请表格(在小册子中间可以找到)一起寄给 Walgreens(邮寄地址在小册子里)即可。也可以在网上索取支票，在这家的网站上输入所需要的购买收据信息，Walgreens 就会邮寄支票给顾客。通常在网上的申请会处理得快一些。这种返还现金的支票在截止日期前（通常为下一个促销优惠月开始的前几天)的任何时候申请都可以。但是一个月只能申请一次。所以一定要看好当月想购买的有哪些促销商品，尽量在这些商品处于促销优惠周的降价期间购买。在此促销优惠月结束后将这个月购买商品的所有收据一同寄出。

登记奖金有点像 CVS 的购物优惠券，不过有更多的限制，而且有效期仅有两个星期甚至更短。登记奖金通常同每周促销优惠同时进行，但是有的返还登记奖金会延续到几周至整个月。在每周促销优惠的广告上可以看到返还登记奖金的相关商品信息。在购买该项商品时，与收据同时打印出来的有登记奖金，上面标明了金额和到期日。在过期前可以在店里将登记奖金当现金使用。不过购买某件商品获得的登记奖金如果下一次用来购买同样的商品，就不会再有登记奖金。另外，每家店对登记奖金的使用有不同的规定。有的店只允许顾客每次付帐时使用一张登记奖金，有的则允许顾客使用多张。

另外 Walgreens 还有优惠券，通常有四种。一种是每隔一段时间就会以电子邮件的方式邮寄给顾客的优惠券，通常为购物$20 减$5，或者购物$40 减$10 等等。在有优惠券期间，Walgreens 的网站上也可以找到这种优惠券的链接，打印出来拿到店里就可以使用。第二种是月促销优惠手册的前半部份的即时优惠券（Instant Value Coupon）。这是针对各种商品的优惠券，可以同厂家优惠券连用。第三种是每周促销优惠广告上各种商品的优惠券，这些优惠券也可以同厂家优惠券连用。第四种就是厂家优惠券（Manufacturer Coupon）。

Rite Aid

Rite Aid 的促销优惠比较简单，没有像 CVS 的购物优惠券或者 Walgreens 的登记奖励。但是 Rite Aid 也分促销优惠周和促销优惠月两种。促销优惠月就是在购买当月的促销商品后会以支票形式返还一定的现金给顾客，称为 Single Check Rebate。一般在月促销优惠手册上都会标明本月促销商品返还的金额。譬如：两块钱的 Single Check Rebate，那就是说，如果你在当月有效期内购买了某商品，在申请日期到期前(通常为下个月下旬)送出申请，两三周内就可以收到寄给你的两块钱的支票。每周促销优惠的信息可以在每个周末发送的促销优惠广告传单中找到。如果把每月促销优惠和每周促销优惠的折扣卷结合使用，几乎可以买到相当于免费的商品。

4.4 品牌折扣店，品牌直销店

品牌折扣店

在美国有很多连锁的品牌折扣店，例如 TJ-Max, Marshall, Home Goods 和 AJ Wright。这几个品牌都在 TJX 公司旗下，它们的信用卡和店家礼物卡都可以通用。这几个店里，TJ-Max 的东西高级一点，Marshall 次之，AJ Wright 最次。Home Goods 主要经营一些家具，厨房和厕所用品，没有衣服和鞋。当然，不同地区的 TJ-Max 里的东西也会略有不同，高级住宅区附近的 TJ-Max 高级一点的商品更多一些。这些店的折扣程度大致在 50%，如果是贴上红标签的清仓货就更便宜了。这种名牌折扣店，同一个商店在不同的时期会有不同的货物，所以过一阵子再去看看可能会有新的发现，有些原来嫌贵的商品可能变成了红标签。这类商店的产品质量基本是有保证的，不足之处是有时候号码不全，而且款式不是最新的。

www.tjx.com

TIPS: 如果您申请了 TJX 发行的信用卡，在其下属的商店消费，还有额外的 5%-10%的折扣。

品牌直销店（Outlets）

Outlets 的存在不仅让消费者可以买到价廉物美的商品，并且可以尝试"淘宝"购物的乐趣，同时，满足了一些追求时尚者花小钱消费名牌的心理，使购物真正成为了一种享受。所谓 OUTLETS，中文音译为"奥特莱斯"，国内通常被翻译成"品牌直销购物中心"。美国的 Outlets 是专门以出厂价或者低于出厂价的价格销售品牌商品的购物中心，是一个极其受大众欢迎的消费场所。

美国 Outlets 的突出特点是环境优美、交通便利。各购物中心一般都坐落于大城市近郊，有多条高速公路相连。公共交通、购物专车更是服务周到，对有私家车的消费者泊车也考虑十分周全，停车场与商场的面积比率达到 1：1，甚至更大，并且全为免费停车。其形式大致有两种：一种是店中店形式，即各家商店共聚集同一屋檐下；另一种是开放式的，每个品牌都有独立的店面。各种配套服务设施也比较人性化，累了可以到其漂亮休闲椅上休憩片刻；肚子饿了，还有简餐、甜品可以享用，在这里购物真感觉是一种享受。您可以在其网站上寻找离您最近的购物中心，**http://www.premiumoutlets.com**。

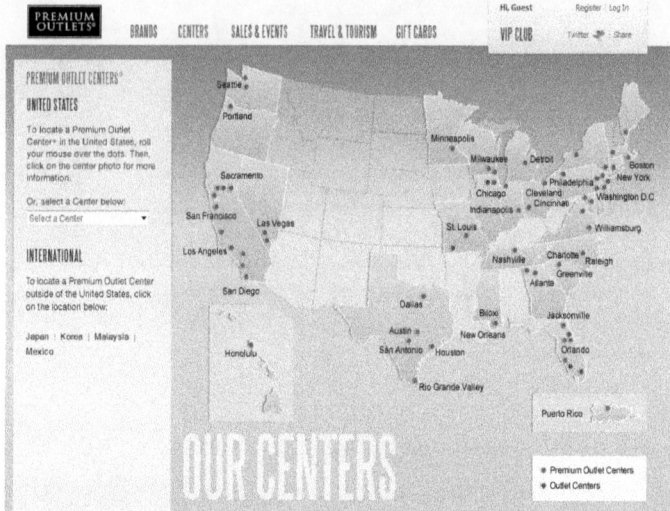

www.premiumoutlets.com

4.5 大型百货公司

美国各类百货公司也很多，笔者按照档次分类介绍一下：

高档商场

Bergdorf Goodman，波道夫·古德曼，美国最顶级的商场，创建于 1899 年，总部位于纽约曼哈顿第 5 大道近 58 街两侧（一侧为女装，一侧为男装）。美国人称这个商场为"时装学院"，因为在这里你能看到学到所有顶级设计师的作品。**http://www.bergdorfgoodman.com**

Neiman Marcus，内曼·马库斯，创立于 1907 年，总部位于美国德克萨斯州的 Dallas。1989 年 Neiman Marcus 收购了 Bergdorf·Goodman。目前 Neiman Marcus 集团的店面数量达到了近 40 家，成为美国经营业绩最好的以经营奢侈品为主的高端百货商店。http://www.neimanmarcus.com

Saks Fifth Avenue，萨克斯第五大道精品百货店，创立于 1924 年，是世界上的顶级百货公司之一。Saks Fifth Avenue 在全球有 50 多家门店，旗舰店位于纽约第五大道（靠近 49 街）。http://www.saksfifthavenue.com

Nordstrom，创立于 1901 年，在西雅图以鞋店起家，后成为综合百货商店，目前在美国 28 个州运营 169 家分店。Nordstrom 商场里商品按顾客的生活方式进行分类，力求为客户提供最优质的服务。http://shop.nordstrom.com

中档商场

Lord & Taylor，创立于 1826 年，总部位于曼哈顿第五大道 424 号（近 39 街）。在这里可以买到一些品质较好的正装。http://www.lordandtaylor.com

Bloomingdales，创立于 1872 年，在美国有 40 家门店。长久以来 Bloomingdales 在潮气与典雅中取得优美平衡，品牌年轻化，时髦又可穿，价钱适中。http://www.bloomingdales.com

Macy's，梅西百货公司，创立于 1858 年，是美国的著名连锁百货公司。1924 年 Macy's 在曼哈顿第 7 大道开张时曾被宣传为"世界最大商店"。Macy's 在全美有约 850 间店面。1902 年，Macy's 旗舰店迁移到纽约曼哈顿中城第三十四街与百老汇街、第七大道的交接处并保持至今，已成为纽约人与观光客的汇集之地。笔者比较喜欢这家公司，价格合理而且打折活动比较频繁。http://www.macys.com

中低档商场

J.C Penney，美国彭尼公司（也译为杰西潘尼公司），于 1902 年创立于怀俄明州的矿区小镇，目前总部位于美国得克萨斯州。彭尼公司坚持给客户提供高质量低价格的商品，重点放在高品位服装及柔软舒适的家庭装饰上。J.C Penney 在全美共有 1074 家店面。http://www.jcpenney.com

KOHL'S，美国柯尔家庭百货公司，销售对象以家有幼儿的年轻母亲为主，店铺多数设于家庭聚居的市区，强调购物便利和物有所值。由 kohl 家族于 1962 年在密尔沃基成立，此后迅速发展，目前 kohl's 的商店遍布美国 40 个州，价格适宜，质素不俗，加上各类促销优惠，颇受欢迎。www.kohls.com

Target，于 1962 年在明尼苏达州创立。在意商品款式而又不愿多掏钱的顾客都喜欢 Target。这家折扣零售店以其外观可爱的商品、设计师的品牌、宽松的购物环境和可以承受的价格吸引着众多购物者，从此改变了美国消费者对低价商品的看法。目前 Target 在全美有 1600 家分店。http://www.target.com

Wal-Mart，沃尔玛公司，由美国零售业的传奇人物山姆·沃尔顿先生于 1962 年在阿肯色州成立。经过四十多年的发展，沃尔玛公司已经成为美国最大的私人雇主和世界上最大的连锁零售商。目前沃尔玛在全球开设了超过 7000 家商场，员工总数 190 多万人，分布在全球 14 个国家。http://www.walmart.com

4.6 网络购物

美国网络购物比国内发达，相对也比较规范和安全。网购比实体店购物的优点体现在以下几方面：1. 方便。在家点点鼠标，过几天货物就送到家门口；2. 可以比较不同的价格，找到哪个地方买最便宜。一般来说在网上买东西比在实体店购买会便宜很多；3. 可以参考别人的评价。这样避免买到质量差的东西；4. 避税。虽然有些网店也要收税，但很多网购对大部分州是免税的。而实体店购物基本都要交消费税，除非你生活在不要消费税的州（美国有 2-3 个州是不要消费税的）。

eBay 和 Amazon

在美国最广为人知的个人网上买卖网站可能就要属电子港湾（eBay, www.ebay.com）和亚马逊（Amazon, www.amazon.com）了。您可以在这两个网站上找到您所能想到的任何商品。不论是二手的还是全新的一应俱全。同时您也可以把个人不需要的东西放到这两个网站上出售。当然这两个网站还是有些区别的，首先在 Amazon 上销售的产品只有固定价格一种形式，eBay 则有竞价拍卖的形式。其次由于大多数在 Amazon 上出售的商品的是全新的，卖方也是公司性质，所以产品质量和服务更有保证，而且售后的退货退款也有明确的规定。而 eBay 以私人交易为主，您可选择的商品很多，有新有旧，成色不同，价格浮动也很大，有可能淘到不错的便宜货，但是有时也会有一定的风险。个人在 Amazon 上出售商品时，Amazon 会收取一定比例的佣金；而 eBay 收取的费用则比较多：您发布商品会被收取发布费（listing fee），出售成功还要收取一定比例的手续费，买家通过 PayPal 系统付款后，卖家还要支付转账费等等。

TIPS： 作为个人，您将自己不再需要的物品放到网站上销售完全没有问题，但是当您将此作为"生意"来操作时，是需要向美国 IRS 报税的。当您的年交易额超过一定限度时，eBay 和 Amazon 有义务将您的收入报告给 IRS。

帮您寻找优惠的网站

这类网站发布打折商品（Deal）的信息。而且很多限时折扣（Limited Offer）都是在这类网站上发布。这也是最能找到便宜商品的最直接的方法，比较好的网站有 www.dealsea.com 和 www.slickdeals.net。

返利网站（Cash back）

返利网站也是在网上购物中必不可少的一个部分：商家通过返利网站

刊登广告，您通过返利网站上的链接去商家的主页上购物，购物完成后商家会返还一部分佣金给提供广告的返利网站，而返利网站会将部分收入返还给您，一般能有 1%－10%的额外折扣。喜欢网购的同学一定要申请几个 Cash back 网站账号，如果您还有其他的优惠卷，优惠代码，一般都可以同时使用，相当于折上折。美国主要几家 Cash back 网站有：

- Mr. Rebates, http://www.merebates.com
- Big Crumbs, http://www.bigcrumbs.com
- Ebates, http://www.ebates.com
- Fatwallet, http://www.fatwallet.com
  ...

如何得到 Cash back：
1. 购物前先比较一下哪个 cash back 网站给的折扣比例高；
2. 从 cash back 网站连接到购物网站，将商品放入购物车；
3. 结帐；
4. 等 cash book 统计。累计到一定数额或者足够时间（一般 3 个月），你就可以通过支票或者 Paypal 要回你的 Cash back 了。

折扣卷（Coupon）

折扣卷可以是条形码，必须店里用；也可以是 Code，网上店里都能用。Coupon 有直接折扣的，比如$20off$100；有免运费的等。

美国是个 Coupon 极其疯狂的国家，超市是使用 Coupon 最多的地方之一，CVS, Walgreens, Rite aid, Ulta 等等。有的高手，都是全年的洗面奶、洗发水、卫生巾、孩子的尿布奶嘴等，近乎免费，最后还用不掉，带回国送人。百货商店也有 Coupon 但比较少，Outlets 也有。

车库销售（Garage Sale）

在美国购物除了各大超市商场外，车库销售也是美国生活中的一大风景线，有点像国内的"摆摊"。天气好的时候，尤其是春天夏天，周末或假日的时候，很多美国家庭会在路边插上 Garage Sale 的牌子，把家里不需要的东西拿出来放在车库或者门前草坪上叫卖。比如衣服鞋子，小孩的玩具以及家具和装饰品等。价格从几美分到几百美元不等。很多人搬家前，也会摆上 Moving Sale, Yard Sale 的牌子，出售不需要的家具电器等。

美国人和中国人的价值观念不太一样。美国人更讲究实用，很多二手店的生意兴隆就证明了这一点，这也是车库销售在美国盛行的原因。美国的车库销售不需要申请商业执照也不用交税，都是现金交易，一手交钱一手交货。假日或者周末逛逛车库销售，串串门，砍砍价，练练英文，有时候还能淘到古董字画等宝贝呢！

最后提醒大家，在美国购物留好收据是很重要的。一旦您买了东西发觉并不合适或者改变主意时可以随时拿去退换。一般不同的商店会有不同的退货期限，像沃尔玛和 Target 是 3 个月之内，Macy's 是 180 天之内，Dillards 是 2 个月，Marshall's 和 Ross 是 30 天，Norstrom 是"永远"等等。很多时候你刚买完一样东西，没几天就又降价了，你也可以要求退还差价（Price Match），但前提是要有收据。

附：化妆品的购买

在北美，找 Deal 可能是大多数中国人都喜欢的一种购物方式，女生更喜欢时尚产品、化妆品；男生更喜欢电子类产品等等。笔者常去的中文平台有：
1. www.mitbbs.com 上的论坛，版面有"美丽时尚"，混杂在时尚讨论中的时尚 Deal；"省钱一族"，专门讨论超市开架商品的 Deal；"购物天堂"，器材类为主；"二手市场"，以 Gift card 和 Coupon 交易为主。

2. www.huaren.us，版面有"时尚一派"，衣服、鞋、包、配件的 deal；"粉妆玉琢"，各类 Beauty 产品的讨论。

常去的英文平台有：

1.www.slickdeals.net
2.www.fatwallet.com
3.www.forum.purseblog.com

...

常规活动

几乎各大百货商店每年都有 2—3 次朋友家人活动（Friends & Family, FF event），专门针对美容护肤产品。比如 Saks 有 xx％off（从 20％到 15％直到马上要来的 10％），BG(Bergdorf Goodman)有$25 off $100＋，其他的如 NM(Neiman Marcus), Bloomingdales, Nordstrom, Macy's 等只送东西不打折。这个送东西有两层意思，一是全店买满多少（通常 100 刀上下）会送一个礼包，里面有各个牌子的小样若干；二是在某特定品牌买满多少（各个牌子相差巨大，从 Clinique 的 20 多块到 La mer 的 300）会再送一个该品牌的小样礼包。

专业的美容护肤产品商店，当然首推 Sephora 了。他家每年感恩节期间有一次的全场 20％活动。其还有积分活动，购物一美金算一个积点，满 100 点送个中样，500 点送一样正品。

特殊活动

只可遇不可求。各种 Sample Sale。NYC 和 LA 的美容护肤品活动最多！再比如，某家店清仓了，或者彻底关门了，都是必然要折扣的。各个品牌自己也会把陈货清掉，其实所谓陈货，一般也就 2—3 年，彩妆甚至 1 年左右。还有一种特殊的事件，就是网站上的错误标价，有时就算您已经买下了，也会被取消交易；但有时商家也会以诚信为本按照错误的价格出售产品。

TIPS: 感恩节，般圣诞节，新年都是商家打折最厉害的时候，还有就是美国各大节日期间，特别留意报纸和网站的信息，在打折期间出去逛逛，会有意想不到的收获的。

第五章 金融、理财篇

美国金融业高度发达，银行等金融机构针对个人和公司提供多种金融产品：存款，贷款和投资业务等等。您在了解和遵守美国的信用制度与税务制度的同时，也应该学习如何合理的避税和为将来退休后的生活做好打算。本章节笔者就来介绍一下在美国常用的金融、税务知识。

5.1 美国的信用制度

美国的个人信用制度已经有近百年的历史，关系到个人消费、工作、生活的各个方面。一个人信用记录的好坏，不仅和个人的信贷有关，还关系到贷款买车、买房时的贷款利率，能否办理商业保险、租房、手机业务，甚至在工作求职时，有些公司也会检查应聘者的信用记录。

在美国，个人信用制度已经高度的制度化和法律化，同时也严格规范着个人的消费行为。个人信用记录相当于一个人的"金融档案"，您的个人信息，工作信息，开户银行信息，信用卡信息，贷款信息，每个月的透支额，有无拖欠还款，有无任何金融违约行为，都一目了然。

信用机构（Credit Bureau）

美国有三家主要的信用机构，三家机构独立运行，收集和管理着美国人的信用信息，并且有偿提供个人的信用分析和信用报告。
Experian, www.experian.com
TransUnion, www.transunion.com
Equifax, www.equifax.com

三家机构有偿提供个人的信用报告，主要针对于准备提供各类贷款的银行和借贷机构，房屋租赁方，和公司。对方必须收到您的书面授权才有资格查询您的信用记录与报告。您也可以查询自己本人的信用报告，三家信用机构有义务每十二个月向您免费提供一份信用报告。您可以通过上面的网址查询。也可以通过这个网站进行查询：http://www.annualcreditreport.com/

www.annualcreditreport.com

信用分数（Credit Score）

信用分数是由您的个人信用报告量化后得来的，能直观的反映您个人信用的好坏。目前三大机构使用的信用分数系统是 FICO Score，分数范围在 300－850 分之间，越高越好，850 分为满分。个人信用分数的一般等级：

720－850 优秀
680－719 良好
620－679 一般
550－619 较差
350－549 很差

另一套常见的信用分数系统称之为 Vantage Score，分数范围在 500－950 分之间：

900－950 A
800－899 B
700－799 C
600－699 D
500－599 F

类似学生在校的成绩，A 为优秀，F 为不及格。

TIPS: 因为三家信用机构独立运行，所以每家机构提供的信用分数不完全相同，但是不应该有很大的区别。如果您发现一家机构提供的信用分数明显低于另外两家的分数，您应该主动核实。

刚来美国的您，信用记录是"一片空白"，一般要在银行开户或者申请信用卡六个月后才会有信用记录。此后您的信用记录会随时间慢慢累积，信用分数会逐渐增高。当然，您如果出现了任何违约行为，信用分数会迅速降低，而且违约行为会记录在案。常见的影响信用分数的行为有：

- 是否按时支付各类账单
- 债务比例是否过高
- 信用记录的长短
- 短期内是否多次申请贷款、信用卡
- 借贷的种类多少，例如信用卡，汽车贷款，房屋贷款等等

有的人会说，我在美国已经 3—5 年了，从来没欠过银行和别人一分钱，信用分数一定很好。当检查了信用报告后发现，信用分数也就是平均水平，还略低一些。这是怎么回事呢？信用分数是多项指标评估后的综合结果。如果您从来没有向银行借过钱（例如每月正常的使用信用卡，贷款买车），信用机构无法评估您在借钱后是否有能力按时还钱，您的信用分数自然不会很高。所以正确的方法是该借钱时就借钱，借钱后一定要按时还钱（例如平时消费时，使用信用卡来结算，月末按时把信用卡上的欠款还清等等）。维护好自己的信用记录要做到以下几点：

- 不要迟付账单，更不应该拒付任何账单，对于有疑问的账单应该即时与对方联系，要求解释或者取消，而不是置之不理
- 在使用信用卡时，尽量不要超过信用卡限额的 30%，超过30%，会被认为债务比例过高
- 不要因为有开户奖励，就频繁的申请信用卡
- 保留本人开户时间最长的银行账户和信用卡账户

- 每年检查一次自己的信用报告，如果发现错误，即时要求信用机构更正

社会安全号码（Social Security Number, SSN）

在美国，所有美国公民，永久居民，和合法工作的外国人都有号码唯一的社会安全号码，社会安全号码是美国政府指派给您的号码。这个号码可帮助政府记录您的收入以及您得到的福利。银行和其它单位也会使用此号码来识别您的身分。租房或买房子时，您也可能被要求提供 SSN。这个号码相当于中国的个人身份证号码。社会安全号码为 9 位数，例如 123－45－6789。您在查询个人信用记录时，需要提供个人的社会安全号码。非美国公民申请社会安全号码，需要准备好本人的有效护照，I-94 卡，工作许可，到当地的国土安全部门办理。在美国读书的外国留学生，需要得到在校内或者校外的工作许可后才能办理，具体要求请向学校的留学生办公室查询。专门负责"社会安全"的政府部门叫做社会安全局（Social Security Administration），需要更多信息请到其网站查询 http://www.socialsecurity.gov/。

TIPS: 请把您的社会安全卡放在家中安全的地方，不要随身携带以防止身分盗用。用电话或网路提供个人资讯时，首先确定对方是可信任的商家。如果您遇到身份被盗用的问题，可以打电话到"联邦贸易委员会"（Federal Trade Commission)的"身份盗用专线"：1-877-438-4338 寻求协助。您也可以登录网站查询 http://www.consumer.gov/idtheft。

5.2 银行账户

美国银行服务业非常发达，特别是商业银行占据着主导地位。美国不仅有业务网点遍布全球的"跨国银行"，也有为全美国和特定地区提供金融业务的"全国性银行"和"地区性银行"。花期银行（Citi Bank），美国银行（Bank of America），和摩根大通（JPMorgan）等美国银行都为大家所熟知；一些外国银行也在美国提供多种金融服

务，例如荷兰 ING 银行（ING Group），加拿大蒙特利尔银行（Bank of Montreal）等等。银行提供的金融业务和每个美国人，在美国学习、生活、工作的外国人都息息相关，下面笔者就为大家简单介绍下常见的银行业务：

开设支票账户（Checking Account）

在银行办理的最经常的业务就是存款和取款了，相对应的账户就是支票账户，或者叫做普通存款账户和经常性账户。支票账户的特点是允许您不限次数的存款和取款，同时存款利息非常低，几乎为零。在银行开设支票账户非常方便，多数银行提供免费的支票帐户服务。凭个人的有效身份证明，社会安全号码和地址就可以办理了。对于没有社会安全号码的留学生，凭学校的证明也可以办理。

在银行办理存款（Deposit）业务时，需要填写存款表，注明姓名、日期、存款金额、和您的银行账户号码；办理取款（Withdraw）业务时，也需要填写取款表格，同时需要出示您的有效证件。

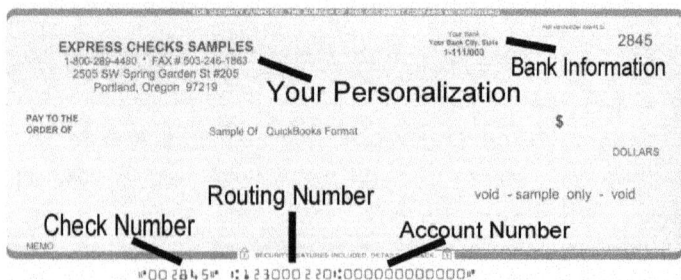

www.45tolife.com

在办理支票账户时，银行一般会同时帮您办理一张与账户关联的借记卡（Debit Card），此后您就可以使用借记卡在自动提款机（ATM）上取款了。银行还会给您一本个人支票本（Checking Book），您就可以使用个人的支票了。当您收到银行寄来的正式个人支票本后，请核实以下信息：姓名和地址是否正确，银行代码（Routing Number）与您的账户号码（Account Number）是否正确。当您需要给别人开据支票时，需要正确填写日期，对方姓名或公司名称（Pay To the Order of），付款金额的阿拉伯数字和英文拼写。不要忘记在支票正面的右下方签上自己的姓名。当您需要兑现别人给您的支票时，您需要在支票的背面签上自己的姓名，称之为背书（Endorse）。

银行提供的支票账户不仅有个人支票账户，还有商业支票账户，夫妻联名支票账户等等，笔者就不做介绍了。

TIPS： 个人支票账户一般不具有透支功能，您在使用支票或者借记卡付款前，请确认个人账户中有足够的金额，银行发现您的账户中没有足够的金额完成转帐会取消付款，您还会因此收到银行的罚款单。恶意使用空头支票是违法行为。

开设存款账户（Saving Account）

这里指的存款账户是一种活期存款账户，和支票账户的主要区别是利率比较高，但是有的会有每月存取款的次数限制。美国的定期存款称之为 Certificate of Deposit, CD，银行利率较活期存款账户的利率更高，期限由三个月到五年不等。当办理一些正式的银行证明和担保时，会要求您提供定期存款证明。

汇款（Wire Transfer）

汇款也叫做电子汇款，是个人与个人之间，个人与公司之间较为迅速和安全的转账方式。可以在国内使用，也可以在不同国家间使用。在办理汇款时，您需要知道对方银行的银行识别码（SWIFT Code），账户号码，和对方的名称或姓名。按照汇款金额的大小支付费用或者支付固定金额的汇款服务费。

另一种常见的汇款方式是西联汇款（Western Union，www.westernunion.cn），您在办理完汇款手续后，会得到一个汇款监控号码（MTCN），对方在收到您提供的汇款监控号码后，凭有效身份证明就可以在当地的西联汇款服务网点办理取款。美国的西联汇款网点很多；在中国，农业银行和邮政储蓄银行等多家银行均可以办理。另外，许多商店有提供支票兑现和海外汇款服务，但是这些服务都需要另外付费。

银行支票（Cashier's Check）

银行支票也叫做银行本票，是由银行签发的无条件支付给收款人的支票和票据。银行支票比个人支票更加可信和安全，在很多私人交易中，卖方会要求买方使用银行支票还，例如买二手车，买房的定金等等。

当然，银行还提供多种个人贷款业务和对公业务，例如个人汽车贷款，房屋贷款，个人创业贷款等等，笔者不做详细介绍。美国的银行已经高度电脑化和网络化，很多业务都可以通过网络进行，您也可以在网上查询个人的账户信息。在使用电脑时，注意保护个人的银行账户信息和密码。

FDIC (Federal Deposit Insurance Corporation)

美国联邦存款保险公司，是由美国联邦政府建立，为在商业银行储蓄的客户提供保险的公司。原来为每一家银行的普通存款账户提供 10 万美金的保险，现在已经提高到 25 万美金。在您办理银行业务时，请确认此家银行是由联邦存款保险公司承担保险的。

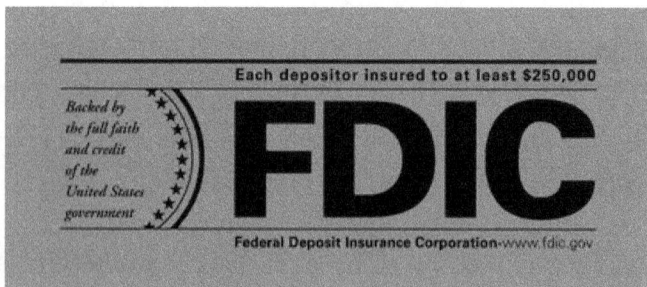

www.fdic.gov

TIPS: 根据美国海关和边境管理局的规定，当您和您的家庭成员入境美国时，如果携带超过一万美金的现金、现金支票、旅游支票，需要申报并且填写 4970 表格。其实申报只是做出说明而已，并不是不许可，但是如果您没有申报，被发现后可能会被没收和罚款。

5.3 借记卡、信用卡

借记卡（Debit Card）

笔者在上文中提到，借记卡是和您的银行支票账户关联的，能够代替现金进行消费，您也可以在自动取款机上通过输入密码（PIN Number）换取现金。使用借记卡比使用现金安全，不用随身携带大量的现金也不用考虑找零；使用借记卡也方便您通过网络购物，同时有的借记卡也提供类似信用卡的现金返还（Cash Back，我们会在介绍信用卡时做具体介绍）。在使用借记卡时，需要注意以下几点：

- 借记卡是可以提取现金的，但是只有在本银行和网内银行的自动取款机（ATM）上取钱时才不收手续费，在其他银行的自动取款机上或者在商铺结账时取现都是要收取手续费的
- 一般情况下，借记卡是不可以透支使用的，在使用前请确认银行账户内有足够的金额，以免被银行取消交易或者收取透支费
- 有些银行已经或者准备对借记卡收取月服务费，您在办理前需要查询清楚
- 使用借记卡提取现金是有每日最高限额的，一般是 500 美金

信用卡（Credit Card）

信用卡其实是一种银行提供的贷款服务：您先向银行借钱进行消费，在月底或者还款期限内一次性或分次还清欠款，有时还有额外的利息费用。美国主要的信用卡公司有 VISA, MASTERCARD, AMERICAN EXPRESS, DISCOVERY。

信用卡的申请

如果您刚来美国不久，个人信用历史较短，甚至因为没有在美国开设过银行账户和申请社会安全号码，从而完全没有个人信用记录。这时，您不应该急于申请信用卡，即时申请了，被银行拒绝的可能性也很高，而且每次申请和被银行拒绝都是有记录的。次数越多，下次申请的难度越大，而且会降低您的信用分数。正确的做法应该是先开设银行支票账户和使用借记卡，几个月后再申请信用卡；如果被银行拒绝，过一段时间再次申请。

申请信用卡，您可以直接在银行的网站上进行。您需要如实填写信用卡申请表格：个人信息，在美国的住址，年收入，工作情况等等。如果您是在读的学生，在学校的工作收入，奖学金都属于您的收入。

初次申请信用卡比较有效的方法是申请一张预付费的准信用卡（Prepaid Credit Card），信用卡的消费额度取决于您预存金额的多少。因为是预付费的，银行较容易批准，您也可以通过平时的使用，慢慢积累自己的信用记录，等半年以后，再申请一张真正的信用卡。如果您是学生，也可以试试专门针对学生的学生信用卡。您可以在银行网站上查找预付费信用卡的信息，也可以通过以下网站查找：

www.creditcards.com
www.creditcardguide.com
...

美国提供信用卡服务的银行和机构有成百上千家，而且像花旗银行提供的信用卡就有 26 种之多，您在申请时，需要注意不同信用卡在功能和费用上的区别，主要需要了解以下几个方面：

- 是否有年服务费（Annual Fee）
- 年利率的高低（Annual Percentage Rate, APR）
- 开户奖励和消费激励
- 特殊功能

开户奖励与消费激励

挑选适合自己的信用卡就像挑选自己的衣服一样，第一需要选择自己需要的合适自己的；第二需要货比三家。有的信用卡在申请时会免除第一年的年费，有的信用卡会提供非常低的年利率，而有的信用卡允许您将别的信用卡上的欠款转移至新的卡上，并且提供一段时间的零利率。更为吸引消费者的是，不少信用卡会提供消费积点或者消费返利（Points, Cash Back）：您使用信用卡每消费 100 美金，就返还您 1－5 美金，甚至更高，相当于您在购物消费时，可以享受到额外的 1%－5%的折扣。例如：Citi Bank 和美国航空公司推出的里程累积卡可以免除第一年的服务费；Citi Bank 的白金 MasterCard 无年费，同时提供前 21 个月的零利率贷款；AMERICAN EXPRESS 的蓝卡，前三个月消费满 1000 美金，返还 100 美金，而且在超市购物返还 3%，加油返还 2%，其他消费返还 1%等等。

在美国，很多商家也会自己或者通过一些金融机构推出自己的信用卡，提供常规的金融信贷服务，同时鼓励您在特定商家消费。例如：上面提到的 Citi Bank 和美国航空公司推出的里程累积卡，如果您用来购买美国航空公司的机票，可以累积飞行里程，兑换机票；亚马逊公司（Amazon）推出的信用卡，首次消费时减免 30 美金，以后在亚马逊网站上购物时返还 3%，在加油站、餐厅、药店消费时返还 2%，其余消费返还 1%；

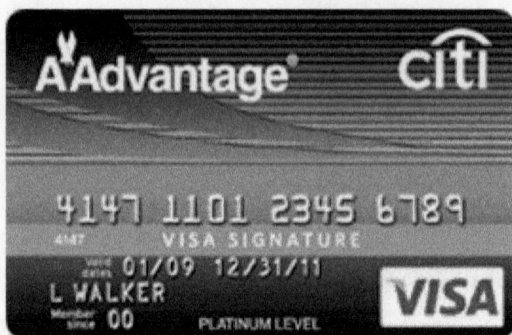

https://online.citibank.com

家装建材公司 Home Depot 推出的信用卡，不仅提供一段时间的零利率，而且首次消费时返还 10%，以后在本商家消费时返还 5%等等。

以上这些只是一些例子，可能优惠期已经结束。您在申请时，请看清楚说明和时间要求。

信用卡的一些特殊功能

使用信用卡消费，除了有以上提到的好处之外，您应该了解信用卡的一些额外功能：

优先服务

有些公司推出的信用卡有类似贵宾卡的功能，例如一些航空公司推出的信用卡，您不仅在购买机票是可以享受优惠，飞行里程可以累积和兑换免费的机票，而且可以在候机时优先登机，或者享受机舱升级服务。

汽车和人身意外保险

当您在租车旅行时，有时需要额外花钱购买汽车保险，但是如果您是使用的特定的信用卡付费的花，信用卡公司会免费提供基本的汽车碰撞，盗窃和车内私人物品丢失的保险；当您通过特定的信用卡购买机票进行旅行时，信用卡公司会免费提供人身意外伤残保险。

延长质量保证

您所购买的大宗商品，比如电视和冰箱，一般有一年的质量保证，如果您是使用的特定信用卡付款购买的话，质量保证自动延长一年。

以上这些只是部分信用卡提供的一些特殊服务，具体规定和要求您需要事先了解清楚，例如 AMERICAN EXPRESS 的信用卡在提供租车保险时，不仅要求您是使用其信用卡付款，您还需要是汽车的主驾驶人，并且租车周期不得长于 30 天等等。

另外，信用卡公司都有专门的客户服务热线，如果您使用信用卡购物或消费后，对购买的产品或者得到的服务不满意，并且和商家直接交涉后得不到满意的答复，您可以通过信用卡公司的客户服务热线进行投诉，信用卡公司会进行调查，如果发现您所说的是事实，信用卡公司会帮你取消付款。

信用卡挂失和防止信用卡盗用

信用卡不像借记卡需要密码才能使用，一旦您的信用卡丢失，很有可能被别人使用，您应该尽快挂失。信用卡反面有客户服务热线（您应该将号码记在随时可以获取的地方，在信用卡丢失后能第一时间通知信用卡公司），当您通知了信用卡公司后，他们会冻结您的信用卡，并且取消近期的交易，对于已经发生的费用，根据美国法律，您最多只需要支付 50 美金。几天以后，您会收到一张新卡。

平时您还需要经常留意自己的信用卡账单，如果发现不确定的交易和费用，也请您即时和信用卡公司联系。很有可能您的信用卡信息已经被别人掌握和盗用，信用卡公司会冻结老的卡号，重新为您办理一张信用卡。

美国是信用卡、借记卡使用大国，平均每个人身上都有 7-11 张不同的塑料卡片。当然，信用卡、借记卡给我们的生活带来了很多便利之处，安全、卫生、额外的折扣和服务，而且使用信用卡还有利于我们积累个人信用记录，为将来贷款买房，买车做好准备。但是，使用信用卡代替现金进行消费，容易让人失去控制和理智。有的学者做过研究，人们在使用信用卡进行消费时，会不自觉的比使用现金消费时多支出 9%-11%，另外，使用信用卡提前支取现金，或者分期偿还信用卡的欠费时，您需要支付百分之十几到二十几的高额利息。所以，笔者希望您在使用信用卡时一定要理性和冷静，不要成为信用卡的"奴隶"。

TIPS: 有 VISA, MasterCard 标记的中国信用卡、借记卡很多已经可以在美国使用，但是消费时会被收取境外转帐费用，而且银行提供的人民币对美元的汇率不高，所以还是建议您尽可能使用美国办理的借记卡和信用卡。

5.4 常见的储蓄和投资方法

美国储蓄和投资方法很多，笔者只介绍几种常见的形式。首先当然是银行的存款，在前面的章节中，我们提到过银行的支票账户，活期储蓄账户和定期储蓄账户，这些都是常见的储蓄方式，利率各不相同，每年银行会将您的利息收入报告给您，您也需要缴纳相应的税款。

定期存款（Certificate of Deposit，CD），定期存款是有时间要求的，一般从 3 个月到 5 年不等。如果您需要提前支取，银行会扣除一定比例的利息作为处罚，例如 30 天到 6 个月不等的利息部分。

储蓄债券（Savings Bonds），由美国财政部发行的国债的一种，不能上市交易和转让。自 2012 年 1 月开始，完全电子化操作，您可以在其网站上直接购买，www.treasurydirect.gov。常见的两种储蓄债券有 EE-Bonds 和 I-Bonds，您可以在网站上了解具体的购买限制，年限和利率。储蓄债券比定期存款的年限更长，当然利率更高更安全，还能抵消通货膨胀带来的损失。同时，储蓄债券的利息部分不要缴纳州税，某些情况下还可以免除联邦税。

短期债券（Treasury Bills, T-Bills），由美国财政部发行的短期债券，时间为 3 个月到 1 年，以拍卖的形式低于面值发行，与面值之间的差价就是您的报酬部分，也不需要缴纳地方的州税。

中期债券（Treasury Notes, T-Notes），由美国财政部发行的中期债券，时间为 1 到 10 年，以固定利率发行。

长期债券（Treasury Bonds, T-Bonds），由美国财政部发行的长期债券，时间为 20 到 30 年，以固定利率发行。

通货膨胀保护债券（Treasury Inflation-Protected Securities, TIPS），由美国财政部发行的抵消通货膨胀影响的债券，固定利率，但是本金根据消费者价格指数（通货膨胀率）上下波动，时间为 10 到 30 年。

股票（Stock），由股票发行公司发行的，证明其持有人权益的有价证券。股票可以上市交易和转让。您可以通过股票交易人人买卖股票，或者在股票交易网站开户后自行买卖。在美国，买卖股票一般按照交易次数收费，每次交易收费 5－10 美金，每年的交易收入需要报税。
常用的网站有：
https://us.etrade.com/home
http://finance.yahoo.com
www.sharebuilder.com

...

共同基金，互惠基金（Mutual fund），由具有专业投资知识和管理经验的公司将众多投资者的资金集中起来进行投资，相对于股票投资，风险小，收益稳定。常用的网站有：
www.morningstar.com
www.fool.com

...

401(K)计划（**401(K) Plans**），是一种公司为员工开设专门的账户，员工将一定比例的收入存入账户中进行投资，公司也可以为员工投入一定比例的金额（少于或等于员工投入的金额），等员工退休年满59.5周岁或者特殊情况时才可以将存款取出，提前支取要支付额外的处罚。存入此退休账户的金额，公司和个人都不用交税。具体说明和规定可以在以下网站查找，www.irs.gov。

个人退休账户（**Individual Retirement Account, IRA**），也是一种退休储蓄计划，允许您将每年一定比例的收入存入指定账户中进行投资，本金和盈利部分根据相关规定可以减免或者延迟交税。常见的个人退休账户又分为 Traditional IRA, Roth IRA, SEP IRA 等多种形式，具体说明和规定可以在以下网站查找，www.irs.gov。

任何投资都具有一定的风险性，请您在做决定前了解清楚。

5.5 消费税、收入所得税、房产税、及其他税种

美国政府的财政收入主要来源于各种税收：消费税、收入所得税、房产税、公司税以及其他税收。美国的主要税务部门—国税局（**Internal Revenue Service, IRS**），是负责各种税收的联邦机构。每个人都需要认真对待。

之所以说"每个在美国生活的人"，而不是说美国人或者外国人，是因为美国国税局在对待交税的问题上，有着和美国移民局不同的规定。国税局将在美国生活工作的外国人归为两类：非居住外国人（**Nonresident Aliens**）和居住外国人（**Resident Aliens**），后者基本上按照美国公民一样交税，没有减免。两者在申报个人所得税时有所区别。缴税是每个人应尽的义务，纳税人缴交的税金用来支付政府提供给美国人民的以下服务：

- 保障国土安全
- 医疗和预防疾病

- 儿童和成人教育
- 建造和维护道路和高速公路
- 为贫困者和老年人提供医疗服务
- 发生天然灾害时提供紧急协助，例如飓风、水灾、或地震

...

消费税（Sales Tax）

您在当地购买商品和服务时，一般需要缴纳相应比例的消费税。消费税包括州税和地方税两个部分，而没有联邦税。每个州的州税不同，每个城市的地方税也不一样，例如 2012 年芝加哥市（Chicago）的消费税为 9.75%；而有的地区更是完全没有州税和地方税，例如特拉华州（Delaware）。

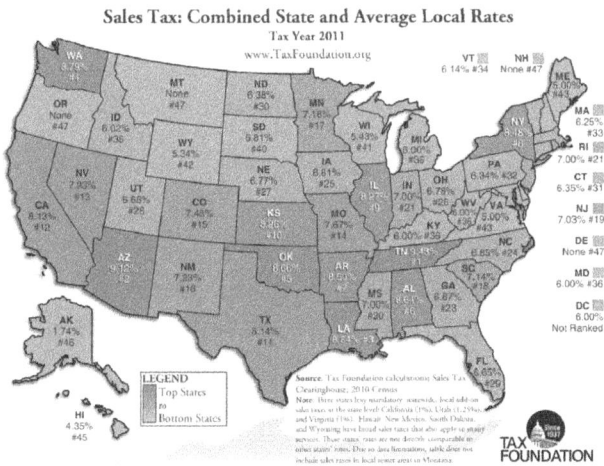

各州平均消费税，大图下载：
http://taxfoundation.org/UserFiles/Image/Fiscal%20Facts/lost_map_3.png

一些地区对销售的特定商品，例如副食品、加工食品、药物、服装等等，会免除或者降低所收取的消费税；而对另一些商品，例如香烟，会额外收税。您可以在以下网站查找各州的消费税和减免的部分。

http://taxfoundation.org/

http://en.wikipedia.org/wiki/Sales_taxes_in_the_United_States#Distinguishing_goods_from_nontaxable_items

TIPS： 原则上说，如果您是通过网络购物，是不需要缴纳消费税的，除非特定的网站在您所在的州有实体店，办公室，或者仓库。近年来，一些州开始要求对网络购物征收相同的消费税，例如伊利诺伊州计划开始要求本州居民申报网络购物的金额，印第安纳州计划对在亚马逊网站上购物的本州居民征收消费税等等。

收入所得税（Income Tax）

每年的 4 月 15 号晚 12 点，是个人报税的截至日期，任何迟交，或者非法逃税的个人，都会面临罚款和牢狱之灾。收入所得税，也叫个人所得税，是美国财政收入最主要的来源。收入所得税除了包括联邦税、州税和地方税以外，还包括社会安全税和医疗保险税。

大部分的人是以直接从薪资预扣的方式来缴纳所得税的。您在每月从雇主领取薪水时，雇主已经按照标准税率扣除了您的收入所得税。税率视您的收入而定。第二年的一月份，您也会收到雇主寄来的上一年度税表，例如 W－2 表格，W-2 是联邦表格，上面列出您的收入以及您在上个年度付的税金是多少。税收年度是从每年的一月一日到十二月三十一日止。依照法律规定，您的雇主每年都要在一月三十一日前把 W-2 表寄给您。您一定要将您的 W-2 表副本连同您的联邦所得税报税单寄给 IRS。如果您所住或工作的州也征所得税的话，您就一定要将一份 W-2 表的副本连同您的州所得税一并寄出，这个就称之为报税。您报的税可让政府知道您赚多少钱，以及您的薪水被扣了多少税金。如果您的薪水被扣的金额太多的话，就可拿到退税。如果您的薪水被扣缴的金额不够的话，您就需要再补税给 IRS。

国税局会根据您或者您的家庭总收入，家庭人口等因素重新核算您应该缴纳的所得税金额，要求您补交税款或者向您退税。美国每年有近一半的家庭会收到政府的退税。没有特殊情况，您应该以家庭为单位进行报税，政府给予家庭很多减税条款，例如未成年子女、子女的大学学费、房产税、房屋贷款的利息部分、退休金账户、慈善捐助等等。计算您或者您的家庭需要缴纳的税款额度时，不是按照您或者您的家庭总收入来的，而是在总收入的基础上减去各项可以减税的部分，然后根据相应的税率来交税。具体的减免税规定可以在以下网站查看：www.efile.com/tax-deduction。

2012 年已婚，以家庭为单位报税时，联邦税税率有 6 个阶梯，规定如下：

Not over $17,400	10% of the taxable income
Over $17,400 but not over $70,700	$1,740 plus 15% of the excess over $17,400
Over $70,700 but not over $142,700	$9,735 plus 25% of the excess over $70,700
Over $142,700 but not over $217,450	$27,735 plus 28% of the excess over $142,700
Over $217,450 but not over $388,350	$48,665 plus 33% of the excess over $217,450
Over $388,350	$105,062 plus 35% of the excess over $388,350

上文说过，外国人在美国报税，不以美国人和外国人区分，而是以居住外国人和非居住外国人来区分。一般来说，如果您是持有"F, J, M, Q"签证，来美时间不超过 2 年（"F"签证是 5 年），您可以按照非居住外国人报税，奖学金、存款利息免税，而且不用缴纳社会安全税和医疗保险税；居住外国人等同美国公民纳税。

报税时使用的表格有很多种，非居住外国人一般使用 1040NR, 1040NR-EZ 表格；居住外国人和美国人一样，使用 1040EZ, 1040A 表格。报税表格可以通过国税局网站下载（www.irs.com），注意使用当年的表格。报税时您可以选择自己报税，或者通过专业的服务公司和会计报税，常见的公司有：H&R Block, www.hrblock.com。您也可以购买专门的报税软件进行报税，例如 Turbo Box, www.turbobox.com。在校学生和学者也可以咨询学校的相关部门。

TIPS 1: 根据中国与美国间的相关协议，在美国持有"F，J"签证的人士，5000 美金以下的收入是免税的，具体申报方式请咨询所在学校的相关部门。

TIPS 2: 根据美国法律规定，美国公民和居住人（包括居住外国人，更特指持有绿卡的永久居民）是需要将全球收入一起报税的，也就是说，您的海外收入也需要在美国如实申报。

TIPS 3: 如果您有需要的话，IRS 的"纳税人协助中心"（Taxpayer Assistance Center）可提供免费的报税协助。您可以参考网站：http://www.irs.gov/localcontacts/index.html/，或电话 1-800-829-1040 咨询。

房产税（Property Tax）

在美国，房屋产权是永久性的，前提是业主年年按时缴纳相应的房产税。房产税是当地政府的税收之一，主要用于当地的教育、警察、消防、政府、街道、公共设施，以及部分医疗的支出。

房产税是按照房产价值的一定比例征收的，征收比例各地区不同，一般在 0.5%－4%之间。这里指的房产价值不是您买卖房屋时的价格，而是政府评估的房产价值，一般包括土地价值和房屋价值，有些州还包括个人财产的价值。

您可以通过当地政府的网站，查看自己房屋的估价，如果您觉得政府的估价与实际价值不符，明显偏高，可以要求重新估价（Appraisal）。您需要提出申请，并且提供相应的材料支持您的观点，例如近期本地区房屋成交的价格，专业机构提供的估价报告等等，政府需要在一定时间内给您答复，如果否决了您的要求，您也没有任何损失；而如果政府采纳了您的估价或部分降低了房屋估计，您的房产税就会相应的减少。

房产税中很大一部分是用于当地的公立学校的正常支出，而相应的排名较好的公立学校周边的房产，房产税会比别的地区同类型的房屋高出不少，您在挑选房屋时应该根据自己的需要做出选择。

TIPS: 美国很多地区都规定有一些房产税减免项目，例如房产是业主本人居住而不是用于出租的、有房屋贷款未还清的、年龄超过 65 岁老人、非营利性机构的房产（学校、教堂）等等，您可以通过当地政府了解到具体规定，符合条件的可以申请减免。

其他税种

美国还有许多其他税种，例如遗产税、赠与税、公司税等等，笔者没有实际的经验，就不做详细的介绍了。您可以通过当地的公共图书馆、网络、专业的会计和律师了解更多更详细的资料。

第六章 医疗、保险篇

初到美国的人们可能会发现，这个国家的医疗保健制度与自己原来国家的情况有所不同，甚至差异很大。在美国无社会化医疗制度或全民性健康保险，想获得医疗保健服务必须参加健康保险，或者自己掏钱看病就医。但在美国看病费用昂贵，而且美国的医疗体系和制度非常复杂，您需要事先了解。除了医疗保险，在美国您还会用到汽车保险，房屋保险等不同的险种和服务，本章就介绍一下美国的各类保险制度。

6.1 美国医疗保险制度

美国现有医疗保险制度绝对是一个"高成本、低收益"的典型—虽然支出了最高额的医疗费用，拥有世界上最先进的医疗技术，但其国民所享有的医疗保健的水平却与之相去甚远。美国的保险制度没有全民的医保体系，是一种由社会医疗保险、私营健康保险计划和管理型医疗保险组织的结合体。

社会健康医疗保险

社会医疗保险方面，政府起了主要作用。政府在这方面建立了三类主要医疗保险项目：医疗保险（Medicare），医疗补贴（Medicaid）和通过联邦所得税税制对私人保险的隐含补贴。社会保险主要包括以下几个方面：

1. 联邦医疗保险（Medicare）俗称红蓝卡或称红蓝白卡。它是政府为了向 65 岁以上的老年人及伤残人士提供医疗保险。医疗保险项目由联邦政府负责管理，各州间政策统一。要求申请者是美国公民或在美国连续合法居住最少满 5 年的永久居民（绿卡持有人）。Medicare 包含几个部份，主要有承保医疗费用的 Part B 部分和承保医院费用的 Part A 部分。

2. 医疗补贴（Medicaid）俗称白卡。它是州政府为低收入和低资产人士而设的医疗补助计划。向美国低收入者提供健康保险，其受益人可以享受免费医疗服务，但他们的身份、年龄、居住期、收入和资产需要符合规定的条件。申请 Medicaid 没有收入和资产限制，但需要支付月费、预付额（Deductible）和共付保险（Coinsurance）。政府医疗保险是为穷人提供医疗健康服务最大保险。在联邦政府的指导下，各州制定自己的合格标准，保险程度，内容等等，因此各州政府医疗保险内容不等。

3. 少数民族免费医疗。享受对象为印第安人和阿拉斯加少数民族，约有 100 多万人。全国有 50 所专门医院为少数民族提供医疗服务。

4.工伤补偿保险。各州普遍实行基本的社会保险计划，雇主必须为雇员向保险公司购买工伤保险。当工人因工伤事故而致残与损伤时，由保险公司支付治疗期间的工资和全部或部分医疗费用。

5.军人医疗计划。由联邦政府向所有现役军人、退伍军人及其家属提供的特别医疗保障项目，由专门的军队医疗网络系统提供服务。

私营医疗保险

私营医疗保险（Private health care plans）在美国私人医疗保险中承担重要角色。美国约 50％的医疗费用来自私营医疗保险计划，而且政府医疗保险计划的很多操作工作是由私营医疗保险公司去执行的。这些公司主要分为两类：

1.非营利性健康保险公司。主要代表有蓝盾、蓝十字公司。其中蓝十字承保住院费用，而蓝盾主要承保医生的治疗费用。虽然蓝十字和蓝盾组织与商业保险公司在提供健康保险的操作方法上基本一致，但是其保费一般比保险公司提供的保费低，一方面它们是非盈利性组织，绝大部分州都给予其税收上的优惠；另一方面它们都与其成员医院或医生达成协议，医院或医生在为被保险人提供医疗服务时均收取较低的费用。

2.商业保险。为盈利而提供个人和团体的医疗保险。美国开展医疗保险的商业保险公司有一千多家。商业保险公司除了提供各类医疗保险（包括伤残收入损失保险）以外，有些保险公司出售的保单甚至包括非医生治疗的疾病的治疗费用。一般来说，保险公司只有在得到个人健康评估及其他影响健康保险的风险因素以后，才能对个人提供健康保险。那些没有雇主也没有资格享受政府计划的人可以花钱加入保险公司提供的医疗保险计划。在美国大约有 1000 万人是通过个人购买的形式来拥有医疗保险。

管理式医疗保险

管理型医疗保险（Managed care）出现于 20 世纪 60 年代，初衷是提高医疗服务的质量并提供预防保健服务，后来逐渐发展成为一种以控制医疗费用为主要目的的医疗保障模式。它具备以下几个要素：根据明确的选择标准来挑选医疗服务提供者（医院、诊所、医生）；将挑选出的医疗服务提供者组织起来，为被保险人提供医疗服务；有正式的规定以保证服务质量，并经常复查医疗服务的使用状况；被保险人按规定程序找指定的医疗服务提供者治病时，可享受经济上的优惠。

管理型医疗组织主要有两种形式，一种是健康维护组织（Health Maintenance Organization, HMO），另一种是优先提供者组织（Preferred Provider Organization, PPO）。经过多年的实践，管理式医疗组织由于其在节省医疗费用和提高医疗质量方面的成效，已成为美国占主导地位医疗保险形式。美国的医疗改革经历了从最初的政府控制阶段到市场化的转移，政府功能从医疗机构所有者、医疗服务提供者逐渐转变为监督者，通过政府、保险公司和健康管理组织对日益高昂的医疗费用进行控制，并积极推动健康保险向管理型医疗模式转变。

奥巴马政府的健康美国计划

一个最发达的国家花费了最贵的医疗费用，却是唯一一个没有实现全民医疗保障的国家。所以建立全民医疗保障体系，是美国人的一个梦，尤其是美国民主党近一个世纪以来的梦想，也是美国很多经济学家和卫生学家所致力推动的。所以奥巴马的上台以及美国当前所面临的严峻的经济危机，给了美国一个极好的改革机会。于是，奥巴马推出了他的医疗该方案－"奥巴马政府的健康美国计划"：一是扩大医疗保险覆盖面；二是降低成本，提高效率。其医疗保障体系改革的目标最终的目的是为美国全民提供可以负担得起的医疗保险政策。

2010 年 3 月 23 日，美国总统巴拉克·奥巴马在白宫签署了他的医疗改革方案－《美国大众卫生保健法案》，这是美国最近几十年来最大的社会福利制度改革。这是一项具有里程碑意义的法案，法案实施后全美将有大约 3000 万没有医疗保险的人获得保险，美国医疗保险覆盖率将从 85%上升至 95%左右，距离全民医疗保险只有一步之遥，低收入者也将获得政府补助；它的通过也将奥巴马置于成功改革了国家医疗保健系统的美国总统的历史地位，经过百年的努力，并经过整整一年的讨论，卫生保健改革法案终于成为美国的法律，美国医疗体系改革的前景如何，让我们拭目以待。

6.2 常见的医疗保险种类

1. 集体医疗保险（Employer provided group health care plan）

集体医疗保险则是有一定数量以上雇员的公司或机构购买的集体保险。美国法律规定，凡 7 人以上公司的雇主必须为雇员（甚至包括家属）购买医疗保险。雇主把在医疗保险方面的花销和其他花销一样，从营业额中减去然后计算利润，再根据这个利润缴税。也就是说，雇主给员工购买的医疗保险的费用属于公司税前收入，而员工个人也不为收入以外的医疗保险和其他福利缴税。国家为了鼓励人们拥有医疗保险而损失了这部分税收。这样的税制鼓励雇主少付工资，多提供福利。

2. 低收入医疗保险

政府对于低收入医疗保险的基本要求为：要有居住地址证明、合法身份及收入证明等。合法身份所指的并不一定是要美国公民，但是所持的 C8、C9 及 A5 的身份不能过期，持有这些身份的人如果临时没工作、无身份也不能续期，持有学生签证（F-1）与工作签证（H-1）者是不符合办理的资格。低收入医疗保险服务与种类：

目前政府低收入医疗保险分为儿童（Child Health Plus）及家庭（Family health Plus）两种。就儿童来说，以 0—19 岁期间政府无论如何都会替小孩投保，但如果父母的收入突然增多，超过标准则需要缴纳一定的月费。一般来说，政府对低收入的医疗保险标准是一样的，只是所授权的保险机构不同而已。如果你既没有申请到"医疗照顾"保险，也没有申请到"医疗救济"保险，你也不是退伍军人及其家属，你千万别灰心，因为美国还有很多地方性的免费保险计划。任何人都可以向当地政府提出书面申请。一旦申请得到批准，保险参加者就可以在该联盟指定的医院和诊所免费看病，到指定的药店免费拿药，住院费用也全免。

政府补助的低收入儿童医疗保险由州政府办理，所以各州的名称不同，规定也有不同。如加州称为快乐家庭（**Healthy Families**），纽约州称为儿童健康附加（**Child Health Plus**），马里兰州称为儿童健康计划（**Child's Health Program**）等。您可以在网上查找本州关于低收入保险的信息。

3. 医疗储蓄账户（**Medical Savings Account**，**MSA**）

医疗储蓄账户是美国近年刚开始试行的一种新型的保险种类。即个人累积型医疗保险模式。推出后受到许多中低收入人士的欢迎。医疗储蓄账户的特点是，每月个人或者家庭将所要求的金额存入指定银行账户，需要就医和住院时才从这一账户中扣除，不看病时这些钱自然就如同活期存款那样放在银行，不但有利息，而且利息部份不用纳税，还可用于支付退休后的医疗保险费。不过今年全美只接受 75 万户，还是杯水车薪。目前也仅有一家银行开设这种账，两家保险公司受理这种医疗保险。

4. 留学生医疗保险

美国法律规定，所有持 **J1** 签证的访问学者或交换学者，在美期间必须要买医疗保险，且要达到规定的保险标准，否则将终止访问或交流计划。而且美国移民局规定，非移民不应成为美国人的负担，否则将递解出境。留学生赴美入学的条件之一，是在美学习与生活期间有足够的财力支持。这自然也包括了医疗费用。所以，绝大多数的美国学校都要求外国学生必须买医疗保险才能注册上学，以免发生意外成为学校的负担。一般来说，获得美国某单位资助或享受奖学金的学生，都是由资助方给学生提供健康保险。自费留学生需要自己参加一项健康保险计划。

针对留学生在入学前未购买医疗保险的问题，各个学校的规定则有所不同，大约有三种情况：一是学校将留学生的保险费用列入其入学注册的费用中，在留学生注册时一并代理购买；二是在留学生没有购买保险的情况下，学校向留学生提供医疗及意外保险让学生购买；三是学校在留学生无法提交医疗保险证明的情况下要求留学生自行购买。学校负责外国学生的部门一般都有医疗保险的资料和推荐的医疗保险公司的信息，您可以选择购买或者自己通过别的渠道购买。

选择医疗保险注意事项

1. 购买医疗保险，事先要清楚保险公司的相关细则，因为各个保险公司对留学生的要求不同，对于各种疾病的报销数目也各有规定，如果不清楚相关细则，很可能不能完全享受应该享受的利益。

2. 保险最高支付额（Maximum Payment）是医疗保险公司对被保险学生最高赔付额度，额度越高所承受风险会相对越低。

3. 要了解医疗保险的费用（Premium Cost）。这是指投保人要支付的医疗保险费。当然保险费越低越好。比较保险费多少固然重要，但一定要考虑保险赔偿支付及其他限制条件等规定。一般而言，保费较低的保险计划，赔偿支付也较低，且可能附有较多限制条件。因此，保险费不应是投保人作决定的唯一因素，最重要的是确定保险计划能够有效保护自己。

4. 保险计划的自付额（Deductible Amount）。自付额有三种：一种是在留学生付一次全年自付额后，在一年之内无论是得病还是受到伤害都由公司履行赔付；另一种为每次看病时学生都要支付的自付额，之后由保险公司赔付。第三种是在政策规定期限内只付一次自付款，在政策规定期限内无论多少次得病还是受到伤害都由保险公司支付。总之要根据自身情况选择合适的自付额度。

5. 特殊保险限定（Special Limits）。保险公司对于医疗服务支付限额还有相应规定，如对手术费、麻醉费、心理治疗费、住院费等的限制。支付额限制是以不超过留学生居住地区的平均水平为基准。

6. 医疗保险受益期限（Benefit Period）是为留学生看病支付医疗费用的时间。如果超出了受益期限要自己支付继续治疗的所需费用。一般而言，多数美国医疗保险公司在有限日期内，仍会继续支付投保人的医疗费用开支。

7. 出院条款（Medical Evacuation）。留学生由于治疗而需出院回家治疗时，有些保险公司是会支付必要的交通费用的

确定医疗保险计划并缴纳保险费用之后会从医疗保险公司得到医疗保险卡。保险卡上标有学生的详细信息，保险号码、有效期限、保险公司名称和电话、紧急使用的电话号码等资料。留学生购买医疗保险以后，就可以享受免费医疗了。但是一定要注意自己的医保所属的保险公司指定了哪些医生，在这些医生范围内就医，是可以享受完全免费的医疗服务的。你可以在其中自己选择，也可以由保险公司给你指定一位私人医生。看病要提前和医生预约。推荐两款适合国际学生的医疗保险仅供参考：

http://www.aetnastudenthealth.com/
https://www.anyhealthinsurance.com/words/cn/travel.jsp#student

6.3 在美国如何看病

美国医疗条件总体水平较高，设施完善，提供医疗的机构主要有医院、医生诊所、护理院、康复中心、独立的诊断中心和独立的药房等。近 60%的医生拥有自己的诊所。他们只是在医院、诊所挂单，可以挂几个地方随叫随到。医生的诊所一般规模小、数量多、分布广、病人就医方便。医生诊所通常提供一些基本医疗服务，如全身体检、病程随访、家庭保健、普通内科、儿科、妇产科、矫形外科、眼科等。在美国是诊所多，医院少。它们的差别是设备有无或是多寡，住

院一般都是医院。医院、诊所都不"养"医生。医生和麻醉师、放射师等等都是个体户。所以当您看完病后会收到不同部门寄来的收费单。

家庭医生

生病时除了急诊，无论是否在自己的私人家庭医生医疗范围内，通常都要先跟自己的私人医生联系。由他决定是否需要转到别的医生那里治疗。您的医生基本是固定的，这个叫您的'家庭医生'或'私人医生'。他收集您所有的病例和档案。如果不满意你的家庭医生，您可以选择更换。所以这样的竞争机制造成了医生对病人的态度非常好，对病人更尊重，病人的所有信息全是绝对保密的。所以你的保险政策的好坏也取决了你看医生的方便程度，越好的保险病人可以选择医生的范围就越广，可选的医生就越多；不好的保险往往是给你有限制的医生可选择，我们叫 Network。也就是病人只能在保险计划允许的Network 里面选择医生，那么专家的可选性就更低了。在美国一般每个人或每个家庭有一个家庭医生，妇产科医生和牙医，孩子有一个儿科医生。

女性除了自己的家庭医生外还要有一个妇产科医生，如果你不怀孕生孩子没有妇科问题，你见妇产科医生的几率是每年一次，那就是每年一次的妇科检查，这个通常是保险公司的计划里包含的。如果你怀孕了，一般要每个月去妇产科大夫的诊所进行例行检查，还有其他指标的检查，有的时候诊所做不了，就拿着妇产科医生的介绍信去你妇产科医生所属的医院去做。接生也是在妇产科医生所属的医院进行的，所以你在选择你的妇产科医生的时候，千万别忘了看他行医的医院，要考虑到医院的好坏，设施问题还有离家远近的问题。

处方及药店

在美国医生只负责开处方，而取药要去药店（Pharmacy, Drugstore）购买，有些超级市场和折扣商店内也设有药房。"处方药物"（Prescription drugs）必须由该药房任职的有执照药剂师售出。合法购买"处方药物"必须有医生开的"处方"（Prescription）。您还可以在那里买到不需要医生开处方即可买到的药物（Non-prescription），如阿司匹林或普通治感冒的药。美国的药店也很多，去哪家药店由自己决定。但是处方药，包括很多普通的消炎药都是要凭借医生开的处方才能购买的。所以私人医生最好选择华裔医生，便于沟通。从美国药店购得的处方药，其包装上不仅标有销售这瓶药的药店标识和处方药标志（RX），还标有该药店的电话和地址、店经理姓名、处方顺序号、病人的姓名和地址、药品名称、药物用法、每片药品的组成成分及其含量，药品的有效期及开具处方医生的姓名等详细信息。另外，通常还会贴有一些小提示，如"服药时要用足够的水；服药后可能会感到困倦或眩晕"等等。美国知名药店及网站：

Walgreens, http://*www.walgreens.com*

CVS, http://www.cvs.com

Rite Aid, http://www.riteaid.com

…

美国看病的流程

看病时首先要提前预约自己的私人家庭医生，每个医生有自己的私人诊所，一些体检项目，验血，量血压，验尿等，就在诊所解决了。比如抽血的血样会送到专门的验血机构，然后报告会直接反馈给你的医生。需要注意的是，在美国，普通感冒基本上是不需要医生治疗的，即使叫了医生，也很可能只是建议你多喝水，多休息。因为西医认为普通感冒是需要时间来恢复的，药物不会起到什么作用。更不会有医生给你打点滴。点滴只用于非常严重的疾病，如手术后的后续治疗。需要注意的是，一旦你确定了预约时间，你就必须准时，不能迟到，如果因为某种原因不能前往，必须在 24 小时前打电话取消或重新预约，否则将被罚款。

看病需要出示保险卡。保险卡上除了你的保险公司的名称和保险号等信息外，还会注明你要负担的挂号费是多少。你去医生那里看病，挂号费用是由你持有什么样的保险计划决定的。得了重病需要住院时，叫救护车的好处是到了医院不用排队，但是要付救护车费。也可以自己去医院，这时通常要先排队等候。如果需要手术，最好向医院咨询为自己手术的医生是否在自己的保险公司规定的范围内，如果在医保计划中，则所有的费用全免。包括三餐和陪护。如果不是，就应该和医院沟通争取换一个在自己医保范围内的医生。不然要缴纳很昂贵的医疗费；并且后续的跟进医治也由为你手术的医生负责，这又会产生很大一笔费用。

病人住院时间长短，是由美国的医疗保险制度决定的。医疗时间无端加长，保险机构就要支付额外费用，因此，医院和保险公司双方，都雇佣专家，严格商定医疗措施和时间，把医疗仅仅限定在"必要"范围。病人得到"必要治疗"的权益，由医方的利益来保证，对"不必要治疗"的限制，由保险公司的利益来限制。医疗保险组织对医院的制约度很大，它严格规定了医疗费用偿付标准，建立了整套衡量医疗资源是否合理使用的评价标准。由于住院费用昂贵，保险公司为控制医疗费用，致力于降低病人住院天数，要求病人在急性病医院（Acute Hospital or Short-term Hospital）经过治疗（平均住院 5-7 天）进入恢复期后，即转到费用相对低廉的护理院（Skilled Nursing Facilities）或家庭护理中心（Family care center），或者直接在医生诊所随诊。

在任何一家美国医院，治病救人是放在首位的。尤其是急诊病人，医生一定是先为你治病手术，然后可能在手术的第二天，会有护士来询问你的医保信息并进行核实。医院不会向你收取费用，而是会在医疗结束后将账单寄给你，再由你转寄给保险公司。保险公司会有人和你联系为你支付账单。无论是去医院，专家门诊还是家庭医生诊所，费用是你的保险公司负责，但是也要看保险的好坏，不好的保险，病人需要负担一定的费用，有的时候数额不菲。可见，一个好的保险对你在美国的生活是何等重要。

附上一些保险公司的资料，仅供参考：

总部设在芝加哥的蓝十字（BlueCross Association）和蓝盾（BlueShield）健康保险组织是不以盈利为目的的健康保险机构，最吸引人的是，是全世界任何地方看病，急诊一律实报实销，http://www.bcbs.com

美国信诺集团创建于 1792 年，是一家全球性医疗服务公司，向世界各地约 4700 万人提供医疗、牙科、行为健康、医药和视力保健，http://www.cigna.com

太平洋健康保险，以承保团体保险为主，在个人保险方面规定相当严格，http://www.pacificare.com

美国联邦医疗保险是为 65 岁以上的老人和不足 65 的残障人士以及患有永久性肾脏衰竭的任何年龄的人氏提供健康保险，http://www.mdicare.gov

6.4 汽车保险

美国法律规定没有购买汽车保险（Auto Insurance）开车属于违法行为。所以除了医疗保险外，汽车保险在美国也是一项很重要的保险。

关于汽车保险的具体规定，每个州都不相同，大部分地区汽车保险是强制性保险。有的州要求必须买全额保险，有的州是采取"无过错责任"保险制度。（无过错汽车保险是指，投保人以购买财产保险的方式购买汽车保险，无人需对汽车意外事故负责，保险公司将会支付其汽车损失及其在驾车时受到的人身伤害赔偿）。目前美国大约有一半的州实行某种形式的无过错责任保险。

美国保险公司提供的汽车保险项目繁多，但主要有基本的责任险（Liability Insurance）及全额保险（Full coverage）项目。基本的责任险是指：不论出了什么车祸，不论责任是谁，保险公司只负责赔付的是对方的车，对方的人所受的伤害和财产损失。不赔付你自己和你自己的车。全额保险是指：只要是你自己开车或者是在汽车保险条款上已经登记注册的人开车，被保险公司保的这辆汽车出了任何种类的事故，不论事故的责任在哪一方，保险公司都会要对予保险方进行赔付，赔付你自己的车和你自己的人体伤害，同时也赔付对方的汽车，赔付对方的人和财产。美国汽车保险是五花八门，但一般细分为以下几种类型：

身体伤害责任险（Bodily-injury liability）。主要支付造成对他人在事故中受伤后的医疗费用保险部分。但这种保险并不支付肇事人自己的汽车与身体损伤。是多数州的强制性保险。

财产损害保险（Property-damage liability）。赔偿车祸的对方车辆损失，包括修理及更换费用，还有其它财物损失，购买保险赔偿金额从五千美金（最低标准）到十万美金。

个人伤害防护（Personal-injury protection）。用于保护你及其他乘坐人，或行人在事故中受伤的医疗费用（一些州为强制性保险条款）。

无保险和保险不足驾驶人保险（Uninsured and underinsured motorist coverage）。事故责任虽不在自己，但有过失的对方身体受伤，且要么没有保险，要么是保险额很低，无法支付部分或全部的治疗费用，那么你必须替他支付。此项保险在有些州成了强制险，好在此项保险费用不高。

撞车险（Collision）。这项保险实际是责任保险的延伸及补充，用于支付因驾驶人自身过失而造成自己的汽车和身体损伤。许多拥有新车或贵重汽车的人都会买这项保险，以防因自己的过失而损伤了自己的汽车。

全包性保险（Comprehensive）。该险种主要赔偿由于偷盗以及自然环境造成的损失。在美国许多大城市，汽车被盗或被砸的事情时有发生。不管汽车因任何原因造成损失，皆可获得赔偿。

租车补偿（Rental reimbursement）用来支付你自己因汽车不能使用时的租车费用。大约每日为二十至三十美元左右。一般而言，你给自己汽车买的保险，也可用于你租的车。

以上保险全买的被称为全额保险（Full Coverage），保险费从六、七百美元到数千美元不等。保费相差如此之大，是因车主个人、汽车种类、居住地区等因素的不同而不同。一般来说，保险费的多少与投保项目多寡、保额限度、自付额高低，以及投保人的年龄、性别、驾驶经验、违规记录、抽烟与否、婚姻状态、居住地点和汽车价值等有直接关系。买了汽车保险后，保险公司会给你一大堆资料和文件，其中有一张小小的保险卡，上面记录有你的名字、地址、车型、车号、出厂时间，以及保险公司名称、联系电话和保险生效时间等资料。这张保险卡要随身携带，一旦发生车祸，无论谁的责任都应立即通知自己的保险公司。如是他人的过失，更要将其姓名、电话、车号、车型、发生事故的时间和地点，及其保险公司记录下来，通知你的保险公司。如果你的车受损，应由保险公司验车后，再送到指定的车厂估价和修理。

TIPS 1: 平时车里必须放置的证明有：汽车保险，Registration Card；随身携带驾照；TITLE 要放在家里安全的地方，绝不可放在车内。

TIPS 2: 汽车贷款没有还完前，您需要购买整车保险，因为买保险是贷款的必须条件，在这种情况下，必须买全险；如果不向银行借款时，则有权利选择买全险或只买责任险。

如何买到价格合适的汽车保险

各个保险公司判定保险费用高低的标准大同小异。原则上是所选的保险足够保护你自己不受财产和资金上的损失，而又不需支付不应该支付的保险费用。首先要明确你所在州的保险法律要求。一般来说，一个购买汽车保险人所要投保的汽车的价格越高，其汽车保险费用的价格也就越高。购买汽车保险人的年龄、所居住的地区、拥有驾驶执照的时间、和保险费用的高低关系很大。保险公司在保险费用上考虑的另一个方面就是购买汽车保险人每天开车行驶的距离和每年大致的行驶英里数。购买汽车保险人的驾驶记录是在美国购买汽车保险时衡量保险费用的一个重要指标。在这里我们提供几点建议：

1. 价钱仍是首要考虑因素，提前计划并货比三家，在你买下一辆新车前，查看保险的信息。许多公司会在网站上列出一些安全和低保险价格的车辆。网上询价时，首先须在线填写一套表格，要求提供的信息除性别、年龄、婚姻状况和社会安全号外，还包括学历、职业、第一次取得美国驾照的时间、住址、停车地点、家庭成员年龄及执美国驾照情况、已购汽车保险时间、每年行驶里程、每周用车频率及车辆主要用途等。

2. 避免发生车祸、违反交通法规，保持良好的信用记录。大多数公司会根据你的信用记录来确定你的保险费用。美国是一个重视信用机制建立的国家。信用分数的作用延伸到每个人生活的方方面面。信用分数也影响到汽车保险的费用。信用好的人通常被认为是有责任心的人，驾车风险也会降低，可以得到较优惠的价格。发生交通事故报赔后，或者违法了交通法规，例如超速，都会导致您将来的保险费用上涨。

3. 在同一家保险公司购买房屋和汽车保险。如果你购买两项或两项以上的保险，很多保险商可能会提供给你一定的减价。如果你和同一家保险公司购买一辆以上的汽车保险，你的保险费也有可能被减少。一些保险商还会减少长期老顾客的保险费。每次购买的汽车保险有效期通常为六个月。保险到期前一个月，保险公司则会发出继保提醒和下半年的报价。价格优惠程度会随你投保时间和良好记录的延长而增加。

由于各州要求不同，各保险公司的这些类别可能有细微差异，具体条款应咨询当地保险公司代理。全国汽车保费最昂贵的 3 个州依次是密歇根州，路易斯安那州和俄克拉荷马州。密歇根州排名第一的关键原因有两个。首先，密歇根是唯一保证车祸伤者获得无限额伤害保险金的州；其次，该州为受重伤的人提供援助，支付医疗复健费用。年平均汽车保险费最低的佛蒙特州年平均汽车保险费是 995 美元，然后是南卡罗来纳州 1095 美元，缅因州在全美排第三低，1126 美元。

主要提供汽车保险的保险公司

在美国大大小小的保险公司有很多，主要提供汽车保险的公司有 Allstate, State Farm, Geico, AIG, Progressive, Nationwide, AAA 等，笔者列举一些保险公司的网站供大家参考：
www.low-insurance.org
www.nationwide.com
http://www.geico.com
http://www.progressive.com
http://www.statefarm.com
http://www.aaa.com
...

6.5 其它类型的保险

除了常见的医疗保险、汽车保险外，您还可能需要用到一些其他的保险，如住宅保险、伤残保险、人寿保险等，这些都是与人们日常生活联系最为紧密、最为常见的险种，在此笔者只做简单的介绍。

房屋保险（Home Insurance, Homeowner's Insurance）

在美国生活，人们第一重视车，第二重视房。对许多人来说，拥有一间房子等于是圆了一部份的"美国梦"。有自己的房子好处很多，也附带着许多责任。当您购买了房产后，首先应该考虑购买相应的房屋保险（Homeowner Insurance）。如果您是贷款买房，您的借贷方会要求您必须购买房屋保险。房屋保险也有不同的种类：自住房，出租房，商业用房等等。

房屋保险不仅涵盖客观原因和自然灾害造成的房屋损失，例如火灾、冰雹、偷窃，还包括屋主和到访客人甚至路人的意外和受伤。不同保险涵盖的内容并不一样，有些项目是可选的附加项目，例如地震和洪水保险。保险的费用和您的房产价值有关，购买房屋保险，千万别选择最便宜的，一定要选择和房子及家中财产等值的保险种类。一般来说，它可以分为以下几种：

第一种为最基本的 HO－1。凡是房屋受到火灾、闪电、暴风雪、飞机、偷窃等破坏及在这房屋范围内受到伤害的人都包含在这项保险项目中。

第二种为较广泛的扩充险 HO－2。除了包含第一种的款项之外，再加上房子受到外力破坏，如冰、雪等，还有如暖气系统、水管、电力系统等的损坏。

第三为更进级的投保项目全保险 HO－3。在这项保险项目之下，除了大自然的洪水灾难、地震外，其余的大自然灾害如台风、龙卷风等都包含在内。这项保险计划亦包含有关房子的法律及医疗诉讼保险。

第四种为最昂贵的投保项目综合险 HO－5。基本上来说，该保险项目和 HO－3 一样，除了水灾、地震、战争及核子战争，其余的都包含在内。其它的保险款项还有专为公寓租户设计的 HO－4 及为公寓房东设计的 HO－6。

上文中提到的美国主要汽车保险公司，绝大多数都提供房屋保险，您可以在网上申请，也可以直接和当地的代理人联系。他们会评估您的房产价值，并且预约时间上门检查，并给您房屋保险的估价，您应该详细了解保险包括的内容和自付的比例。。房屋保险的费用一般是一年一付。每年的价格也是上下浮动的，浮动的原因可能是保险公司全国的收支增减，也可能是因为当地的自然灾害，导致本地区的保险支出增加，即使您的房屋没有损失也没有报修，您家第二年的保险费用也可能会增长。

TIPS: 有效降低房屋保险费用的方法：1. 确保和增强房屋的安全性，例如在壁炉周围使用防火材料，每个房间安装有烟雾报警器，屋内安装有综合防盗报警装置等等。2. 与其他保险使用同一家保险公司，例如与您使用的汽车保险公司合用一家公司。3. 长期使用同一家保险公司。

意外伤残保险（Disability Insurance）

伤残保险是指根据有关立法，当依法参加社会保险的劳动者因伤病致残丧失全部或部分劳动能力致使经济收入受到影响时，向他们提供全部或部分医护康复费用，并补贴其部分经济收入，从而保障其基本生活的社会保险项目。此类保险所指的意外伤残，是指人体因意外伤害而导致了某种永久性的残疾或功能上的丧失。被保险人发生意外伤害，依其伤残程度，按保险金额的一定比例赔付。被保险人如果因意外伤害而"全残"或身故，则赔付其全部的保险金额。

伤残保险可以分为两个部分：一是提供经济援助以保障伤残者的基本生活；二是向他们全部或部分提供医疗、护理和康复所需的费用，有时也将提供直接的医疗、护理和康复服务包括在内。在实践中，伤残保险很少单独作为一个社会保险项目来实施，一般都与医疗保险或养老保险组合成一个系列：一方面，因为在提供医疗、护理和康复费用方面与医疗保险极为相近，所以可以归到医疗保险系列中一同实施。另一方面，由于在保障基本生活需求方面与养老保险极为相近，所以被归入"老、残、遗保险"系列中一同实施。

人寿保险（Life Insurance）

美国人寿保险可分为期限人寿保险（Term Life）及储蓄人寿保险（Whole Life）两大类。在美国人寿保险普及率高达 80%，是美国最大宗的保险，已成为人们保障自己与家人生活的一种制度。

期限人寿保险

期限保险的定义就是指在被保人支付保险金的期间生效，不同于医疗保险，这种保险要在被保人意外人死亡或重大伤残后才进行赔偿。常见的保额有 25 万美金，50 万美金和 100 万美金。期限人寿保险的保费一般较低，一年需要交纳的保费大概是 200-300 美金，也就是一个月 20 美金左右。

对于期限保险来说，留学生是有资格购买的，但是大多数保险公司只售给有社会安全号的人，只有少数几家保险公司可以卖期限保险给没有社会安全号的国际留学生。对于受益人的要求，则非常宽泛，一般留学生买期限保险的受益人都是自己的父母或配偶，不论受益人是什么国籍和在什么国家都是可以的。购买期限保险后，你的保险经纪会给你预约体检，一般是非常简单的上门体检服务，然后根据你的健康标准分级再来制定你每年所应该交纳的保费。所谓期限保险的意思就是如果你停止交保费一段时间后，如果被保人意外死亡，那受益人是不会得到赔偿的。期限保险的好处是交纳的保费很低，是大多学生都可以承受的，而缺点是没有投资功能。

终生储蓄人寿保险

所谓终生人寿保险的意思就是从被保人交纳第一次保费到最后死亡的终生都是受保护的。而且这种保险的优势是具有投资功能。储蓄人寿保险的保费较高，但实际上多缴的保费是用作储蓄之用，利息一般较银行高。在需要时更可提出来使用。另外，投保人在交若干年的保费后，无须再支付保费而能继续享有保障。

相对于期限保险，一个月只用交纳 20-30 美金的保费来讲，终生人寿保险可能一个月需要交纳 100 美金以上的保费，但是除开等同于期限保险的 20-30 美金，还有 70-80 美金其实是用来投资，例如基金投资。终生人寿保险对于被保人的健康状况和年龄等基本因素考察很高，比如年龄越大，需要交纳的保费可能是呈几何增长。相当于终生人寿保险是一小部分是保险，一大部分是放在了比银行利息更高的地方进行投资。当然需要提醒大家的是，既然是投资就肯定就会有风险，在世道和经济比较好的时候，收益也许会有 8%-12%，这相当于银行的不到 1%的利息来讲是很高的了，但遇见今年的金融风波这样的岁月，相信很多投资都是惨淡的。但对于要在美国长期呆下去的新移民来说，我个人认为这项保险是非常有意义的。既是一种相对安全的投资，对于我们的家人也是很有利的保障。

在美国买保险需要注意的是，美国的法律规定人们不可以直接从保险公司购买保险，必须经过保险经纪或中介，他们收取的佣金也是法律规定的比例。所以选择合适的保险代理及经纪人选择一家好的保险公司制订合适的保险规划是很重要的。美国的保险行业是法规高度规范的，最差的情况及时你买保险的保险公司破产了，那么你所在州的州政府都会进行赔偿。在笔者看来，购买保险是对自己，对家人负责任的一种做法，大家不妨把保险当成一种必需品。

除了上文中提到的提供医疗保险和汽车保险的机构外，还有很多保险机构会提供各种不同的保险产品，一些网站也会帮你横向比较多个公司的保险，例如：
www.metlife.com
www.equote.com
www.farmers.com
...

第七章 教育、求职篇

很多新移民是为了他们的孩子接受更好的教育才选择来美国的。对于新移民家庭的子女来说，他们需要在很短的时间内掌握英语，了解并学习新的文化，尽快的适应新的生活。所以很多移民家庭在到达美国后会优先考虑子女的教育问题，同时也希望自己的下一代将来能考上好的大学，毕业后能有一份不错的工作。来美国读书的中国学生也希望在毕业后能在美国工作几年积累一些工作经验。本章节笔者就介绍一下美国的教育制度和申请大学与求职中的一些技巧。

7.1 学前教育

美国的义务教育制度

美国大学之前的教育是属于免费的义务教育。这里所说的义务教育是政府用税款资助的公立学校教育；私立学校多由教会支持，学生需要自费入读。美国的义务教育制度，以中小学为主体：小学五年（也有实行六年制的小学），中学三年，高中四年，加起来十二年级，相当于中国的小学到高三，美国人习惯称大学前的这种学制为 K12 学制。教育资金主要由三级政府：联邦政府、州政府和地方政府控制和资助。所以美国人在子女接受 12 年的义务教育期间，经济负担很少。美国的公共教育制度规定，凡是在美国合法居留的人，都享有接受义务教育的权利。

- 小学（Elementary School, Primary School），K-5 年级（6-11 岁）
- 初中（Secondary School），6-8 年级（11-14 岁）
- 高中（Higher School），9-12 年级（14-18 岁）

学前教育（Pre-school Education）

在美国，小孩子五岁开始上学前班（Kindergarten），只上半天。在学前班之前，三四岁的孩子还有幼儿园（Pre-school），也有一些日托中心（Daycare center），接收各年龄段的孩子。美国公办幼儿园很少，大多数是私立的。私立幼儿园办学质量和师资素质虽好，特色也突出，但收费较高，一般每月收 600－800 美元。如果一家两三个小孩都进私立幼儿园，即使对一般中产阶级来说，负担也够重的。所以在美国的华人通常做法是，让在国内的老人以探亲旅游的名义来美国，来了之后，全日制照顾幼小的第三代。探亲旅游的签证有效期是半年，所以，爷爷奶奶和外公外婆轮流到美国"上班"。

托儿服务（Daycare Service）

美国法律规定 12 岁以下儿童，是不能单独待在家里的。如果您有工作但是孩子还不到上学的年龄，您可能需要在工作时找人帮您看孩子。有时候上学的孩子下课后，如果父母还没有办法回家的话，这些家长也需要找人帮他们看孩子。寻找好的托儿服务的资源很多。有些州有托儿服务的推荐单位可以为您提供州政府通过发照的托儿服务名单。有证照的托儿服务处达到州政府为了保护您的孩子而设定的规定。您也可以打电话给当地的学区办事处询问您附近有哪些托儿所。如果您要查询托儿服务，可上网站 http://childcareaware.org。

托儿服务的种类

视父母的需要，有些托儿服务提供者可提供全天或半天的托儿服务。选择托儿所时，费用也是考虑因素之一。到家托儿服务，保姆到您家里来帮您看孩子。这种服务可能会比较贵，因为您的孩子可以得到比较多的个人注意力。

家庭式托儿服务。这种托儿服务是在别人家里，由他们照顾一小群的孩子。这种可能会比其他的托儿服务便宜。

托儿中心。托儿中心是设立在学校、教会机构、和其他地方的托儿服务机构。这些中心里面通常会有好几名人员来看顾数量较多的孩子。这些中心一定要达到州政府的标准，并且他们的人员通常都经过特殊的训练并且有照顾孩子的经验。

联邦政府提供资金赞助低收入家庭参加"提早起步"和"起步"计划。这些计划是为幼儿提供照顾和教育性服务来帮助他们做好上学的准备。大部分的州都有为正在接受或参与工作训练或教育计划的低收入父母提供经济协助。要了解更的资讯或查询您是否有资格申请联邦或州政府的托儿协助，http://www.acf.hhs.gov。

怎样选择好的幼儿园

幼儿园的学前教育是孩子今后所有学习的第一步。一个好的幼儿园将帮助您的孩子在社交能力和学习能力的发展奠定坚实的基础，也可以帮助您的家庭和社区之间建立良好的关系。为了帮助家长找到适合孩子的幼儿园，在这里我们提供一些建议：

1. 尽早开始调查和研究

在美国许多幼儿园从 1 月开始考虑申请，因为受欢迎的托儿所，早已满员，很多孩子早已在排队等空缺。无论您正在考虑什么类型的托儿形式，如托儿中心，或将孩子托管在别人的家里，找到一个适合您的孩子的托儿所需要花一些时间。搜集尽量多的关于托儿的网上和网下的信息，考虑接收孩子的年龄范围，托儿时间和地点后，制定一个满足您的孩子和家人的需要的候选托儿所的名单，记下那些托儿所的联系方式如电话和地址。

2. 去学校探访

做实地访问是很有必要的。事先打电话和幼儿园联系提前预订访问的时间。访问时尽可能带上您的孩子到学校，看看孩子的想法。察看和确认幼儿园的许可证，并在您参观学校时密切注意学校的安全措施和卫生情况。和校长，教师，助理和工作人员交谈，深入地提出一些问题。例如，孩子学习什么？如何学习？如果允许的话，在不打扰老师和其他孩子的情况下，至少在幼儿园停留半小时以便更好地感受幼儿园是如何运作的。

托儿时间和收费标准

不同的幼儿园有不同的托儿时间。如一周几天，全天还是半天，一天多少小时等。不同的居住地，托儿费不同，有的幼儿园收费很高。另外，宗教和学生教师的比例等也是家长需要认真考虑的因素。通过网络以及打电话的方式尽量收集有关信息。

幼儿园的申请流程

在幼儿园的申请流程中有几个时间节点，幼儿园可能提前出现空位子，幼儿园会联系在等待名单上的申请人，如果有兴趣可以提前入园。但大部分幼儿园的流程都要长的多：

1. 每年的秋天，九月份学校开始开始接受申请，父母联系学校，参加 Information session，提交申请材料和申请费（Non-refundable 数额不等）；
2. 冬天（大约 11-2 月份）学校开始为每个申请人家庭排期参观学校，面试申请人和父母亲；
3. 次年 3 月上旬，学校会发通知，申请人考虑是否接受及交押金；
4. 次年秋天八九月份入园。

幼儿园不在正式的义务教育系统之内，按说政府不负责买单。但是，从联邦到州政府，乃至市政府和各种慈善机构，都对低收入家庭提供这方面的资助。美国政府规定，家庭年收入低于 2.5 万美金的，就有资格申请专门的补贴；不算太富的中产阶级，则可以将缴纳的幼儿园费用凭证，在年终时作为抵消个人所得税的费用。推荐几家美国儿童学习网站：

www.starfall.com，有声音，有游戏，从 ABC 开始

www.ixl.com，基本都是填空题和选择答案题，有美国各州各年级教学大纲

www.coolmath.com，里面的加法游戏可以用来提高小孩儿的口算速度和准确度

www.multiplication.com，里面的乘法游戏做得很好。

…

7.2 小学教育

小学又称为文法学校，教授基础学科，包括 1-6 年级（有时是 1-8 年级）。有时小学也包含幼儿园在内。通常，公立小学课程由每个学区决定，学区根据本州教育标准和各年级标准来选择课程指导和教科书。固定的几门课有：英语、数学、科学、社会科学、外文、阅读。音乐、美术和体育则只上课不考试，也不评分。美国小学一般规模较

小（每个班级一般不超过 20 人），每班一名教师。

入学年龄

孩子入小学一般是六岁。有些州规定儿童上学年龄是生日截止在八月三十一日前，如果是九月一日出生的孩子就要等到来年在上学了，这样就会比同龄的孩子晚上学一年。很多中国父母的做法是，如果孩子是九月一日后出生的，一般都选择让孩子第一年去读私立学校，因为私立学校不受这个年龄限制。第二年再转到公立学校去上二年级，这样就不会比同龄的孩子晚一年上学了。这样做的理由是，一方面可以少付一年的托保费，另一个重要的原因在于中国人更注重孩子的教育，认为早读书，早学知识，早毕业。不用白白浪费一年的时间。不能输在起跑线上。

入学手续

美国是按居住地划分学区的。在你带孩子去学区之前要准备一些资料：

- 证明你居住地的文件，如水费单、电费与煤气单、私人支票、驾驶执照、信用卡账单等
- 孩子的出生证明或护照，或其他有孩子出生证明的法律文件
- 孩子出生以来所打的预防针、接种疫苗的记录（Vaccinated），俗称"打针纸"。这个打针纸从小学、中学、高中直到大学都是需要的，所以这个记录很重要，需妥善保管
- 曾接受的学校教育及相关记录等

证件带齐，填表登记，随后学校办公室就会给家长很多资料，包括各种注意事项和要求、学校的课程表、作息时间表、家长教师交流会的时间表、校车接送时间表和地点以及学生的午餐时间和菜单等。如果你的孩子英语很熟练，可直接编入正规班，对于母语非英语的学生，新移民的孩子入学时往往会有语言困难，学校开设了 ESL（英语作为第二语言）的专门班，由专职教师提供培训。这个班主要

是为了集中补习英语，同时兼顾其它课程的学习。有的孩子通过几个月的过渡，就插班到自己应该就读的班级。也有的学生接受比较长的特殊课程。一般孩子的语言适应能力都比较强，作为家长不必太担心孩子入学后的语言问题。

学区

美国的公立学校是完全按照居住地址划分的。住在哪个学校的覆盖范围内，就上哪一所学校，不管您是自己买的房产还是租房。学校要看的不是您的房产证，而是您近期的电话账单或水电账单，这才能证明您确实住在这个地址。只要在该学区内居住，孩子就可以就近入学，不管您是什么身份，只要是学龄孩子，一概接收。但是如果您的居住地址不属于该学区，跨区入学是不允许的。

当然不同学区和学校的教学质量会有差别，有些人口少，房价高的学区学校教学质量相对高一些。因为教学经费除了由联邦政府统一拨款以外，还有一部分是由地方提供的。这部分是从当地居民交纳的房产税中抽取的。社区内房主每年交的房产税，税额是根据房价按一定的百分比征收的，房价高的税额也高。这些地区的教学经费就更多，从而学校的教学设施更好，教师的收入也就更高，相对的教学质量也更好。所以要想上好学校，就要住在好学区内，好学区里的房价地价自然也会随供求市场而水涨船高。对于重视教育的父母来说，总是尽可能地把学区放在选择住处的首位。没有能力购买可以租房，租不起大房就租小的公寓。

上课时间和学年制度

在美国，有时候孩子会走路上学。如果学校太远的话，可以搭校车。公立学校有免费校车可以搭。校车会在靠近您家附近的停靠站接送孩子。如果您想知道您的孩子是否可以搭校车，请联系当地的学校系统办事处。如果您有车子的话，也可以和您家附近的其他家长设立一个"汽车共乘"办法，大家彼此分担时间送孩子去上学。小学生上课时间一般是早上八点半到下午两点半，学校提供免费早餐和丰盛的午餐。下午放学后为了方便家长接送，学校一般都设有课后兴趣班，时间是两点半至六点，学生放学后可以留在学校参加兴趣班，有老师陪护，是收费服务。与课程一样，学年制度也依学校而异，学校可能八月中或八月底开学，也有学校九月中才开学，通常在翌年五月中或六月底学年结束。但十二月、一月的假期较短，仅有一至两周的假期。

TIPS: 联邦政府为学校儿童提供的低费或免费的餐点计划，若需更多有关这些计划的资讯，请查询"美国农业部"的网站，http://www.fns.usda.gov/cnd

小学成绩评估

老师会根据孩子在学年度中的功课表现来打分数。分数通常会以家庭作业、测验、出席、以及教室行为为基础来评定的。一年当中，您会收到几次"报告卡"。这个报告卡（成绩单）会让您知道孩子在每个科目的表现。学校帮学生评分的方式有好几种。有些会用字母评分，A 或 A+是表现优异，D 或 F 表示功课做得不好或没有通过。另外也有学校使用数字来打成绩。还有学校会用"Excellent"（优异）、"Good"（很好）或"Needs improvement"（需要改进）这些字来摘要说明您的孩子的表现。请向学校人员询问学校是怎样给学生打成绩的。

为了对孩子的教育发挥积极作用，家长需要了解孩子的学校，其中包括学习分数的评定和测试系统以及学校的政策等。家长现在大多可以通过互联网浏览学校系统和资源，并与子女的老师交流，经常了解孩子的学业方面的进展和有关建议，以在家里更好地支持孩子的学习。大部分的学校都有定期举办家长会议，让您与孩子的老师会面沟通。您也可以另外安排时间与老师或教务人员见面讨论孩子在学校的情况。一般的公立和私立学校都有"家长教师会"（PTA）或"家长教师组织"（PTO）。这些团体可帮助家长了解孩子的学校的情况以及如何参与学校的活动。任何人都可以参加，即使是祖父母也可以。另外 PTA/PTO 还以赞助特殊活动以及提供义工协助教室活动的方式来支持学校。即使您不太会讲英文也一样可以参与。许多学校还专为那些英文沟通能力有限的家长提供资讯。

虽然学校的教科书多为免费，但是有些作业本和学习用具需要自己买，例如铅笔、橡皮、活页夹、计算器等学习用具。虽然学校老师可能会推荐具体品牌，规格，数量等，但即使家长没有拿到具体的要求列表，仍然可以按以下我们推荐的基本的小学校上课和写作业所需的用品，为孩子做好上学的准备。暑假里各大超市还会有学校用品减价销售的活动，以节省资金。需要准备的有：2 号铅笔（6 个或以上）、彩色铅笔（1 盒）、水性彩笔（1 盒）、蜡笔（2 盒）、橡皮（2 块）、直尺（1 个）、圆珠笔（2 个）、卷笔刀（1 个）、胶棒（3 至 10 个）、透明胶带（1 卷）、订书机（1 个）、钝剪刀（1 个）、带口袋的文件夹（2 个）、宽格笔记本 70 页（2 本）、铅笔盒（1 个）、书包（1 个）等等。

美国小学的学习网站推荐：
http://www.ascd.org
http://www.classroomconnect.net
http://www.compasslearning.com
http://www.thinkbox.com
…

7.3 中学教育，高考

中学教育（Secondary School）又细分为初级中学（Middle School）和高级中学（High School）。美国中学一般是初中 3 年和高中 4 年，这类中学设有为升学做准备的学术课程、为就业做准备的职业课程和学习基础知识的普通课程。而有些学校会将 8 年级也编入高中阶段。有些学校的中学只有四年，这意味着该学区的小学实行的是八年制。无论如何分类，都保证学生有 12 年的义务教育时间。

初级中学

与小学一样，美国中学也分有公立中学，教会私立中学和非教会私立中学。初中课程以综合基础课为主，高中课程则具有较高学术性。没有全国统一的课程设置和教材。各学科教材均由学校和任课老师选定。但各州及各校的课程都必须使学生保持身心健康，掌握学习的基本技能，培养一定的道德品质。

美国的小学生毕业后便可以直接升入他们所在区的初级中学。初中的课程大致为数学、英文、科学（理化及自然等的综合课程）、社会科学（历史、地理及人文等的综合课程）、法文。另外的工业艺术、木工、军事、美术，每科仅修半学期。还有部分学时的选修课：外语、职业等。美国很多学校中设有 GT 班（Gifted and Talented Program），类似中国的重点班。GT 班与普通班主要区别在教学方法和对学生要求上有所不同。课堂讲授大都以学生为中心展开，方式多为讨论，教师、学生相互提问，共同探讨。课外作业及考试内容，除了试题外，还要求学生撰写论文。这种教学模式提倡学生独立思考，鼓励学生提出个人见解。

高级中学

从 9 年至 12 年级，是美国的高中学习阶段。美国学生从初中升入高中没有入学考试，但需要看平均成绩。美国高中不分文科、理科，而采用学分制。高中课程分为必修课和选修课，涉及的科目非常广泛。必修课有数学、英文、物理、化学、历史等，选修课非常丰富，电讯、交通、工业、农业、水利、建筑、驾驶、商业、时装、食品、环境、经济、法律、文秘、外语、家政、航运、维修等领域，凡是学生感兴趣或有择业需要的内容，都有相应的课程可供选择。

美国的高中教育强调学生获取知识的均衡性、多样性及基础性。英语和数学是两门最基础也是最重要的课程，基本贯穿在整个高中教育的全过程。学生要进入大学，基本要求是在高中 4 年内至少要修 4 年的英语课程、3 年的数学课程、1 年的社会学课程（美国政府、美国历史）、一年的科学课程（物理、化学及试验课）、2 年的外语课程、一年的艺术课程（音乐、舞蹈、戏剧和器乐演奏），除以上课程外，还要考察学生 3 年内的选修课课程。

学生在完成必修和自选的课程外，可以按照自己的能力和兴趣选修大学预备课程，也就是 AP 课程（可以抵扣大学学分），从而为进入美国一流高校打下坚实的基础。AP 课程全称为高级课程班（Advanced Placement），是由美国大学委员会（CEEB）在美国高中设立的一个教育项目。旨在为有能力的高中生提供机会，允许他们在高中时期提前选修大学水平的课程，从而学更多的知识，并为上大学做更好的准备。

在美国 AP 课程有 19 个学科和 34 门课程，如微积分、物理、化学、经济、英文写作、文学、环境科学、美国政治与政府、美国历史、欧洲历史等等，课程包括范围很广，每个科目课程学习一年，学生可根据学校规定和自身能力选修一门或多门课程。如果 AP 课程考试成绩好，有可能直接申请大学学分，这是参加 AP 课程一个最直接的好处。AP 考试成绩被大学承认得越多，获得的学分就越多，学生就有更多的时间选修大学其他课程，有可能提前完成学业，甚至大学期间可以完成双学位。在美国，像哈佛、普林斯顿、耶鲁、麻省理工等名牌大学，都很看重申请学生的 AP 成绩。所以高中学生可以拿大学的学分，上大学后可以学更多的课程还可以省一些大学学费。

考试成绩评估

学生必须通过所有的必修课程才能毕业。学生会在每学期结束后得知每堂课的成绩。每所中学所举办的考试都不太一样、且亦会因课程不同而有不同的方试。老师给学生成绩评量的方法如下：

- A=Excellent
- B=Good
- C=Average
- D=Poor

- F=Failing
- P=Passing
- X=Excused
- I=Incomplete
- WP=Withdrew Passing（退学通知）
- WF=Withdrew Failing（失败退学）

学生中学 GPA 成绩（High school grade point average GPA）代表学生的学年总成绩平均表现。GPA，就是 Grade Point Average，学业平均成绩。A=4, B=3, C=2, D=1, F=0，每门课的各个任课老师给出学年成绩后，学校把整个高中的所有科目的成绩都平均起来，得到的值。一般美国采用之计分法如下：

- A=4 点（90-100）
- B=3 点（80-89）
- C=2 点（70-79）
- D=1 点（60-69）
- F=0 点（0-59）

学年制度

与课程一样，学年制度也依学校而异，学校可能八月中或八月底开学，也有学校九月中才开学，通常在翌年五月中或六月底学年结束。通常一年三个学期：9 月初－12 月中旬；1 月初－3 月初；3 月下旬－6 月初。4 个假期：感恩节，圣诞节，春假和暑假。

美国的<<新闻周刊>>每两年评选一次全美国最好的高中,标准是学生选修 Advanced Placement(AP)和 International Baccalaureate(IB)的平均数量。您可以参考网址：
http://www.thedailybeast.com/newsweek.html

下面是一些外部链接和供你搜索学校的网站：
http://www.ed.gov/
http://nces.ed.gov/
http://www.privateschoolreview.com

http://www.boardingschoolreview.com
...

美国的高考

完成高中学业后，美国学生可以选择进入大学学习。美国高中生要进入大学，全国性的考试主要为两类，一是 SAT(Scholastic Assessment Tests)考试，二是 ACT(American College Tests）考试。这两种考试的成绩都被各大学所接受，学生选那一种考试都可以，目前美国绝大部分高中生是参加 SAT 考试，其考试内容主要涵盖英文和数学再加上写作。与中国高考不同的是，美国高中生可以在进入高中后的任何一年参加考试 SAT 或 ACT 考试，如果成绩不理想可以多次参加考试。但是（SAT 或 ACT 考试）并不是高中生进入大学或名牌大学唯一的通行证，大学录取学生时需要考虑的因素有：学生的学业平均成绩、SAT 或 ACT 考试成绩、社区服务表现、领导才能、个人的才艺（如音乐、体育才能等）、推荐信和自荐信等，有的大学还会安排面试。

虽然不同的学生有不同的学习方式和应考方法，在这里笔者给出一些方法有效地帮助学生准备 PSAT /SAT/ACT 考试：

- 记住 SAT/ACT 考试中最常见的 100 个单词和定义
- 记住重要的公式和数字
- 复习和总结语法规则，请参考最好的英语语法应试书
- 复习重要的数学概念
- 复习 ACT 考试所覆盖的科学科目的重要概念
- 在 10 年级和 11 年级里尽量选修有难度的课程
- 定期阅读，提高词汇量
- 尽量多做考试练习题，请用推荐的练习考题

申请 SATII 考试网站 : www.collegeboard.com

7.4 大学教育

高中毕业后，学生可以选择进入两年制或四年制的学院或大学继续学习。这些学校叫做"后中等教育学院"或"高等教育学院"，是公立和私立的高等教育机构。年青人也可以选择学习特殊技能的学校，例如电脑维修和医疗。进入高等教育的学生可选择深入学习某些特定的科目(这个科目就是他们的"主修")。美国有超过近 4000 所公立或私立高等学府可供选择。

公立大学

公立大学是国家组建的大学，国家提供部分资金建设。公立大学的优势是：第一，公立大学捐赠基金众多，图书馆藏书丰富，师资队伍雄厚。第二，公立大学的学科门类齐全，优势学科突出，在全美都有很高的学术地位。

两年制公立大学主要指社区学院（Community College, Junior College or Technical College），除了服务于技能提高、继续教育和职业培训外，读完后可以获得准学士学位（Associated Degree），然后升入四年制大学继续读两年后获得学士学位。选择在社区大学读前两年既有优点，也有缺点，例如入学要求低、学费低，但师资力量和学生素质也相对较低，且不提供校内住宿等。在四年制公立大学中，又可分综合大学（Comprehensive University）和文理学院（College of Liberal Arts and Sciences）。在综合性大学里，又可以分为国家级大学（National University）、硕士级大学（Master's University）和本科级大学（Baccalaureate University）。

私立大学

美国私立大学的历史远比公立大学悠久。美国私立大学的"私立"主要是经费来源及与政府的关系不同于公立大学。在经费来源方面，私立大学的办学经费来自于政府支持比公立大学少一些。与政府关系方面，与公立大学相比，较少受政府所控制。在学校管理体制、人才培养与科学研究及为社会服务等方面，与公立大学无异。总之，美国私立大学的"私立"二字并不等于是私人所有，也不是以营利为目的的私人经营，而是具有公益性质的非营利机构。

在美国，很多私立学校都是名牌学校，这种情况在大学中尤其显著。传统学校与名牌学校中的多数是私立学校，列入著名大学排行榜中的很多大学都是私立学校。例如加利福尼亚州就有斯坦福大学、加州理工学院、南加州大学和波莫纳学院等名校。这也是美国大学的一大特色。私立大学往往规模不是很大。大体上同样可分为三种类型：研究型大学、文理学院和城市学院。研究型大学提供了更优质的教育，文理学院提供了多样化教育机会选择，大的城市学院和郊区学院则提供了更多的高等教育机会。私立大学由于资金不依赖于所在的州，所以学费一视同仁，录取也不受州内外的影响。

入学申请

一般来说美国大学有两种类型的早期入学申请方式：早期决定（Early Decision）和早期行动（Early Action）。这两种大学的申请方式都比正常入学申请日期早，并能在较早的时候拿到录取与否的通知。单项选择早期行动（Single Choice Early Action）是早期行动的特殊方式。有时学生提早申请的话，会比通过正常入学申请被录取的机会更高。

美国大学本科与研究生的申请步骤基本上是类似的。主要有以下几个步骤：

1. 参加标准化考试

来美国读本科的标准化考试包括两部分：一是 TOEFL，二是 SAT 考试。其中托福是必考的，也有部分学校可以接受雅思成绩以替代托福成绩。对于排名前五十的学校，如果中国学生没有参加 SAT 考试，则一般不容易被录取。因为和你竞争这些名额的学生大多都会参加 SAT 考试。

美国本科申请对于学生的语言水平要求高。本科教育要学大量的课程，同学间交流也更频繁，更广泛，如果没有良好的英语语言基础是很难适应美国的学习和生活的。美国一般学校对托福的要求大概在80-89 之间。如果是名校的话，应该在 90 以上。SAT 考试是 Scholastic Assessment Test 的缩写，是美国高中生进入美国大学所必须参加的考试，其重要性相当于中国的高考，也是世界各国高中生申请进入美国名校学习能否被录取及能否得到奖学金的重要参考。

去美国读研究生或博士的标准化考试也包括两部分：一是 TOEFL，二是根据不同专业的专科考试工科的 GRE，商科的 GMAT 以及法律的 LSAT。

2.准备申请材料

有了以上所述的 TOEFL 等成绩，申请者只是具备了申请美国大学入学许可和奖学金的一个基本条件。为了完成申请，申请者还需要提交下列材料：

学习成绩（GPA）

申请者一般需要向所申请的大学提供高中的成绩单，要有中、英文两份，各自加盖学校的公章。高中或者大学的成绩一般平均分在 80 分以上，对申请者来说就够用了。美国的学习成绩一般按照满分 4.0 折算，中国学生只需要提供学校出具的原始成绩单即可。

推荐信

申请者一般需要提供 3 封英文的推荐信。也有的学校只要求提供 2 封即可。根据中国学生的实际情况，对于高中生可以找班主任、年级组长或校领导来写，最好能够拿到校长的推荐信。对于本科生可以找自己的导师或专业任课老师来写推荐信。但这 2-3 个推荐人都必须和申请者之间确实有过联系。

个人陈述（Essay）

美国大学一般都要求申请者提供一至数篇的个人陈述。这些材料是申请入学许可和奖学金的重要文件。写作 Essay 的总原则就是一定要围绕自己的特点来写，因为美国大学希望通过 Essay 了解到的是申请者的具体情况。因此，申请者就要写出自己有哪些与众不同的特点。另外，还要根据美国大学的具体要求严格控制每篇 Essay 的字数。

读书计划

有些学校不需要读书计划，而一些学校中的 Essay 实际上就是读书计划。更多的是研究生申请的时候学校会要求写的。但如果本科学生能够写出一篇很有深度的读书计划，自然对申请能够有帮助。

个人简历

个人简历是申请奖学金资助中必不可少的一项材料。申请大学入学与奖学金资助，要准备一份合适的个人简历。个人简历就好像一个人的经历提纲一样，使审阅人很快对申请人有一个认识的框架，然后会根据推荐信、读书计划以及其他材料再进一步了解申请人各方面具体情况。个人简历的最大特点就是有很强的针对性，一个人可以根据不同的需要和申请目的有十几份甚至几十份不同的简历，申请奖学金资助的个人简历就要专门为申请奖学金资助来写，包括一切有利于申请奖学金的各项内容。

其他证明材料

申请者还应提交其他能够充分证明自己才能的文件。特别是如果申请者在国际级的竞赛中得过奖，将大大增加被录取和授予奖学金的机会。对于本科生来说如果有在专业期刊发表过论文，也会得到很大的加分。

学校提供的申请表格

在与学校联系之后，学校便会寄来录取申请表，奖学金申请表、财力证明表等表格让申请人填好后再寄回学校。录取申请表的内容会涉及申请人姓名、地址、国籍、出生日期，在申请前就读的大专以上学校名称及学习专业、学历推荐人姓名与联系地址，英语考试（TOEFL，GRE）的参加时间及分数，在校期间受过的各种荣誉及奖励，工作经验，如发表过论文或出版过书籍则列明论文与书籍的名称与发表、出版地点。

填写录取申请表时应按照情况填写，其中"获得各种荣誉及奖励"一栏与"工作经验"一栏要尽可能写得齐全。在填写内容上应尽量把有利于自己申请奖学金资助的各种经历和奖励都填写上，必要时还应附带寄上一些证明性文件的复印件，增强其说服力。奖学金资助申请表有很多种，不同类型的奖学金资助会有不同的表格需要填写，但其内容大致与录取申请表相同。有的学校要求奖学金资助的专门推荐信，这些材料都应准备好。申请者需要按照不同学校的要求填写该校统一格式的申请表格。表格可以在网上填写，完成后直接提交即可。如果是通过学校网站申请，还要准备好信用卡，在网上交纳申请费用。

3. 寄送材料和成绩

将以上文件准备妥当之后，寄送到学校。注意材料的寄送日期必须是在截至日之前，对于 TOEFL 等成绩的寄送，由于需要通过 ETS 寄送（学校不承认学生自己寄送的 TOEFL 等成绩），而 ETS 寄送材料往往要花一个多月的时间，因此这些成绩可以晚于申请截至日到达学校。

4. 和学校联络，看是否需要补充材料

学校在审查学生材料之时，有可能会让学生提供其他的一部分材料，因此要注意多向学校询问自己的录取情况，一方面能够让学校知道自己是很重视这个学校，另一方面也能够防范万一学校审查的过程中由于一些原因而导致你寄送的部分材料丢失，而无人通知你补充寄送。

我们就碰到过将申请文件寄送给学校，同时也显示已经有人签收，但最终学校还是无法找到该文件，最后还得再补充寄送一份。

5. 学校是否需要面试

美国名校一般都会要求学生参加电话或者直接的面对面交流。实际上就是一种面试。因为学生所有提交的东西都是书面材料，学校为了衡量学生是否真正优秀，会给学生打电话进行一次面试。

6. 等待录取，索要 I-20 表，准备签证

在做完以上步骤之后，你的申请就告一段落。此时，当你收到某所大学的录取通知书之后，会让你填写一些住宿以及个人健康等表格，同时还有一份谁来资助你学习的证明表格以及证明文件。将这些表格填完之后，寄送回学校，学校就会将用于签证的 I-20 发给学生，你就可以开始按照美国大使馆的要求准备 F-1 学生签证了。

TIPS: 申请大学的步骤，建议使用 Excel 电子表格来跟踪你的大学申请状况，其中包括高考考试成绩，高中成绩单，简历，推荐信等。写上重要的申请截止日期，包括递交申请表，申请奖学金/助学金，教师推荐信等。祝你进入理想的大学！

美国大学学制

一般而言，美国大学本科学士学位四年，120－180 个学分，每门课程约 2－4 个学分；硕士学位 2 年，约 40 个学分，每门课程约 3 个学分，很多学校可以提供 5 年的本、硕连读。全日制学生本科一学期最少修 12 个学分，研究生最少修 9 个学分，美国要求一年至少修 2 个学期，也就是本科一年最少 24 个学分，研究生 18 个学分。

只要完成规定学分，考试合格就可以毕业。美国大学都是按学分收取学费，所以提前毕业不能节约学费，但可以节约吃住费用和时间。与学分制配套的是，美国大学入学时间具有弹性，可在一、六、七、九月申请办理入学手续，但因为假期最长的是暑假和圣诞节假（也可视

为寒假），因此最常见的是秋季入学和春季入学。不过，不同学校可根据诸如课程设置之类的具体情况有所区别，这些在申请美国大学的网站上都可以查到。

学校对学生没有严格的年级与班级划分，一般按照所修学分数决定所属年级。24 学分为一年级，25～55 学分为二年级，56～89 学分为三年级，90 学分或以上为四年级。

此外，美国大学的教学计划也富有弹性，学生可以根据自己的兴趣、能力水平等安排个人的学习计划，即允许学习有困难的学生延长毕业年限，也允许学生提前毕业。只要修满规定的最低毕业学分，不明确规定修业年限。通常本科生在校期间必须修满 120～180 学分，每学分至少要修 16 周（包括课内与课外作业时间）。学校还规定了学生每学期应修的学分数不得少于 12 学分。如超过 17 学分，则需多交费用。通过以上规定，学校可将学生在校年限基本控制为3～5 年。

美国大学的基本开销

在美读书期间有关开销通常由以下几步部分组成：

1. 学费和杂费（Tuition and Fees）

美国大学的收费标准差别较大，通常说来，社区学院（两年制学院）的学费在每年 3000 至 10000 美元不等。公立大学的收费一般低于私立大学。每年约为 11000-25000 美元。私立大学的学费差异非常大：一些中部地区的小型四年制大学学费约为每年为 10000 美元左右，而大城市及著名的私立院校的学费则大约为每年 25000 至 30000 美元。值得注意的是学费的高低或学校的规模与教育质量并无直接的关系。研究生阶段学费较本科阶段有所增加。一些专业学院，如商学院、法学院、医学院、工程学院等均较为昂贵，学费大约在每年 28000 至 35000 美元不等。除学费之外，学校还要收取各种各样的杂费，这些费用通常在到校时就要支付，例如医疗健康费，学生证费，宿舍钥匙押金，图书馆费等等。

2011－2012 学年美国排名前十大学的国际本科学生的学费：

1. 哈佛大学 Harvard University..$36,000 - $38,000
2. 麻省理工大学 Massachusetts Institute of Technology..$40,000 - $ 42,000
3. 耶鲁大学 Yale University..$32,000 -$34,000
4. 芝加哥大学 University of Chicago..$42,000 - $44,000
5. 宾夕法尼亚大学 University of Pennsylvania..$26,000 - $28,000
6. 哥伦比亚大学 Columbia University..$ 38,000 - $40,000
7. 斯坦福大学 Stanford University..$38,000 - $40,000
8. 加州理工大学 California Institute of Technology..$36,000 - $38,000
9. 普林斯顿大学 Princeton University..$38,000 - $40,000
10. 密西根大学 University of Michigan..$36,000 - $38,000

http://www.university-list.net/meiguo/paiming/dx-20130011.html

TIPS: 美国公立大学在收取学费时对所在州居民有大幅度的优惠，有时本州居民的学费仅是外州居民和国际学生的一半。这也是很多美国学生选择本州公立大学的原因。您需要提供相应的证明材料证明自己是本州的居民，例如本州的驾照，有的州会要求申请人至少在本州居住了一年以上。

2. 住宿费和伙食费（Room and Board）

无论去读哪种类型的学院，住房和伙食费用根据学校及其所在地区的不同，大约为每年 6000 至 11000 美元不等。美国城市按照生活指数分为四级：第 1 级指美国特大城市，其生活费为 USD1000-2000／月。第 2 级指美国大城市，其生活费为 USD800-1000／月。第 3 级指美国南部、中西部、东南部州,其生活费为 USD600-800／月。第 4 级俄克拉何马州、密苏里州等，其生活费为 USD450-600／月。

3. 书本和学习用品费（Books and Supplies）

在美国购买一本新的教科书是非常昂贵的，一本新书通常需要 50-100 美金。很多学生都会选择购买二手书或者在网上买书。一般学校书店也会提供二手的教科书，价格依据书本的成色和版本的新旧而定。笔者常用的两个网站是：

http://www.amazon.com/
http://www.half.ebay.com/

4. 医疗保险（**Medical Insurance**）

每年支付的保险费约为 150 至 1000 美元不等。所有国际学生必须购买医疗保险，通常学校会为学生代购医疗保险，但学生亦可自选一家保险公司来降低花销，只要投保金额能满足州政府的最低保险额的要求。

5. 个人开销（**Personal Expenses**）

个人开销也应列入财务预算之内，即便它不属于学校的费用。个人开销包括如下项目：购买或租借汽车、车辆保险、汽油费、衣物、个人卫生用品、娱乐消遣等等，一般学校对国际学生在个人开销的财务预算是 1000 美金。

美国大学研究生奖学金的种类

美国高校的奖学金分为非服务性奖学金（**Non-Service Scholarship**）、服务性奖学金（**Service Assistantship**）和学校贷款（**Loan**）三种。

非服务性奖学金

申请比率最大且金额也最多。它包括学院助学金（**Fellowship**）、奖学金（**Scholarship**）、全免学杂费（**Tuition & Fee Waiver**）以及其他一些学院本身而定的奖励（**Awards**）。这种 Awards 不同学院在金额和数量上有很大差别。

学院助学金是金额最高，但竞争最激烈的非服务性奖学金，一般情况下如果获得一所学院授予的助学金，便是获得了全奖，即除了免学费杂费、住宿费、保险费、书本费以外，还给获奖学生一定金额作为其个人消费费用（Personal Expenses）。助学金在申请过程中竞争尤其激烈，一般除了要求较高的 TOEFL、GRE 或 GMAT 成绩外，还要有较好的国内学校成绩单、GPA、推荐信和读书计划（Personal statement），这些材料的准备要十分注意技巧，做到与众不同才能顺利地拿到全额奖学金。

服务性奖学金

包含助教金（Teaching Assistantship, TA）和助研金（Research Assistantship, RA)两种。这种奖学金一般颁发给研究生、博士生，本科学生在少数学院会获得助研金，但比率相对很小。此类奖学金供给学生一定数额的现金或者按月给津贴，并在大多数学院同时免学杂费，但要求获得此类资助者每周担任 12-20 小时的辅助教学或研究工作。获奖者多数都是以拿到这两种服务性薪金的一种来获得全奖的。

绝大多数的美国高校研究生院都设置这两种资助。助教金一般要求学生有很强的英语能力尤其是英语口语，不同学校要求各有不同，好的大学通常要求 TOEFL100 分以上，口语 23 分以上，这种奖学金一般由院系提供。助研金则要求学生有一定的科研能力并且由教授通过自己的科研项目提供奖学金。

学校贷款（Student Loans）

联邦政府学生贷款是学生最容易获得和承受的贷款资源。联邦政府的学生贷款计划提供了补贴利息、延迟支付的贷款，借款人可以在毕业后偿还贷款。仅在借款人开始偿还贷款后，贷款利息才开始累加。要申请学生贷款，学生必须填写相应的申请表格，证明其贷款需要。大多数学生会选择10年内还清贷款。此类奖学金一般只提供给美国本国学生，但并不绝对。

更多关于学生贷款的信息，请查询相关网站，https://studentloans.gov

此外，留学生在美国校园内还有很多可以节省学习和生活费用的机会，例如宿舍助理，从事这项工作可以得到免费住宿；研究生助理，从事零碎的行政辅助和文书工作；成绩评改员，主要帮助教授审阅考卷及评分；勤工俭学，主要在校内图书馆、电脑中心、校内餐厅做小时工，从中得到一定收入；暑期临时工；外籍学生意外事件或医疗补助。

同时美国校内奖学金，还有一些社会团体设立的多种形式的奖学金，有些是基金会、企业、公司、工厂或私人捐助给学院的，这类奖学金有几十万种，金额从 500 美元到十几万美元不等。

美国大学的学习生活

笔者对美国大学的第一印象或许是自由与开放。的确，为了满足学生的学习兴趣和专长，美国大学在专业和课程选择上给予学生很大的自由，这是美国大学成功的一个重要原因。但是美国大学绝不是对学生放任自流，相反，学校在教学管理方面非常严格。因此，大学学习生活非常紧张，丝毫没有轻松的感觉。

课程学习

学生参加每节课堂学习，需要完成三个环节。一是课前的大量阅读。由于课堂上教师不是满堂讲授知识，而是以互动讨论式教学为主，老师在结束一堂课前都要为下一节课布置大量的阅读文献。通常课程的阅读量很大，人文、社科类课程更是如此。即使是理工类，也有大量文章、文献和参考书需要课前阅读。研究生的课程学习阅读量要求更大，往往压得学生喘不过气来，有时一次课要求的阅读量就是几百页。二是参与课堂讨论。课前阅读为课堂讨论提供了必要的知识基础。学生在课堂上必须全神贯注，积极参与讨论或辩论，不时应对老师在课堂上提出的问题。三是，完成课后作业。学生需要对阅读和课堂讨论后的所思所想以论文的形式写出来，重点是发表自己不同的观点。此外，课后作业还包括做题，提交各种研究性方案，也包括很多动手实践的作业。因此，学生要选修一门课程要花大量的时间，这样学生每学期选课的数量一般都在 3-4 门，即使如此学生也感到非常紧张。学生要想拿到一门课程的学分并非易事，而通常学生们都是要争取更好的成绩，所以大多数学生学习十分用功。这样的课程学习要求，不仅扩大了学生的知识面，培养了口头表达和书面表达的能力，而且也有助于培养学生的自主学习能力和独立思考能力。

考试测验

为了保证教学质量，美国大学对学生的学习效果的考核非常严格，并且注重对学习全过程的考核。美国大学不仅有期中和期末考试，课堂平常的小测验也不少。这些测验的成绩占学生整个成绩考核的一部分，其目的就是促进平时的学习，注重学习的过程，而不仅仅是最后的成绩和分数。此外，即使是平时的作业，学生也认真对待。因为教师对平时的作业也要认真评阅与打分，也作为整个课程成绩的一部分。这种对学生进行全过程的考核，促使其必须认真对待每个教学环节，从而保证了教学的效果。

课外实践活动

为了加强学生的社会实践能力，美国大学非常重视学生的课外活动。在社会实践方面，美国大学很普遍的做法是组织大学生参与所在社区的志愿者服务活动，尤其是以学术为基础的社区服务活动。例如，宾夕法尼亚大学的教授们设计了一些课程，使大学生们通过参与社区服务活动，既能够学习和运用学术领域的知识，又能够服务社会、树立形象、锻炼能力。大学的教学管理部门也从制度安排上要求和支持大学生参与社区服务，设置了专门的社区服务学分。在美国的研究型大学，本科生大都要参加在教师指导下的科研活动，也是课外学习实践的重要内容之一。此外，大学生还积极参与大学的管理。在学校管理方面，学校董事会里有学生代表的董事席位。在学生管理与服务方面，各高校的"学生事务办公室"都聘有一批高年级学生作为学生工作助理住进新生公寓，协助校方开展学生工作。另外，大学生还参加各类学术、体育等社团组织，参与校园文化活动。

勤工助学

由于美国大学，特别是名牌大学的学费昂贵，而且近年来在不断上涨，许多学生家庭都面临学费上涨的压力。因此，学生通过勤工助学来获取一定的经济收入是一个很普遍的现象。学校为学生提供了不少的勤工助学岗位，比如在图书馆编目、还借图书、图书咨询服务，担任校内导游（学校招生部门每天都要接待学生家长的咨询，工作量很大，学生导游负责参观校园和回答有关问题），研究生担任助教和助研等。勤工助学不仅解决了学生经济上的困难，而且也锻炼了他们的社会实践能力。

由此可见，美国大学学习生活的确不轻松。虽然学生的学习选择比较自由，但是从课堂学习到课外活动的要求都非常严格，学生必须特别努力才能达到教学和毕业要求。想轻松获得美国大学，特别是名牌大学的学位几乎是不可能的。这样既自由而又严格的教学管理制度，对学生的学习能力、创新能力和实践能力的培养都是非常有益的。

7.5 毕业求职

在美国这样的商业社会，高等教育一直以来就是一种理性的投资。美国的就业市场完全是受商品经济规律调控的。一来，中学毕业、本科、硕士生的市场需求量远远比博士大得多；二来美国雇员起薪标准是按学历拉开档次的，为使投入成本最小化，雇主绝对不会聘用大学生去做高中生就能担任的工作，凡是本科生能干的工作绝不用硕士，硕士无法胜任的才聘用博士。所以笔者希望您在安排自己的学习计划时，不要盲目的追求高学历，而是应该结合市场的需要和自己的兴趣爱好。

在美国找工作，工作经验是最重要的。大部分公司尤其是小公司，不愿意出钱培养刚出校门的"新人"，所以美国大学生在校读书期间，会争取参加实习，寒暑假期间去校外打工，不放弃任何一个增长资历的机会。因为这些经历都有助于丰富自己的简历，为毕业后寻找正式工作做准备。

找工作的资源

1．人际关系网络。根据统计，在美国通过此途径而顺利就业的比例最高。常说美国人不讲人情，这是一个偏见。美国人在工作中都很职业化，不徇私情，这是事实，但美国人也非常注意交流与交际，即平时结识各式各样的朋友，关系网撒得越开，得到的就业信息就越多，广种薄收，也越容易获得好的工作机会。所以对于来美留学的中国人来说，和你的师哥师姐保持良好的互动关系是非常必要的。

2．实习 Internship/Externship。美国的学校一般都设有实习课程，这是一种非常有效的求职途径。由于大多数的毕业生缺乏工作经验，这在找工作时非常不利。而通过实习，学生不但可将所学的知识与实际操作紧密结合起来，而且可增加履历表上的资历。同时，在找寻实习机会的过程中，也可学到一些求职的技巧。事实上，许多毕业生在实习中，以其勤奋的工作态度和优异的表现，给雇主留下了良好印象，从而被录用为正式员工，这样的例子屡见不鲜。

3．就业座谈及各种会议。美国高校每年都会举办大型的招聘会（Job Fair），许多大公司均会参加，收集毕业生的履历表。此外，还有各种形式的就业座谈会可以参加。

4．专业团体与工商业团体。这些团体每年会定期举办各种专业人士交流活动，参加此类活动能获得许多就业信息。此外各类同学会、校友会与非营利团体的社交活动也值得一试，以便拓展自己的人际关系圈，拓宽就业渠道。

5．电脑网络。网络作为21世纪的求职新工具，其作用不可忽视。在互联网上有上百上千的招聘求职网站，登陆大型招聘网站，让你的简历被更多的招聘者看到，同时你也有机会看到更加多的工作。美国有几个相当有名的求职网站，下面就列出一些：

www.job.com，全美十大求职网站
www.governmentJobs.com，专门提供政府工作的网站
www.localjobs.com，专门针对想在当地找工作的人群
www.snagajob.com，专门提供小时工和兼职信息
比较大众的还有：
www.monster.com
www.careerbuilder.com
www.Jobonline.com
……

6．报刊杂志的招聘启事。专业性的报刊杂志针对性最强，如各地的法律日报、电机资讯工程杂志，以及各类专业团体出的刊物等。大报、区域性的地方报纸等，也有专门的招聘广告。此外，商业新闻中也常藏有许多讯息。例如某公司拿到了新的工程或计划、某公司正在扩展，甚至是一些公司内部的人事升迁与调动等，这些信息都透露了公司可能雇用新人。

7．图书馆。这是个宝贵而便利的资讯集中地。图书馆里有许多美国公司的详细资料，用商业及工业公司资讯分类表便可搜索到，其中有的书籍教你如何设计履历表、如何建立人际关系网、面试技巧等方面的求职指南等。此外，各种的手册、年鉴、名人录，还可进一步提供联系人的地址、电话等信息，以便求职者投递履历表。有些图书馆还提供电脑求职就业资讯服务。电脑系统将为求职者提供有关政府职业考试、劳工市场、职业教育及训练服务、社区服务指南等资料。各地图书馆因规模不同，提供的就业辅导服务也有很大的差异。有些只提供职业资讯查询服务，而有些则设有教育与就业中心，提供履历表评估及就业顾问服务。

8．有线电视。美国的一些有线电视中设有就业频道，里面有大量的职业信息。

9．学校国际就业中心。如果想寻找国际性工作，可去各大学的国际就业中心了解情况，因为学校与外界有着千丝万缕的联系，那里介绍

的公司都是认可你所在学校的公司。一般而言，国际性工作中教育及学术研究方面的工作机会也相对较多些。

如何进行面试

简历（Resume）

美国人非常重视简历，因为这是找工作时给人的第一印象，未见其人，先见简历。对于刚毕业的学生，简历以一页为好。如果是博士毕业找大学教师职位，则需要另附一至二页：著作清单及简介。简历要排版整洁、明了、美观，没有错别字。一般以工作经历和学历分门别类。最近的经历或最高的学历在前面，按时间顺序由后往前写。检验一份简历是否可行，可在报纸或网上精选出 10 个左右你自己认为适合你的工作机会，以最快的通讯方式，如电传、电子邮件（没办法才邮寄）送出你的简历。如果一周内接到 1－3 个以上的面谈电话，则说明这份简历已过关，否则需要修改。

简历写作不仅仅是一些写作技巧的问题，实际上它也是求职者自我推销，自我展示能力的体现。一份简历质量的高低在于它有效内容的多少、含金量的大小。在写作简历过程中，有的求职者不知道应该尽可能地向招聘者展示自己的能力，他们在写工作经验时，写得空泛而不具体，虚幻而不实在，如只写自己在某单位实习过，没有写明自己在实习或工作期间所从事的具体活动。这样一来，求职者就有可能自己埋没自己。因为招聘人员是根据你的具体工作判断你的能力，他一般不会在一份笼统的简历中为求职者挖掘能力。

简历中的 Cover Letter 只有一页纸，但却是展示自己的一个机会。Cover Letter 每个人的格式都可以不尽相同，但是一定要有一个收信人（你是写给谁看的），如果 Title 只写 Dear sir/madam，那有 90%的可能你的简历会被直接扔掉。内容方面，必须在紧扣 Job description and requirements 的前提下充分向对方展示你，主要通过三方面：一是你为什么对这份工作感兴趣？二是你为什么认为自己胜任这个工作？三是为什么公司要选择你？

推荐信（Reference Letter）

美国经学校推荐的毕业生，成功率通常高于其他渠道，所以教授的推荐信有很高的权威性。推荐人只有在了解你真正有能力胜任这份工作的情况下，才会帮你推荐，否则会影响他们的信誉。用人单位会面谈几个候选人，经过比较，觉得候选人的条件差不多时，会优先考虑有声望的推荐人的候选人。

外表与着装

美国人平时穿着非常随便，不拘小节，怎样舒服就怎样穿，但在求职面谈时，却一定要西装革履，庄重而严谨。如果说眼睛是心灵的窗户，牙齿则是生意场的敲门砖。在美国，需要经常面对公众开口讲话的行业，还有那些需要时常面带微笑的服务性行业，都在招聘启事上明明白白地写着："应聘者必须有一口漂亮、整齐的牙齿。"至于普通职业的招聘，虽然公司不会以牙齿健美作为衡量标准，但是如果你有一口整齐洁白的牙齿，在应聘时自然要比和条件相同却牙齿欠佳的竞争者占优势。而美国人从小为孩子矫正牙齿，就是希望她将来能顺利地找到一份好工作，由此也带动了牙医行业的蓬勃发展。

自信

"在面试中，你有七八分能力也要说成十分，否则工作就会被只有五六分能力的美国人抢走了。"这是谋职路上过来人对新手的告诫。求职面谈中，中华民族的传统美德－谦虚只会加速你的淘汰率。由于竞争激烈，每个应试者都应显示充分的自信，尽量给用人单位留下"这个位置非我莫属"的印象，即使这个职位的工作以前没做过，也要自信并使对方确信你能在短期内很快胜任这一职务。因为美国人认为适当的夸张不是吹牛，而是自信心的体现。

语言与沟通能力

优秀的沟通能力是很多美国的用人单位要求员工的基本素质之一。美国人十分重视沟通交往能力，在校期间就被要求作各种各样的口头演示，报告，参加各种各样的聚会，这样会有与各种职业、人种、教育程度、家庭背景、性格脾气的人交往的机会。所以你经常会看到在公交车上两个素不相识的乘客聊得热火朝天，马路上擦肩而过的行人言语投机，相见恨晚。而这一基本素质在你参加面试时会被要求有充分的表现。

公司在雇人时，对外国人的语言是有一定顾虑的。尤其是有的工作主要是与人打交道，外国人很难胜任。此外，用人单位主管或人事经理与求职者面谈，基本达成签约意向后，求职者往往被安排与部门老员工一一会谈，或是与老员工共同进餐。这也是整个面试的一个重要的组成部分，看似欢迎你加入新团体，实质目的在于考察你的人际沟通与合作意识。在此后，主管或经理往往会召开部门会议征求大家的意见，如果多数人对你在此方面的能力质疑乃至否定，那也意味着你前功尽弃，功亏一篑。总体来讲中国人的口语也不可能跟美国人，欧洲人，和印度人相比。但也不要气馁，但是我们智力上比他们强，在说话上也一定要大胆，美国人可以听懂你的英语，所以你所需要做的就是大胆的讲出你的见解！有效的表达自己和与他人交流是你找工作的最重要环节！

了解您的权利

雇主可能会要求与您见面来讨论职位的事。他们会询问您以前的工作经验和技能。您可以和朋友或家人练习问答一些和以前的工作经验与技能有关的问题，以做准备。您也可以向雇主问问题。面试是了解工作的好机会。面试期间，雇主会向您提出许多问题。但是，某些问题雇主不可以问。任何人都不应该问您的族裔、肤色、性别、婚姻状态、宗教信仰、来自哪个国家、年龄或您可能有的任何残障情况。许多联邦法律禁止雇主对寻找工作的人持歧视的态度。美国法律禁止因为以下的情况而持有歧视的态度：

- 族裔、肤色、宗教信仰、原居国
- 年龄
- 残障
- 性别

...

联邦法律规定，雇主不可因为您的移民身分而对您有所歧视。雇主不可以：

- 因为您的移民身分或您不是美国公民而拒绝雇用或解聘您
- 要求您出示"永久居民卡"、或拒绝承认您的合法工作文件
- 偏向于聘用非法劳工
- 因为您的国籍（或原居国）而歧视您
- 对任何针对上述歧视而提出抱怨的员工采取报复的行动

...

如果您需要更多信息，请查询美国平等雇佣委员会的网站：http://www.eeoc.gov/

第八章 身份、移民篇

在美国，很多人一谈到"身份"问题，就会严肃起来。是的，对于在美国的中国人有很多种不同的身份（Status）：商务、旅游身份，学生身份，短期工作身份，配偶身份，绿卡持有者身份，美国公民身份等等。如何保持自己的身份，如何转换身份，如何申请绿卡等等都是每一位在美国的中国人非常关心的问题。

这方面知识涉及面很广，具有很强的专业性，而且每个人的情况都不一样。笔者虽然来美国多年，自己的身份也转变过多次，但也不敢向广大读者胡乱介绍。本章节内容承蒙张哲瑞联合律师事务所提供原始材料和审阅修改。笔者本人的多次身份转换申请也都是由张哲瑞联合律师事务所的张大钦律师具体操作的。本章节后，有张哲瑞联合律师事务所的介绍和联系方式。

再次重申，您目前在美国的身份，将来如何调整身份，都和您本人关系密切，笔者希望您事先多了解相关的法律知识，处理时小心谨慎。本章节只是一个简单的介绍，并非专业律师意见，涉及到具体问题时，请首先咨询专业的移民律师。

8.1 主要非移民签证类型：F/B/J/K/L/O/H

F-1/F-2 类签证

F-1 签证是签发给在美国政府认可的全日制学校就读的外国学生的一种签证。这些学校可以是美国政府认可的大学、学院、专业学校、中小学校、技术或职业学校、语言学校等等。在这些学校就读的外国学生所进行的是较长时间的正式学习，目的是完成学校所规定的学业，取得学位、毕业证书或学历证明。

F-1 如何保持身份

近些年，随着中国经济的迅速发展，来美国求学的中国学生越来越多。中国留学生来美大多是持 F-1 学生签证。与其它签证相同，F-1 学生签证也有其相应的规定，有些学生对 F-1 签证的规定并不了解，导致不知不觉竟然丢失了自己在美国的合法身份，最后不得不返回中国的严重后果。因此，正确了解 F-1 签证的规定是所有持此类签证留学生的首要"必修课程"。我们针对留学生需要注意的问题总结出几点建议来帮助学生保持身份：

首先，保留所有证件，比如所有护照、签证、和 I-94 出入境记录卡、全部有效的 I-20。

第二，保留所有证明身份的档案，比如大学的录取通知书、交学费的证明(收据等)、成绩单。虽然 SEVIS 有相关记录，但是在转身份时，移民局有时候还是会要求本人提供相关档案。

第三，必须保持全日制（Full-time）学生身份，严格按照学校要求留学生每学期需要修的学分来选课。每学期所修课程的总学分绝对不可以少于学校要求的总学分。如果需要换课或者退课的话，一定注意保持所修课程的总学分必须达到学校要求。

第四，对于临近毕业的学生，除非申请了 OPT、攻读其他学位、转学或者改变身份，完成学业后(此时间以 I-20 的到期时间为准来计算)在美停留的时间不能超过 60 天。

第五，不可在校外非法工作，F-1 学生的配偶（F-2）也不可工作或者全日制学习。如果 F-1 学生的配偶想合法工作，应转换成工作签证。

由此可见，F-1 学生必须重视并严格遵守 F-1 签证的相关规定，在遇到疑问时，及时与学校留学生部门联系咨询，以免由于一时的疏忽大意导致将来身份失效的严重后果。

F-1 在校内工作

根据美国公民和移民服务局（USCIS）的规定，持 F1 学生签证的留学生可在校内自由合法的打工，不需申办特别许可，但是必须保持有效的 F1 身份；在学期中的每周工作时间一般限制在 20 小时；如果该 F-1 签证持有者已经注册了下一学期的课业，在节假日和假期时可全职工作(可达 40 小时/周)。同时在第一个学年不允许打工，在校内工作之前，请首先与学校的国际学生办公室联系，在他们的指导下完成必要的手续，包括向移民局提交一定的材料并获得批准。一般学校都要求得到 USCIS 允许。一般美国的校内工作都较轻松，可在大学食堂、书店、图书馆、健康俱乐部或大学的行政办公室工作。

CPT 和 OPT

课程实习（Curricular Practical Training, CPT）

课程实习是整个课程或学术项目的重要组成部分并被看作是一种选择性工作或学习，例如医师实习，合作教育实习等，是对于完成学位(课程目录中有相关规定)或授予学分来说必需的工作经历。课程实习是有工资的，前提是得到国际学生办公室的同意和 USCIS 的批准才能工作。申请 CPT 的要求：
- 以学生身份注册了一个学年的学习，实习必须是该学位项目的一部分，或者是某门课程取得学分的要求

- 申请课程实习前已经找到工作
- 所做工作必须与专业相关联
- 所做工作必须保证能完成学位(课程目录中有相关规定)或授予学分

不管是被允许做全职的还是做兼职的课程实习，都没有限制可以工作多长时间。但是如果在课程实习阶段的全职工作多于 12 个月，就没有资格申请任选实习了（OPT）。如果课程实习的兼职或全职工作少于 12 个月，那么仍然有资格申请任选实习，所以一定要注意日期和工作的时间，不要浪费 OPT 资格。所有的工作，都应该与国际学生办公室紧密联系，一般的规定都适用于本科生、研究生和博士生，国际学生办公室会审理课程实习的资格，确保留学生工作的资格符合 USCIS 的规章制度。

任选实习（Optional Practical Training, OPT）

持 F-1 签证的留美学生，在学术项目完成中或完成之后都可以以任选实习的方式进行校外打工，任选实习必须符合 USCIS 的用工规定，得到 USCIS 和学校国际学生办公室的同意，才能申请实习。

申请 OPT 前要先申请工作许可证（Employment Authorization Document, EAD)，国际事务办公室能够帮助和指引学生申请工作许可证，申请 EAD 前，不要求已经找到工作，但是必须准备好相关的文件、表格、照片和费用。申请 EAD 大概需要 12 周以上，得到工作许可证后学生才能开始工作。美国公民与移民局处理学生的申请大概要 90 多天。在美国所从事工作都是基于合法的 F-1 签证，国际学生办公室能够帮助学生保留 F-1 的学生签证。申请 OPT 的要求：
- 实习必须与学生所修专业相关联
- 在申请前至少完成了两个学期的学习
- 具有有效的 F-1 身份和护照
- 在完成学位或课程之后申请实习
- 未使用 12 个月或者多于 12 个月的 CPT

TIPS: 2008 年 4 月，美国移民局宣布，允许符合条件的外国学生申请 OPT 延期，可延长为 17 个月。但有两个前提条件：持 F1 签证的外国学生必须在美国获得科学，技术，工程和数学（STEM）等方面的学位；雇主必须加入 E-Verify 系统。此外，在某些 cap-gap 情况下，如果你能在 OPT 截至日之前递交 H1B 申请，你的 OPT 可能会被自动延长至 H1B 生效日。

F-2 签证

F-2 签证是签发给留学生（F-1）家属的签证类型，例如留学生的配偶和子女（21 周岁以下未婚），申请人必须能证明其是 F-1 签证持有者的真实配偶或未成年子女，并且进入美国的目的仅为陪同上述主要签证持有者或赴美与其团聚。F-2 签证配偶在美国期间，不能工作和全日制上学，如果要全日制上学，需要转成 F-1 身份。F-2 签证子女可以进行幼儿园至 12 年级的学习，大学学习则需要申请 F-1 身份。

B-1/B-2 签证

B-1 签证是颁发给赴美从事短期商务活动的申请人，活动包括协商签订合同、参加展览或会议、短期培训或与供应商或客户洽谈业务等。B-2 签证颁发给赴美旅游的申请人，包括观光、探亲访友及医疗治病等。B-1 和 B-2 签证持有者不能在美国工作。

B-1 和 B-2 签证的申请人必须能证明其意图只是临时进入美国，目的仅为旅游或进行短期商务活动。申请人还必须证明有充足的资金支付其在美国停留期间的费用，并证明其在本国有牢固的社会、经济和其他方面的联繫使得其在美国进行短期合法访问后会如期回国。

B-1 签证持有者可以在美国居留的期限由海关移民官决定并标注在 I-94 卡上，一般从一个星期到六个月时间不等。B-1 签证持有者可以以进行商务活动需要为由申请签证延期。B-1 持有者可以在美国申请身份转换，比如由 B-1 转为其他非移民身份，如 F-1，J-1，H-1 或者 B-2。但是，以 B-1 身份进入美国后申请转换身份时应该谨慎。为了规避其他类型签证的相对严格的申请程序而利用 B-1 签证作为跳板，美国移民局采用了一条"30/60 天规则"，也就是说，进入美国 60 天内申请转换身份，其初始签证的申请动机会受到移民官的强烈质疑，移民官会觉得申请人在申请入美签证时没有把自己真正的赴美意图表现出来，这种行为构成签证欺诈。在这种情况下，不仅转换申请不能得到批准，以后若想再次申请签证来美会非常困难。当然在理论上，B-1 签证持有者是可以在美国境内进行移民申请或申请身份调整的。

B-2 签证持有者在美国居留时间一般来说也比较短，为 3－6 个月。同样，B-2 签证持有者也可以申请转换到其他非移民身份，如 J-1，F-1，H-1 或者 B-1。与 B-1 申请转换身份时的注意事项类似，如果在入境后 60 天内进行，移民局会推定在申请入美签证时没有把自己真正的赴美意图表现出来，从而构成签证欺诈。

B-2 持有者可以申请签证延期，一般来说每次延期都不会超过六个月。在理论上来讲，B-2 持有者也是可以进行移民申请和身份调整的。

B 签证延期

B-1/B-2 签证持有者进入美国以后，可以出于商务需要（B-1）或者家庭或相关因素（B-2）申请签证延期。以下是申请 B 签证延期时需要的一些材料：

- 申请人护照复印件，包括签证页
- 申请人 I-94 卡的正反面复印件
- 申请费
- 公司出具的证明文件
- 申请人的延期要求文件
- 财力证明
- 其他与申请延期相关的文件
- 必要的表格

J 类签证

J-1 签证是签发给来美国参加美国国务院批准的"交流访问者计划"（Exchange-Visitor Programs）的各类外籍人士，提供美国和他国之间的教育和文化交流的机会，增进了解，促进国际合作并发展友好关系。

J-1 签证有多种类别，各类 J-1 持有人可以在美国停留的时间也不一样。而 J-1 签证最大的好处就是包含了多种类别，涵盖了留学、培训、工作等多个方面。除此之外，J-1 签证还有一个好处就是申请起来比较容易，因为大部分 J-1 签证会受到回国两年的限制，所以一般 J-1 申请人较少被怀疑具有移民倾向，而且 J-1 签证没有名额的限制。根据交流访问计划的不同，J-1 签证主要包括以下类别：

J-1 学生签证

分为 J-1 高中学生和 J-1 学院/大学学生。J-1 高中学生必须符合一定的年龄要求，且必须参加全日制学习。值得注意的是，J-1 高中学生不能参加 12 年级的学习，也不能获得美国高中的毕业文凭。J-1 学院/大学学生没有严格的年龄限制，但也必须参加全日制学习，包括有学位的学习（degree program）、无学位的学习（non-degree program）或学术性实习（academic training）。

J-1 短期访问学者签证

此类签证适用于赴美从事以下活动不超过一定期限的短期访问学者：

授课、考察、交流意见、接受培训，在研究机构、博物馆、图书馆、高等教育机构或类似的机构展示特殊技能。

J-1 受训人员签证

主要适用于为提高自己专业及非专业上的技能或增进自己对美国先进技术的瞭解而赴美参加培训；为了更好地理解美国的文化和社会，或

223

为了通过与美国相关人士之间的交流来促进美国对别国文化的瞭解，赴美参加培训。美国国务院批准的 J-1 培训交流计划涵盖了多个行业，但是要注意的是，国务院同时禁止 J-1 培训交流计划以及某些行业的工作为内容，比如旅馆办事员。

J-1 教师签证

主要适用于前往美国，在美国官方认可的美国公立或私立初级和中级教育机构授课的教师。申请此类的人员必须要有相关工作经验和良好的声誉及品格，需要在美国进行全日制授课。

J-1 教授签证

主要适用于到美国官方机构认可的高等院校、博物馆、图书馆或其它类似机构授课、演讲、考察或交流意见的人员。J-1 教授可以在资助人不反对的情况下对相关研究进行指导。

J-1 研究学者签证

主要适用于在研究机构、公司研究部门、博物馆、图书馆、经美国官方机构认可的高等院校或其他类似机构对研究进行指导、考察或就与研究相关的问题交流意见的人员。与教授签证类似，研究学者也可以在资助人不反对的情况下授课或进行演讲。

J-1 专家签证

主要适用于以下人员：

拥有某一专业知识或专业技能；前往美国从事考察、交流意见或展示其专业方面知识或技能；不属于下列人员：教授、研究学者、短期访问学者、参加研究生医学学习或实习的外籍医师。

J-1 医师签证

此类签证允许外籍医学类毕业生前往美国参加研究生医学学习或实习，或在美国从事考察、交流意见、授课及研究等活动。但此类签证的申请人必须满足一定的教育及文化背景要求，并通过美国特定机构的测试。

J-1 国际访问者签证

主要适用于那些被美国国务院认为有潜力成为领导人的外籍人士，他们被国务院选中从事以下活动：参加考察旅行、出席研讨会和专门会议、交流意见、参观工厂以及旅游。这些人必须由美国国务院选中，并且拥有一定的专业知识和技能。

J-1 政府访问者签证

主要适用于被美国联邦、州或地方政府机构认为具有影响力或极为杰出，并由该政府机构选中参加以下活动：参加考察旅行、出席研讨会和专门会议、交流意见、参观工厂以及旅游。他们必须由美国国务院选定，并且拥有一定的专业知识或技能。

J-1 夏令营顾问签证

主要适用于前往美国充当夏令营顾问的年满 18 岁的外籍人士，监督参加夏令营的美国青少年的活动，并从中了解学习美国文化，但是不允许他们在夏令营充当行政管理人员、炊事人员或体力劳动人员。

J-1 换工住宿者（Au pairs）签证

主要适用于准备前往美国家庭共同居住，在限时看护儿童的同时接受美国的高等教育，体验美国家庭生活。换工住宿者可以参加"教保计划"，该计划允许换工住宿者减少每周看护儿童的小时数，更好地参加学术性学习。须注意的是，J-1 换工住宿者必须符合一定的年龄要求（18—26 岁之间的外国人）和学历要求，并且顺利通过背景调查。

J-1 换工住宿者在为接受家庭看护孩子时，只需要完成一定时间的看护工作即可，并可以据此获得报酬。

J-1 签证持有者留美时间

根据交流访问计划的不同，J-1 签证持有者的留美时间也有所不同。
一般来说：
高中学生：12 个月
学院/大学学生：整个学习期间都可以保持合法身份，如果毕业后参加"实践培训计划"，在这个计划期间内都可以保持合法身份，学士和硕士有 18 个月，博士有 36 个月
学院/大学中的无学位学生：24 个月
职业受训者：18 个月
航空飞行计划受训者：24 个月
小学和中学教师：36 个月
大学教授：36 个月
研究学者：36 个月
居住在美国接受医学培训的医师：居住期间身份均合法，但最多不超过 7 年
专家：12 个月
国际访问者：12 个月
政府访问者：18 个月

J-1 签证持有者为非资助人工作的问题

一般说来，根据美国移民局的相关规定，J-1 签证持有者应该为资助人工作。但是在某些情况下，如果 J-1 持有者符合相关规定，可以为非资助人工作。

J-1 签证的好处

一般的非移民签证都是不允许家属在美国工作的，J-1 签证是唯一的例外。J-1 签证持有者的配偶和未成年子女（J-2）身份在向移民局递

交 I-765 申请并获批准后，就可以在美国工作了。但是必须保证的是，J-2 持有者的收入必须用来资助 J-1 持有者。

J-1 签证的限制性规定——回国服务两年

J-1 签证回国服务两年的规定，是指该签证持有人在其参加的交流计划结束后，不得在美国境内申请延期、转换其他非移民身份或者申请永久居住权，而必须返回原居住国，2 年以后才可以再次申请以 H 或 L 的身份进入美国或者申请永久居住权。但是，并非所有的 J-1 签证都受到回国服务两年的限制，只有以下几种情况受到这种限制：

- J-1 签证持有者参加的项目全部或者部分地、直接或者间接地由美国政府或 J-1 持有者本国政府资助
- J-1 签证持有者所从事的专业是其本国人才短缺的专业
- J-1 签证持有者在美国接受医学培训

在回国服务两年的期间内，前 J-1 签证持有者虽然不可以申请 H 类和 L 类的签证进入美国，也不能申请永久居住权，但可以以其他类别签证进入美国，比如 F-1 学生签证，B1/B2 旅游考察签证。但是，他在本国以外的国家居住的时间不计入"回国服务两年"的时间。

判断自己是否受回国两年的限制最简单的方法就是查看自己的 IAP-66 表 J-1 签证。如果你的 IAP-66 中"受回国服务两年的限制"栏被勾选，或者你的签证上出现"适用 212（E）回国两年条款"，这就证明你是受"回国服务两年"限制的。当然，这也不是绝对的，由于情况的可变性，我们建议您咨询专业的移民律师。

J-1 豁免

受"回国服务两年"限制的 J-1 签证持有者可以基于以下理由申请豁免：

- 不反对豁免，原居住国政府不反对此种豁免。由该国政府向美国国务院出具"不反对书"，证明该国政府不反对申请人申请

豁免"回国服务两年"

- 由相关美国政府机构出面要求豁免。如果申请人在由某个美国联邦政府机构资助的，或者说对这个联邦政府机构有重要意义的项目中工作，并且根据项目进展情况需要该 J-1 持有者继续留在美国从事工作或者研究，那么这个政府机构可以出面要求 J-1 豁免。此种申请的批准与否一般取决于申请人留在美国队有关政府机构或交流计划主办者的重要性有多大而定
- 如果申请人可以证明自己回到原居住国将会由于种族、宗教或者政治观念不同而遭受迫害，"回国服务两年"的要求也可以豁免。申请人必须证明自己"将会"受到迫害，而无须证明自己以前遭受过迫害
- 如果申请人按照"回国服务两年"的要求回原居住国居住两年会给其作为美国公民或者绿卡持有者的配偶或子女带来极大的困难，也可以申请豁免
- 指定的州卫生机构出面要求豁免，这一项仅对医师适用。如果申请人在美国缺乏医疗人才的地区获得了在医疗卫生机构的全职工作的机会，可以由指定的州卫生机构或其他相应的机构出面要求豁免。申请人必须书面承诺在提供其工作机会的医疗卫生机构每週至少工作 40 个小时，至少工作三年，并且在豁免被批准以后 90 天内开始工作

具体如何申请 J-1 签证持有者的豁免，请咨询相关移民律师。

K-1/K-2/K-3/K-4 类签证

K-1 签证的目的是让居住在美国以外的外国未婚夫/妻来到美国与美籍未婚妻/夫完婚。这种签证被归入非移民签证类。非移民签证的批准必须基于一个前提，即申请人赴美是临时性的，并且其到美国的目的是完成一个特定的使命。 具体到 K 签证，就是和相应的美国公民完婚。如果 K-1 签证的持有者在入境之后 90 天内和美国公民完婚，就可以申请在美国进行身份调整。 身份调整申请得到批准后，申请人就成为美国永久居民。身份调整申请被批准这一步也就是我们通常所说的"拿到绿卡"。

K-2 签证是为外国未婚夫/妻的未婚子女（21 岁以下）到美国来而提供的一种签证。这种签证的目的是让 K-1 持有者的子女在等待 K-1 父/母和美国公民完婚期间随其 K-1 父/母居住在美国。一旦 K-1 父/母和美国申请人完婚，K-2 签证的持有者就可以申请身份调整。但如果要申请身份调整，K-2 签证的持有者必须是 K-1 签证持有者未满 21 周岁且未婚的子女。

K-3 签证是 2000 年专为美国公民在海外等待移民签证的配偶设立的新签证。 其目的是让美国公民的配偶先以非移民身份来美与亲人团聚，在美国等待绿卡。21 岁以下的未婚子女为 K-4 签证。

签证的总体要求

下列信息是申请 K-1/K-2 签证的总体要求。除了需要达到这些要求外，美国公民（主申请人）及其外国未婚夫/妻和外国未婚夫/妻的子女（如有）都还要提交相应的文件。关于 K-1/K-2 签证的一些例外情况也在此一并列出。若想了解更多具体信息，请您参考后面其他部分的说明和解释。

K-1 签证

对于美国公民（主申请人）：
- 如果主申请人是合法永久居民（绿卡身份）而非美籍公民，则不能为其未婚夫/妻申请 K 签证
- 必须在未婚夫/妻入境美国后 90 天内与其完婚。超过 90 天 K-1 签证将不再有效，外国未婚妻/夫也就"失去了在美国的合法身份"
- 具有合法自由婚姻的权利。这就是说，公民申请人必须无既存的婚姻关系存在。如有婚史，需要提供离异亦或是前配偶已经离世的证明
- 必须在过去的两年内和未婚夫/妻见面至少一次（除非满足后面列举的 K-1/K-2 签证特殊情况中的一项或多项）
- 必须证明有能力供养受益方

- 必须提交犯罪记录证明

对于外国未婚夫/妻（受益方）：
- 必须生活在美国境外才能符合 K-1 签证的申请资格
- 与公民未婚夫/妻都必须有自由结婚的资格。这就是说，两人都必须无既存的夫妻关系；如有婚史，则需要提供离异的证明，亦或是前配偶离世的证明
- 必须在过去的两年内与公民未婚夫/妻见面至少一次（除非满足后面列举的 K-1/K-2 签证特殊情况中的一项或多项）
- 必须没有任何违法美国移民法的记录。例如，如果曾经在美国"失去过合法身份"，不论其原因，都可能影响 K-1 签证的申请

K-2 签证

如果你是外国未婚夫/妻的子女

- 为了满足 K-2 的要求，K-2 签证受益人必须是 K-1 持有人的子女。如果是收养的子女，申请资格将附加一定的条件
- 必须未满 21 周岁且单身
- 必须没有任何违法美国移民法的记录。例如，如果以前曾经在美国不管因为任何原因"失去了合法身份"，都将会影响 K-2 签证的申请
- 入境美国之后，基本规则是在满 21 周岁前进行身份调整

K-3/K-4 签证

- 必须是美国公民的配偶和子女，绿卡永久居民的配偶不能申请，子女必须未满 21 周岁并且未婚
- 美国公民必须为他或她提出移民申请
- 该移民申请还没有被批准

美国移民局对未婚妻（未婚夫）的定义

依据美国移民局提供的定义，未婚夫/妻是那些已订婚或者已协议结婚的人。外国未婚夫/妻与美国公民若要顺利完婚，其婚姻本身还必须符合相应州法的规定。

根据这一定义，男女双方在过去的两年内必须见过面。当然，有些例外情况也是可以通融的。例如，在某些文化中未婚妻和未婚夫在婚前是不能见面的。

签证的申请过程

要成功申请 K-1/K-2 签证，需遵守以下申请程序及填写相应申请表格。

美国公民

在申请 K-1/K-2 签证前，美国公民首先要代表他/她的未婚妻/未婚夫完成以下申请步骤：

- 首先要向美国公民所在地的移民局办公室提交 I-129F 表。除了表格，申请人还需要提交其他的证明材料，例如 G-325A 表格，其他能够证明申请人是美国公民，能够合法结婚以及遵守 IMBRA 等的证明文件，诸如此类。移民局在接收到这些申请表格和支持文件后，会向申请人发放收件通知，表示申请已经进入处理程序
- I-129F 申请获得批准后，将会被送到国家签证中心（National Visa Center，NVC）。经过 NVC 的处理之后，批准通知会被送往相应的美国驻外使领馆
- 如果公民的未婚妻/未婚夫有 18 周岁以下的子女携行到美国，也要将子女的名字登记在 I-129F 表上
- 完成其他的支持文件，例如 DS-160，I-693 体检表格以及 I-134 经济担保表等

受益人：未婚妻/未婚夫（非美国公民，无美国永久居住权，且不在美国境内）

- 在收到美国使馆的处理通知后，将所有要求的文件提交到使馆。具体需要的文件列表，请看下一部分的详细说明
- 按要求完成体检
- 使馆会安排与受益人进行面谈，在面谈过程中，进行指纹电子扫描
- 完成面谈程序。在面谈过程中，受益人可能会被问到各种与恋爱相关的问题，例如：你们是如何认识的，计划什么时候结婚等等。对此类问题要有所准备

K-2 身份的子女

- 如果你的父/母是 K-1 身份，并且在你年满 18 周岁前与美国公民结婚。如果你也希望与该美国公民建立合法的"父母子女关系"，那么必须确保申请人（和你建立亲子关系的美国公民）在提交的 I-129F 表格中有你的名字
- 提交的各种支持材料与 K-1 签证所需材料类似
- 可能需要面谈。具体要求 因领馆而异。领馆会告诉你具体要做什么

K-1/K-2 签证的要求/所需文件

K-1 签证

美国公民申请人（提交到移民局）

- 犯罪记录（如果有）
- 公民身份证明，如入籍证明或在美国的出生证明
- 护照（如果有）
- 如果有婚史，申请人还需要提供文件证明之前的婚姻都已经合法结束（离婚法令或离婚证明）；如果前配偶已经离世，提交死亡证明
- 如果在上面提交的各类证明或支持文件中，申请人的姓名有所变化，提供文件说明姓名变化的原因（例如：结婚证明，

收养文件或者法院命令等）

- 申请人过去三年内的报税表，或者在有其他经济担保人的情况下，其他担保人在过去三年里的报税表
- 申请人及其外国未婚夫/妻，每人两张相同的近期彩照(2 英寸 X 2 英寸)
- 申请人与外国未婚夫/妻相识以及交往的证明（信件，照片以及电话记录等）

外国未婚夫/妻（到美国驻外使领馆完成）

- 国籍证明文件，如入籍证明或出生证明等
- 护照；护照在受益人预期入境美国之后的 6 个月内必须持续有效。某些国家的公民在护照到期后能够延期 6 个月
- 如果受益人有婚史，申请人还需要提供文件证明之前的婚姻都已经合法结束（离婚法令或离婚证明）；如果前配偶已经离世，提交死亡证明
- 如果在上面提交的各类证明或支持文件中，受益人的姓名有所变化，提供文件说明姓名变化的原因（例如：结婚证明，收养文件或者法院命令等）
- 体检（I-693 表）——使领馆会告知具体体检地点
- 警察证明（自 16 岁之后居住地的警察证明）
- 申请人与外国未婚夫/妻相识以及往来的证明（信件，照片以及电话记录等）
- 两张相同的近期彩照(2 英寸 X 2 英寸)
- 经济担保证明

K-2 签证

- 护照
- DS-160 表两份
- 两张彩色照片（近期）
- 出生证明的官方复印件
- I-134 经济担保表格

- 体检

K-1/K-2 签证的限制

K-1 签证

- 自 K-1 签证签发之日起，受益人有 6 个月的时间可入美境
- 除了 K-1 签证的申请人之外，受益人不能通过任何其他人调整身份。如果受益人和第三方结婚/订婚，受益人需返回受益人所在国重新签证
- 如果出于种种原因，外国未婚夫/妻与为其申请的美国公民关系破裂未能结婚，受益人在美国不能转成任何其它非移民身份
- 受益人必须在进入美国 90 天内与申请人完婚
- 如果你曾经申请过两次及以上 K-1 签证（无论什么时候）或者在这次提交 K-1 申请前的两年内收到过 K-1 签证的批准，必须提交豁免申请。申请人可以在提交 I-129F 表时，同时提交一份书面声明以陈述为何需要豁免

K-2 签证

- 不能转换到任何其他非移民身份
- K-2 身份停留在美国的期限只有 90 天。其 K-1 父/母必须在入境之后 90 天内与申请人公民完婚
- 如果以前有违法美国移民法行为则不准入境
- 必须未婚
- 父/母（K-1 持有人）必须在 K-2 身份的子女未满 18 周岁前结婚，不然儿童身份保护法（Child Status Protection Act) 将不再适用
- 和 K-1 身份的父/母一样，K-2 持有人在美国调整身份后所获得的绿卡也是有附加条件的。如果子女在父母获得绿卡之后的 90 天内拿到绿卡，三年后 K-1 身份的父/母申请解除绿卡附加条件的时候，子女的解除绿卡附加条件申请可以和 K-1 身份

的父/母一起递。而如果子女获得绿卡时父母已经获得绿卡超过了 90 天，则需要提交单独的条件解除申请

K-3 签证和 K-1 签证的区别

K-3 用于美国公民的配偶，K-1 用于美国公民的未婚（夫）妻；K-3 签证持有者可以在美国调整成绿卡身份或者再回国内到领事馆取得移民签证；但 K-1 签证持有者只能在美国调整成移民身份。此外，K-3 签证可以长达 10 年，多次往返，但 K-1 签证的有效期只有三个月。

K-3 签证和 CR1 移民签证的区别

K-3 和 CR-1 签证都允许以配偶身份进入美国。两者都可以在有效期内多次进入 / 离开美国。这个是相同点。他们的不同点如下：

- K-3 是非移民签证，CR-1 是移民签证, CR-1 进入美国后就是永久居民。K-3 需要进一步申请调整身份
- 不能单独递交 K-3 签证申请，也就是说必须在递交 CR-1 申请之后才能递交 K-3 申请
- CR-1 可以马上工作，K-3 需要申请工作许可后才可以工作
- CR-1 的批准周期大大长于 K-3
- K-3 若在绿卡批准前，离婚或者配偶死亡，必须离开美国。而 CR-1 的永久居民身份不受婚姻状态影响

TIPS: 你若申请 CR-1 签证，不必再申请 K-3 签证，你若希望早点去美国，就申请 K-3 签证，等到美国后再调整身份。

到美国之后会发生什么？

结婚

进入美国之后，最重要的事情就是要在入境 90 内结婚。关于这一点，移民局会提供非常具体的说明。如果在 90 天内不能完婚，外国

受益人的 K-1 身份就会终止，其身份就会有悖于满足 K-1 身份的条件。因此，将会被驱逐出境。

调整身份

婚后，外国配偶可以直接在美国申请 I-485 身份调整。申请提交到移民局相关部门。除了 I-485 之外，公民身份配偶还需要提交 I-864 经济担保。

帮助 K-2 身份子女调整身份

在外国未婚夫/妻与美国公民结婚，双方成为合法夫妻后，可以为 K-2 身份子女申请 I-485 身份调整。K-2 身份子女可以跟持有 K-1 签证父母同时来美国，或者也可以在 K-1 持有人之后且 K-1 签证签发后一年之内的任意时间入境。在这种情况下，不需要为 K-2 身份子女单独提交申请。如果 K-2 身份子女在一年之后才来美国，那么就需要为其单独申请身份调整了。

申请社安卡

外国未婚夫/妻一旦进入美国，就可以申请社会安全卡。

永久居民的生活

如果已经完成了身份调整且结婚时间不满两年，那么外国配偶收到的绿卡有两年的时间限制。满两年之后，可以申请撤销绿卡上的限制获得永久居留权。如果调整申请批准时婚姻已经满两年，外国配偶就可以直接获得永久居住权。此时所获绿卡的有效期限为 10 年。

成为美国公民

拿到正式绿卡后经过三年，如果婚姻仍旧存续，外国配偶可以申请加入美国国籍。如果婚姻关系已经解除，则需要等待五年才能够申请入籍。

申请工作

K-1 身份可以工作，但必须先申请 I-765 工作许可（**EAD**），批准后才能在美国工作。

申请社安卡

外国未婚夫/妻一旦进入美国，就可以申请社会安全卡。

永久居民的生活

如果已经完成了身份调整且结婚时间不满两年，那么外国配偶收到的绿卡有两年的时间限制。满两年之后，可以申请撤销绿卡上的限制获得永久居留权。如果调整申请批准时婚姻已经满两年，外国配偶就可以直接获得永久居住权。此时所获绿卡的有效期限为 10 年。

成为美国公民

拿到正式绿卡后经过三年，如果婚姻仍旧存续，外国配偶可以申请加入美国国籍。如果婚姻关系已经解除，则需要等待五年才能够申请入籍。

CR1/CR2/IR1/IR2 签证

如果您和具有美国公民身分或永久居民身分的人士结婚还不满两年的话，您就属于有条件永久居民（Conditional Resident, CR）。如果您有孩子的话，他们也可以是有条件永久居民。如果您是有条件永久居民的话，您可以申请相应的签证前往美国。CR1 是指美国公民结婚两年之内的配偶，21 岁以下的未婚子女为 CR2 ，IR1 是指美国公民结婚满两年的配偶，21 岁以下的未婚子女为 IR2 。在美国居住的美国公民只能在其居住地所属地区移民服务中心提交 CR/IR 签证申请。

L 类签证

L-1 签证适用于跨国公司内经理级高管以及具有专业知识的雇员在美国及其他国家的公司机构内的调派。L 签证的受益人在提交 L-1 申请前的三年内，必须在其作为申请人的跨国公司的海外机构（非美国境内机构）连续工作一年以上。该跨国公司在其他国家的机构必须和在美国的机构属于母子公司，分公司或者附属公司的关系，并且有实际的资金和业务的来往。

同时，L-1 签证也适用于那些正在筹划设立美国关联公司办公室的跨国公司将经理级高管和专业人才送到美国来进行办公室的筹备，但是，这样的 L-1 签证通常只有一年的有效期。到期后申请人必须提出延期的申请。

根据收益人的身份不同，美国移民局将 L-1 签证分为 L-1A 和 L-1B 两类，但在发放签证时只会表明为 L-1 签证。

L-1A 签证

L-1A 签证是为跨国公司将公司内部的经理级高管人员送到美国的分公司，子公司，母公司或者附属公司担任经理级高管人员设计的。该被调动的高管人员必须在公司为其提交申请的前三年内至少连续为该跨国公司在美国境外的机构工作至少一年。同时，L-1A 允许尚未建立美国办公室的跨国公司将高管人员送来美国进行美国公司办公室的筹建，但这样的 L-1 签证通常只会被批准一年的有效期，到期后可以提出延期的申请。除此之外，L-1A 签证通过会有 1 至 3 年的有效期，并且可以延期两次，最长不得超过 7 年。

L-1B 签证

L-1B 签证是为跨国公司将具有专业知识的人员送到美国运用专业知识对公司的运营进行指导而设计的。什么是专业知识？法律没有明确的规定，因此，L-1B 申请常常收到移民局的提交证据要求。

"专业知识"在移民局发布的 L-1 备忘录中是这样描述的，专业知识是个人拥有的关于作为申请人的跨国公司的产品，服务，研究，设备，技术，管理等方面以及它们在国际市场的运用的特殊知识；或者关于该跨国公司运营和程序上的高级知识或者专长。并且移民局还罗列了一些职业，比如建筑师，工程师，律师，医生，外科手术医生，各种教育机构的老师，但不仅仅限于这些职业。

L-1 跨国公司集体调职签证

L-1 跨国公司集体调职签证用于满足移民局条件的公司可以通过一次申请将一定数量的经理级高管和拥有专业知识的人员送到美国的机构。L-1 签证虽然属于非移民签证，但是其允许申请人或收益人具有双重意向。因此，L-1 持有人可以在不破坏 L-1 身份的情况下申请绿卡。

L-1 签证的具体要求

对于作为申请人的跨国公司的要求：
- 该跨国公司的美国机构与美国境外的关联机构必须具有符合要求的关系。这样的关系包括母子公司，分公司以及附属公司
- 该跨国公司的必须正在或将要，至少在受益人的 L-1 有效期内，直接或通过合格的机构同时运作美国和至少一个美国境外的关联公司。只需要有经营收益，不要求一定涉及国际贸易。这里的"运作"是指通过合格的机构正常的，有系统的，持续的提供商品或服务，注意仅仅是在美国境内或境外设有工作人员或办公室则不能满足要求

对 L-1 受益人的要求：
- 该受益人必须在申请人提交申请前的三年内至少连续一年在美国境外的关联公司工作
- 该受益人的工作必须是经理级的高管人员（L-1A）或者是具有专业知识的人员(L-1B)

- 虽然移民法和移民局未对 L-1 受益人的教育背景和工作经验提出具体的要求，但是申请人必须证明 L-1 受益人的教育水平和工作经验能够与其职位相符
- L-1 受益人必须在 L-1 签证过期之前离开美国

L-1 签证申请需要的证明文件

根据移民局的要求，申请人需要证明美国境内和境外公司机构的真实性，美国境内公司机构和其境外的关联机构直接的业务和资金关系，以及受益人的身份和职务。因此 L-1 签证申请所需要的证明文件也应该从以下 4 个方面加以准备：

- 美国公司（雇主）
- 海外关联公司
- 关联企业（控股关系）证明
- 受益人个人文件

L 类签证的优势

对于跨国公司而言，L-1 签证是最方便的将国内公司的合格高管或员工送到美国关联公司从事相应职位的方式之一。并且由于 L-1 允许移民倾向，L-1 持有人可以在美国安全申请绿卡而不会破坏 L-1 的身份。另外，L-1 持有人的配偶和 21 岁以下的未婚子女可以申请 L-2 陪伴前往美国。L-2 持有人可以申请学校在美国念书，并且可以申请工卡（EAD）在美国合法工作。L-2 身份可以通过申请转换为其他非移民身份比如 H-1, F-1, B-1, B-2, L-1 等等，同时也可以申请绿卡。同时，L-1 签证可以选择加急处理进行审批，15 天内就可以获得结果。

O 类签证

O-1 签证适用于在科学、艺术（包括电视业和电影业）、教育、商务或体育领域的具有特殊技能的人才。O-1 签证持有者可以在美国从事与自己的领域相关的工作。

与其他可以工作的身份比较起来，O-1 签证涵盖的工作领域更广。比如，H-1B 签证只适用于专业人才，却不适用于运动员和演艺人员，O-1 签证就可以适用于运动员和演艺人员。对于 H-1B 签证到期的人来说，继续申请 O-1 签证也是一个不错的选择。O-1 签证还有一个对于那些受"回国服务两年"限制的 J-1 签证持有者来说比较明显的优势。J-1 签证持有者，如果没有获得 J-1 豁免，就必须回到原居住国两年，才可以再以 L 或者 H 的身份来到美国。但是，如果没有获得 J-1 豁免，也没有完成回国服务两年的要求，却可以申请 O 签证。在这种情况下，意欲申请 O-1 签证的 J-1 签证持有者，不能在美国境内直接申请转换至 O-1 身份，可以回国或者在第三国申请 O 签证。

移民法中把 O-1 签证分为了三个标准，第一个标准适用于在科学、体育、商务和教育界的特殊技能人才，其要求也最为严格；第二个标准适用于艺术界的特殊技能人才，跟第一标准的相比，要求没有那么严格；第三个标准适用于电视界和电影界的特殊技能人才，要求的严格性介于第一和第二标注之间。

正如上文提到的，O-1 签证持有者在美国必须从事其技能所属的领域的工作。所以，某项活动或者演出要求参加者必须具有某领域的特殊技能这一点并不重要，重要的是这项活动、工作或者演出是否属于 O-1 持有者所擅长的领域，或者说其特长所在的领域；还有就是 O-1 持有者是否拥有这领域的特殊技能。

法律上并没有明文规定 O 类签证的留美时间。一般说来首次入美的时间都以能够完成某项活动、工作或者演出为限，一般最长不超过 3 年。身份到期后 O-1 持有者及随行人员可以申请延期，以便继续进行尚未完成的活动、工作或者演出。对于 O-1 艺术家和演艺人员来说，还可以为了进行之前没有在签证申请中列明的演出项目而申请延期。

O-1 签证的要求

科学、教育、商务和体育界的"特殊技能"人才

对于这些领域的人才来说，他们必须能够证明自己在本领域内是顶尖级的人才。获得过国际性的重要奖项就可以成功地证明这一点，比如说诺贝尔奖。如果没有获得过这样的国际性大奖，就要列出以下至少三项证据来证明自己的"特殊技能"：

- 获得国家级奖项或者相对影响力较小的国际级奖项
- 是本领域内由国际或国家级的专家认可的著名团体的成员
- 著名出版物或著名媒体对该外国人及其工作成果的相关报道
- 曾经担任过本领域内其他人士的作品的评审
- 在本领域内做出过科学上、学术上或者商务上的重要贡献
- 在专业期刊上或者重要媒体上发表过文章
- 在著名组织举办的演出活动中参与过演出
- 在相关行业工作，并有丰厚的报酬
- 其他相关资料

艺术、电影、电视界的"特殊技能"人才

在艺术界，该外国人必须证明自己在本领域内已经获得了非常高的声望。"声望"意味着在本领域内获得了很高的成就，自己的水平和技能明显高于普通的平均水平，这些成就和能力使得自己在艺术界可以被称为着名或者说是领军人物。

对于电影和电视界的人才来说，同样要证明自己的水平和技能要明显高于普通的平均水平，自己在本领域内是杰出的、著名的领军型人物。在这一类别中，电影电视界的要求比文艺界的要求在某种程度上来说稍显严格。但是，这两个领域的「特殊技能」人才要提供的证明材料的形式是相同的。证明自己曾经获得过一些国际级的重要奖项，或者曾经被这些奖项提名，比如说奥斯卡奖、艾美奖、格莱美奖等。如果没有获得过这样的国际性大奖，就要列出以下至少三项证据来证明自己的"特殊技能"：

- 曾经或者即将在某部著名作品中担任主要角色（可以提供相关评论、广告或者新闻稿作为证明材料）

- 在著名专业期刊或者贸易期刊上、著名媒体中发表过作品，或者被报道过，证明自己已经达到了一种国家的或者国际上的认可，取得过一定的成就
- 在著名机构举办的演出活动中担任重要角色
- 在演艺界获得过商业上和艺术上的成功，比如说出演作品的票房成绩、卡带、光盘或相关影像资料
- 获得过由本领域中的著名组织、专家或者政府机构认可的成就
- 在相关行业工作，并拥有丰厚的报酬
- 其他相关材料

O-2/O-3 签证

O-2 适用于 O-1 持有者的随行人员，协助 O-1 持有者进行艺术或者体育演出。O-2 必须是协助 O-1 演出的不可或缺的人，并且美国国内没有这样的人可以进行这项工作。

O-3 适用于 O-1 持有者的配偶和未婚子女。O-3 可以在美国居住，但是不可以工作。

O-1 的留美时间

理论上说来，O-1 并没有留美时间上的限制。但是从实践来看，O-1 的留美时间一般由完成研究或者其他相关活动的时间来决定。一般首次入境可以获得的留美时间最长不超过 3 年，只要 O-1 持有人的 O 类申请可以成功证明该持有人需要那么长的时间来完成这项工作或者演出。到期后，还可以对 O-1 进行一年的延期，只要能够递交相应的证据证明这项延期是必要的。

H 类签证

H 类签证主要签发给赴美短期工作的外国人士。

H1-B 签证

H-1B 是一种非移民签证，它允许美国雇主临时聘用从事"专业性工作（Professional）"的外籍人员。在 H-1B 申请过程中，雇主为申请人，外籍员工为受益人。该外籍员工最低必须至少拥有学士学位或者外国同等学历。H-1B 签证对于工程师、教授、研究员、软件设计师以及其他外籍专业人员来说是比较适宜的身份。H-1B 签证一次签发可长达三年，还可以延长，一般情况下 H-1B 在美国工作时间最长可达到六年，并且在符合有关条件的情况下，还可进一步延期。如果雇主愿意，雇主可赞助 H1-B 身份的外籍员工申请绿卡。 如果是 H-1B 身份的外籍员工辞职或被解雇，该外籍员工必须立即申请另一种非移民身份或者离开美国。

H1-B 签证的要求

美国雇主提供的是需要专业性知识的职位，全职或兼职均可。"专业性知识"的职位，指该职位需要工作者在理论上和实践上都拥有专业性知识。比如说，工程师、护士、教授、研究员、计算机程序员和其他专业人才。

对于外籍员工的教育背景要求来说，外籍员工最低必须拥有学士学位或者同等学历。如果外籍员工的学位由美国以外的教育机构颁发，那么这个学位必须经过美国相关机构的评估，以此来决定这个学位是否和美国颁发的学位相当。如果外籍员工拥有相应的学位，对工作经验的要求就可以相应地豁免。如果外籍员工不能达到 H-1B 对学位学历的要求，那么他就必须拥有相应的工作或者培训经验。一般说来，三年的专业工作经验可以相当于一年的大学教育。除此之外，根据州法律，在从事该专业性工作的时候，如果需要执照，那么外籍员工应该拥有这样的执照。雇主必须付给该外籍员工不低于当地现行工资（Prevailing wage）标准的报酬。现行工资标准随着地域和职位的不同而不同。以下几个因素可以影响现行工资标准：

- 职位
- 教育背景要求和工作经验要求

- 职位描述
- 工作地点
- 雇主性质，如学术机构、政府机构或私人机构等等

雇主应当保证符合下列六项条件：
- 雇主必须保证支付 H-1B 雇员高于以下两条标准的报酬
- 雇主支付给其他拥有类似经验和资格的员工的工资水平
- 该工作所处地区的现行工资标准
- 对该外籍员工的雇佣不会对相同职位的其他员工的工作条件产生负面影响
- 公司内部没有出现有关外籍员工即将开始工作的职位的罢工或者停工
- 雇主应该向外籍员工即将开始工作的行业的行业机构谈判代表出具递交劳工情况申请（Labor Condition Application, LCA）的收据，如果没有这样的代表，应该在递交 LCA 的当天或者之前 30 天内在工作单位的显着地点张贴该收据，至少张贴两周
- 雇主应保存下列文件备查：已递交的劳工条件申请副本；外籍员工的工资文件；最终工资水平的确定的解释；选择现行工资标准的依据
- 如果在法定的雇佣截止期限之前雇主解除了和外籍员工之间的雇佣合同，雇主应支付外籍员工合理的返程交通费用

如果雇主违反了相关规定，将会被处以罚款，一次违反的罚款范围在 1000 美元到 35000 美元不等。对某些特定条款的违反将会导致该雇主以后参与 H-1B 申请或者其他移民申请的资格被取消至少一年。

另外，以下两个主要的条件雇主也必须符合：

- 雇主必须有支付工资的能力
- 外籍员工即将开始工作的职位必须是一个真实的职位

H1-B 的申请过程

外籍员工接受了一份工作之后，获取 H-1B 签证/身份的过程就开始了。在该份工作正式开始前的六个月就可以开始申请 H-1B 签证/身份，但是不能早于六个月。尽早开始申请是很重要的，近几年来，H-1B 的名额一般都会很快就被用完。由于 H-1B 名额的限制，对于雇主来说，加快招聘程序，甚至是提早工作开始的时间都是比较安全的做法。以下是申请 H-1B 的一般步骤：

- 检索劳工部的现行工资标准数据库，找到该地区该职位的现行工资标准。保证提供的工资不低于当地该职位的现行工资标准

- 向劳工部递交劳工情况申请(Labor Condition Application, LCA)。这份申请将约束雇主必须支付不低于现行工资标准的薪金，对 H-1B 外籍员工提供和其他员工平等的待遇，雇佣该外籍员工不会对其他员工的工作产生负面影响，还有就是公司内部没有出现有关外籍员工即将开始工作的职位的罢工或者停工

- 劳工部批准 LCA 后，向美国移民局递交 H-1B 申请，递交所有相关的文件以及申请费。H-1B 的处理时间一般是 2 到 4 个月，如果雇主缴纳加速处理费 1225 美元，H-1B 还可以得到加急处理，一般在 15 个工作日就会得到最终结果

H1-B 签证的好处

- 外国人持 H-1B 签证可以进入美国并可以在专业领域内工作六年。H-1B 签证首次获签的在美国的居留时限是三年，三年期满后还可以再申请延期三年

- H-1B 签证持有者可以在美国雇主处合法地获得收入

- 跟许多其它签证不同，H-1B 允许持有者有移民倾向。因此，H-1B 签证相对容易获得通过

- 在 H-1B 身份时可以更换雇主

- H-1B 签证持有者的亲属也可以获得相关的好处。在 H-1B 身份有效期内，H-1B 的配偶和 21 岁以下的子女可以以 H-4 身份进入美国，并且允许以 H-4 的身份上学

- 如果外籍员工在美国有多个雇主，但是必须申请多个 H-1B
- 外籍员工由雇主申请兼职的 H-1B。只要他/她的工作时间不少于该行业内正常工作时间的 50%，并且满足 H-1B 的其他要求，就可以申请兼职 H-1B。如果他/她已经是 H-1B 身份，也可以同时申请一个兼职的 H-1B。在这种情况下，对于他/她需要为每一个雇主工作的时间没有要求
- H-1B 签证持有者可以在递交转换身份申请（I-485）180 天后更换雇主，并继续在相同的领域内工作，不会影响他/她的转换身份申请
- 在得到雇主许可的情况下，H-1B 持有者可以请长期的无薪假期而身份不受影响。
- H-1B 签证持有者不须回国服务
- 根据美国移民法和移民局的规定，H-1B 签证持有者在移民美国这个问题上允许有双重意向。因此，外籍员工在申请 H-1B 签证时就允许有移民美国的倾向
- H-1B 签证持有者只要处于有效的 H-1B 身份，就可以在美国上学，不需要申请 F-1 签证。但是必须继续为雇主工作。但是 H-1B 签证持有者不能在自己学习的学校中担任助教或者获得学校的补助，因为如果这样做的话则必须由 H-1B 身份转为 F-1。如果 H-1B 签证持有者不再为自己的雇主继续工作，他/她马上就会失去 H-1B 身份而不得不申请不同的身份，如 F-1
- H-1B 签证持有者可以自己开设公司。在美国开设公司，公民或者绿卡身份并不是必要条件。但是，外国人是否可以为自己的公司工作却是另外一回事。给任何一个公司工作，包括自己的公司，需要得到美国移民局的批准。在一些特定条件下，外国人自己的公司可以为他/她申请 H-1B。移民局将审查的两个重要条件是有支付能力和真正的业务需要。建立自己的公司并不意味着您就已经被自己的公司雇佣。想要为自己的公司工作就需要在美国有工作许可

H1-B 签证的局限

- H-1B 签证只是一种短期的工作签证。H-1B 签证持有者最长只

能在美国居留六年，六年期限一到，H-1B 持有者必须马上离开美国。但是有一些特殊情况下 H-1B 还可以在六年后申请延期

- H-1B 签证每年都有名额限制。目前是每个财政年度有 65000 个。另外还有 6800 个名额发放给自由贸易协定下的智利和新加坡公民；20000 个名额发放给在美国的大学获得硕士或者更高学位的外籍员工，这两项名额不包含在每个财政年度的 H-1B 的 65000 个名额内

- 只有在递交到移民局的 H-1B 申请获得批准以后，外籍员工才可以开始工作。但是如果外籍员工已经拥有了一个 H-1B，又有新的雇主为他申请 H-1B，只要移民局收到新雇主递交的 H-1B 申请，外籍员工就可以开始为新雇主工作

- 除非获得移民局的批准，H-1B 持有者的配偶和子女不可以工作

- H-1B 身份不能自动转为永久居民身份，即绿卡身份。绿卡申请和 H-1B 身份是相互独立的

- 雇主和外籍员工都可以在任何时间，以任何理由或者根本不需要理由来解除雇佣合同。雇佣合同一旦解除，H-1B 身份立刻丧失。但是，移民局会给被解雇或失业的外籍员工从被解雇或失业的当天起一个 10 天的宽限期。换句话说，在这 10 天里，外籍员工还是可以合法地居留在美国的，而且可以申请更改身份或进行 H-1B 延期申请。但是在这段宽限期内，外籍员工不能工作

- 雇主可以用合适的美国员工来代替 H-1B 员工。H-1B 员工不能把这视为歧视，因为雇主主有这样的法定的权利。但是雇主并没有在美国员工和 H-1B 员工之间倾向于选择美国员工的义务。一旦 H-1B 员工被雇佣，雇主应该将其与其他从事类似工作的美国员工平等对待

H1-B 身份六年后的延期问题

H-1B 首次获签的在美国居留时限是三年，三年期满后还可以申请延期再续三年，总计在美国的最长时限可以达到六年。在以下两种情况下，H-1B 持有者可以在六年以后继续申请延期：

- 如果 H-1B 持有者已经在 H-1B 到期前 365 天递交了 PERM 劳工证申请或者 I-140 申请，处于劳工证或者 I-140 等待状态，就可以在六年的限制之外申请一年的延期。在这种情况下的延期是没有上限的，只要移民申请还处在处理状态，就可以一年一年地申请延期
- 如果 H-1B 持有者的 I-140 已经得到批准并且由于排期倒退目前没有移民签证名额可用（即不可以递交 I-485 申请），H-1B 持有者可以在六年期限以外申请延期三年。在这种情况下，没有提前 365 天的限制

不受 H1-B 名额限制的情况

根据美国在世纪竞争法案（AC21）和国会通过的其他法案的规定，以下几种情况可以不受 H-1B 名额的限制：

- 受益人在过去六年中曾经以 H-1B 身份工作过，曾经占用过 H-1B 名额，且目前在美国仍然有合法身份，如 F-1 等
- 受益人的雇主是高等教育机构或其相关或附属的非营利机构，或者是非营利研究组织，或者是政府研究组织
- 受益人是已经拿到了 J-1 Waiver 的医师，并且在医疗专业人员短缺的地区工作

对于已经是 H-1B 身份的外籍员工来说，以下四种情况的有关 H-1B 的申请也不受名额限制：

- 修改申请：如果 H-1B 外籍员工的雇佣条件发生实质性变化，雇主应递交一份修改申请。此类申请不受名额限制
- 延期申请：如果 H-1B 外籍员工现有身份即将到期，需要延期

（一般都是 3 年）。雇主应递交一份延期申请。此类申请也不受名额限制

- 同时申请：如果 H-1B 外籍员工在为 A 雇主工作的同时，还想为 B 雇主工作，而且在 A 雇主处的 H-1B 已经占用了名额，或者在过去六年中曾经占用过 H-1B 名额，此时 B 雇主为其进行同时工作的申请。这种申请不受名额限制

- 相继申请：如果 H-1B 外籍员工在过去六年已经占用过 H-1B 名额，并且想要结束和 A 雇主的雇佣关系而为 B 雇主工作，可以在移民局批准之前率先将其雇佣关系转移至 B 雇主。H-1B 转移应该注意的是，这种情况并不适合所有想要换工作的 H-1B 外籍员工。比如说，约翰现在以 H-1B 身份在一所大学担任研究员。最近他又在一家私人企业找到了一份工作，而且雇主也愿意为他申请 H-1B。在这种情况下，约翰还是要受到名额的限制，因为他原有的 H-1B 没有占用名额，因为原来的雇主大学是高等教育机构

H-4 签证

H-4 签证是美国移民局签发给 H-1B 签证持有人直系亲属（配偶及 21 岁以下的子女）的签证。移民局允许 H-1B 签证持有人的直系亲属以 H-4 签证合法进入并居留在美国。H-4 签证通常是在美国领事馆签发。但是，如果直系亲属人已经在美国，他或她可以通过提交 I - 539 表转换成 H-4 签证。H-4 在美国可以居留的时间与 H-1B 的时间相同，也就是说，最长可以是六年。

H-4 签证持有人在美国居留期间可以上学，但是没有资格获得社会安全号码和不可以工作。但他们可以持有驾驶执照，开立银行账户，并获得美国税务局的纳税号码（Individual Taxpayer Identification Number or ITIN）。H-4 也可以转换身份，由 H-4 转换成 H-1，F-1，B-1，B-2 等其他非移民身份。

8.2 职业移民类型及职业移民第一类优先：EB-1

职业移民

所谓"职业移民"就是美国政府，根据美国的法律，允许任何美国劳工市场上短缺的合格人才，通过技术或特殊人才的资格，申请美国的合法永久居住权。

按照美国移民法，职业移民划分为五类。第一优先类是具有杰出才能的人士，第二优先类是专业人才和具有特殊才能的人士，第三优先类是专业人士、技术工人和非技术工人，第四优先类是特殊移民，第五优先类是创造就业机会的投资移民。职业移民每年有 140, 000 个名额。这 140,000 个名额分别分配于五个优先类型。绝大多数职业移民申请都要求申请人向移民局提交 I-140 移民申请的表格。部分职业移民的申请人需申请劳工证 PERM，下面，我们将简单介绍职业移民的五个优先类型：

职业移民第一优先：

职业移民第一类优先（First Preference Employment Based Immigration，EB-1），是美国职业类移民申请。杰出人才移民是美国政府"招才纳贤"，积极吸引招纳世界各国优秀人才这一精神在移民政策中的具体体现。根据移民法规定，满足"杰出人才"标准的外籍人士，不需要申请劳工证，就可以直接申请移民并获得绿卡。而且申请人无论身在美国、中国或其它国家皆可申请。

第一优先类型占用了每年职业移民名额总数的 28.6%，约 40,000 个。所有第一优先的申请都必须向移民局提交 I-140 申请表格。

根据美国移民法的定义，第一类优先申请包括以下三种类型：

1.杰出人才（Alien of Extraordinary Ability，EB-1A）

"杰出人才"或 EB-1（a）主要指的是那些在科学、艺术、教育、商业、或体育五大领域中具有特殊才能，取得很高成就，并享有国家级或国际性声誉，而且其成果和贡献在该领域得到广泛认可的杰出专业人才。这些人应该被认为是该领域中少数的顶尖人物之一，并申请人在获得杰出人才绿卡后，将在美国继续从事其领域内的工作，而其工作会对美国社会的相关发展，提供实质贡献。EB-1（a）不需要申请劳工证，不需要永久性工作的承诺，申请人也可以自己申请移民。当然，美国雇主也可以出面为申请人提出申请。

2.杰出教授或研究人员（Outstanding Researcher/Outstanding Professor，EB-1B）

"杰出教授或研究人员"或 EB-1（b）是指那些在某一特定的科学或学术领域中，取得国家级或国际性声誉的教授或研究人员。此外，申请人还必须在某学术领域中，至少执教或从事研究工作三年以上。攻读博士学位期间的研究工作可以算作申请 EB-1（b）中的工作经验。EB-1（b）的要求要低于 EB-1（a）一些。虽然 EB-1（b）不需要申请劳工证，但是，申请人必须有永久性工作的承诺，需要由美国雇主出面为申请人提出申请。博士后研究不算永久性工作的承诺。

3.跨国公司的主管或经理（Managers and Executive Transferees，简称 EB-1C）

"跨国公司的主管或经理"或 EB-1（c）则指那些被跨国公司调任到美国的高级行政人员或高级经理。该外国人须获得美国公司永久聘任，而在此之前的三年期间内，已为在该美国公司的海外相关企业（母公司，子公司或关联公司）工作至少一年以上。同样，EB-1（c）不需要申请劳工证，但是需要有永久性工作邀约，并需由美国雇主出面为申请人提出申请。另外，外国雇主需要存在一年以上。

综上所述，符合 EB-1 标准的外籍人士具有一个非常显著的有利条件，即无需劳工证申请，可直接申请移民。因为，获取劳工证是一个耗费时间并且花费昂贵的程序，其目的在于确定是否有合格的美国工人可以胜任该外籍人士申请的职位。劳工证申请程序除了耗费时间和金钱外，一旦出现了最低限度满足要求的美国工人，申请人的劳工证申请就会有被拒绝的危险，就算该外籍人士按照其它非劳工证申请因素考虑，更适合这个职位。另外，劳工证申请要求长期稳定的雇用关系，一旦申请人需要离开或变换工作，所有移民申请全部作废。

虽然 EB-1 申请完全不需要申请劳工证。但是，各类 EB-1 申请还是有一些差异。在 EB-1（a）的申请中，并不要求雇主支持及永久性工作的承诺。因此，即使没有雇主，或没有雇主支持，申请人也可以为自己申请移民并获得绿卡。同时，申请人在递交 EB-1（a）申请以后，可以随便变换工作，只要新的工作是在其申请的专业领域即可。但是，在 EB-1（b）和 EB-1（c）申请中，都需要有雇主的支持并有永久性工作的承诺。换句话说，EB-1（b）和 EB-1（c）的申请人必须是美国雇主。

另外，从移民排期考虑，申请 EB-1 还有一个非常有利的条件，即无移民签证排期，所有国家的人都有签证配额。每年，美国全球职业移民签证配额的 28.6%，即大约 4 万个移民签证，另加上未用完的特殊移民和投资移民的签证配额，都会用于第一类优先 EB-1 移民。而从以往每年移民统计数字上可以看出，EB-1 杰出人才移民人数很少，EB-1 签证配额从来用不完，不用排队等待签证配额。因此，申请人可以在递交 EB-1 移民申请（I-140）的同时，递交身份调整（I-485），并为自己或者配偶申请工作许可（I-765）和回美证(I-131)。在这种状况下，即便绿卡申请因背景调查不能很快下来，至少全家在中美间旅行，配偶在美工作都将不成问题。而 EB-2 则需要等待两到三年。这种移民排期，对于那些在中国大陆，印度及墨西哥出生的外籍人士尤其漫长。

总的来说，EB-1 最大的优势在于申请程序中免去了申请劳工证这一步，从而大大缩短了整个移民申请的时间。另外，该类职业移民不用花时间去等待签证配额，使得杰出人才在递移民申请同时，为自己或者配偶申请工作许可和回美证，并在相对较短的时间内获得美国的合法永久居留身份。因此对很多研究人员，医生及其它工程技术人员来说，EB-1 杰出人才移民可以说是获得美国绿卡的"高速快车"。

杰出人才 EB-1A 的具体要求：

- 申请人在科学、艺术、教 育、商业、或体育领域里具有特殊能力，得到广泛认可，取得很高成就，并且享有国家级或国际性的声誉与成就，其成就和贡献在该领域达到顶峰。申请人被认为是该领域中出类拔萃的人物之一
- 申请人在获得杰出人才绿卡后，将在美国继续从事其领域内的工作
- 申请人的工作将会对美国社会的相关发展，带来极大利益

杰出人才 EB-1A 的具体衡量标准：

1.申请人是否曾经获得过一项或一项以上的重大国际知名奖励。用第一种标准来衡量"杰出人才"，申请人只需证明他/她曾经获得过一项以上的重大国际知名奖励，仅凭此项国际知名奖励，无须提供其它证据，即可满足杰出人才的标准，轻而易举地移民美国。至于什么样的国际奖项才是被移民法接受的重大国际知名奖励，移民法并无确切定义或具体标准。一般来说，诺贝尔奖、奥斯卡奖、奥林匹克奖牌或奖杯，或国际重大发明创造，则可被接受为重大国际知名奖励。

2.申请人是否符合移民法规定的十条标准中的任意三条：
- "全国性或国际性奖项"。在其领域内，曾获得稍次一些的国家奖（不一定是美国的）或国际认可奖项，证明在该领域内具有优异成就
- 专业协会的会员资格。此类专业协会由该领域的国家或国际专家评定具有杰出成就人士才能加入为会员
- 专业刊物及主要商业出版物，或主要媒体上发表过关于此申请人及其相关工作的报导，或曾有重要媒体报导过申请者以及申请者在所属专业领域内的成就（发表文章必须包括标题、日期、作者、必要时应加以翻译）

- 在其领域内，曾经以个人或委员会成员身份担任评审，对其专业领域或其它相关领域内的其它人的作品进行评审鉴定
- 在其领域内，曾经做出过学术研究或艺术上的独创、原创性的重要贡献
- 在所属专业领域内的国内、国际刊物期刊或其它重要媒体上发表过的专业作品，如学术论文，书籍、学术文章等
- 在国家级或具有较高声誉或较大影响的艺术展览会或其他场所上，举办作品展览或其他展示活动
- 在工作机构、重要专业组织、团体担任主要领导或其它重要职务
- 在相关领域，申请人的薪资、报酬、或待遇远远高于其它同行
- 在表演、艺术上获得商业方面的成功，并通过票房收入、影片、录音带、录影带、DVD 等的销售量得到反映

如果上述标准对当事人的职业不适用，申请人可以提交「类似证据」来证明当事人的成就。

除此之外，外国人还需证明移民法规定的另外两个条件，即申请人在获得杰出人才绿卡后，将在美国继续从事其领域内的工作；并且，其工作将会为美国带来实际利益。

所有杰出人才移民申请都不需要申请劳工证，不需要获得雇主支持和永久性工作承诺。因此，只要符合杰出人才的标准，申请人可自行提交移民申请，不需要雇主的支持。即使申请人身在美国、中国或其它国家，只需证明其在进入美国后会继续从事相关领域的工作，如预期雇主的信件、未来工作具体计划或其它相关证据，就可提交杰出人才移民申请。同时，申请人在递交杰出人才申请以后，可以随意变换工作，只要新的工作是在其申请的专业领域即可。此外，在等待杰出人才批准的同时，申请人可以递交其他类型的移民申请；例如：国家利益豁免。

杰出教授/研究人员 EB-1B 的具体要求：

- 在某特定的科学或学术领域中，具有一定的个人成就，享有一定的国际性知名度的教授或研究人员
- 在某特定的科学或学术领域中，至少有三年的相关研究经验或者教学经验
- 获得永久性研究职位或者终身教学职位的承诺，并由雇主支持申请

综上所述，申请人如果在自己相关的领域内，有三年以上的研究或教学经验，获得雇主的永久性工作承诺，并由雇主出面担保申请的话，就可以通过 EB-1B 的形式，直接申请移民获得绿卡，不需要申请劳工证。

杰出教授/研究人员的具体衡量标准及要求：

申请人只需符合移民法规定的六条标准中的任意两条要求即可提出 EB-1B 申请：

- 因杰出成就而获得重大奖项或名誉
- 拥有只有杰出成就的人士才能加入的协会组织的会员资格
- 在专业出版物上，有报道该外籍人士的成就的文章（并不仅仅是引用外籍人士的作品或成果）
- 参与评审过他人作品，或担任过著名期刊的评委
- 在国际发行的期刊上发表过文章，或著有过学术书籍
- 在所在的专业领域，做出有原创性的科学、学术或艺术贡献

一般情况下，如果您的条件比较好，我们推荐您申请"杰出人才"EB-1A，因为 EB-1A 的申请人不会被限制在支持提交申请的特定雇主和工作职位上。但是，杰出教授和研究人员 EB-1B 的申请人在申请过程中如果更换了雇主，那原本正在处理中的申请就有可能因此而终止。不过，EB-1B 类的申请对学术成就的要求相对低于 EB-1A 类的申请。但总的来说，申请人的个别状况会使情况有所不同，这需要根据具体状况而定。

什么是雇主担保申请：

EB-1B 主要适用于杰出研究人员或教授，他们的申请一定要得到美国雇主支持，由美国雇主出面担保申请，以便他们可以通过这个渠道成为美国永久居民。这是 EB-1B 与 EB-1A（杰出人才）或 NIW（国家利益豁免）的重大区别之一。在 EB-1B 申请中，申请人必须是外籍人士的美国雇主 (一般为大学，研究机构，或符合条件的私人研究机构及私人公司等) ，而受益人才是外籍人士本人。由雇主担保申请就是这个意思。与此不同，EB-1A 或 NIW 移民申请，不需要雇主支持，外籍人士可自己提出申请。所以，在 EB-1A 或 NIW 申请中，外籍人士既是"申请人"也是"受益人"。

什么是永久工作（Permanent Employment）：

EB-1B 申请中的另一个要求，就是外籍人士必须获得由美国雇主提供的永久性的工作。移民局曾为解释"永久工作"的定义发布了一个备忘录。根据移民局解释，"永久工作"的定义是指终身的，或者是不确定工作具体结束时间的职位，而且员工可以预期自己一直可以工作下去，除非被"有因解雇"。根据移民局的定义，永久工作是指没有规定工作结束的具体时间的工作。兼职工作也可以视为是永久性的，只要这份兼职工作没有规定具体的结束时间。因此，一般说来，基本上所有的工作都可认为是永久工作。

有很多人一直问由不固定的研究资金支持的研究工作是否是永久工作。对此，移民局的解释是只要雇主在为这位外籍人士进行移民申请时表示这个工作将会持续收到资金支持，并且可以合理预期这个工作可以持续收到资金支持，那么这个工作就可以视为是"永久性"的。移民局也要求移民申请审查者们应该把外籍人士的工作的特殊情况和这份工作可以带来的收益考虑在内。如果一个研究性职位设定了一年的期限，但是有证据可以证明这份工作将会超过一年，那么这份工作也可以视为是"永久性"的。

对于 EB-1B 申请的受益人来说，弄清楚谁能够正式为他/她的 EB-1B 申请提供永久工作承诺是非常重要的。对申请人为私人公司的雇主来说，通常由人事经理、副总裁，或者部门主管等负责签发永久工作承诺。对于大学等雇主来说，这个问题就要复杂一些。移民局要求有人对整个大学作为一个整体的所有永久工作承诺负责。这样，没有官方赋予这项职责的教授或者管理人员就不能为 EB-1B 受益人提供永久工作承诺了。在这种情况下，一般都是由学院的院长或相关领导负责。

跨国公司経理/管理人员 EB-1C 的具体要求：

- 在过去的三年中，受益人必须在美国雇主的海外机构（如母公司、子公司或者分公司）工作过至少一年，而且他/她必须在美国从事经理/管理工作
- 雇主必须在美国境内和美国以外的国家进行业务运营，提供经常，连续，系统的商品和服务
- 雇主必须在美国已经存在至少一年

EB-1C 对受益人的"管理职务"的要求如下：

- 管理公司内部某些组织、部门等
- 管理并控制公司内部其它监督、管理或专业部门的工作
- 有人事任免权力
- 进行日常运营的决策工作

EB-1C 对受益人的"行政职务"的要求如下：

- 指导内部组织或部门的管理工作
- 确定工作目标，制定工作规划
- 广泛参与决策工作
- 只接受更高层的管理人员、董事会或股东的一般性的指导

8.3 职业移民第二、第三、第四、第五类优先：EB-2, EB-3, EB-4, EB-5

职业移民第二优先（专业/技术人才 EB-2）：

美国移民法职业移民第二类优先（Second Preference Employment Based Immigration, EB-2）。这一优先类别的申请人一般包括两种情况：(1)申请人拥有硕士及以上学位，或者申请人拥有学士学位以及至少5年的相关工作经验；(2)申请人在艺术、科学或商业领域拥有特殊技能。特殊技能是指与领域内的其他人相比，申请人拥有更出色的专长。

EB-2 类的名额为每年约 40, 000 个名额（占职业移民名额总数的 28.6%），以及本年度第一优先类别的剩余名额。EB-2 申请需要工作职位承诺(Job offer)和劳工证(PERM)，但以下情况除外：(1)申请人获得了基于国家利益的豁免(NIW)；(2)申请人满足 Schedule A Designation 的规定；(3)符合 Labor Market Information Pilot Program 的申请。

PERM 劳工证

所谓劳工证（Labor Certification，LC）又称"外国人工作许可证"，是美国政府为了保护其国内的劳工市场，不受移民冲击，所制定的相关移民政策。换句话说，劳工证是美国劳工部（DOL）给美国移民局（USCIS）的一个证明，证明如果该外国人在美国获得永久性工作，并不会夺走美国工人（美国公民，永久居民或某些有特殊工作许可的外国人）的工作机会。

而 PERM（Program Electronic Review Management Process，PERM）则是美国政府于 2005 年 3 月 28 日制定的关于劳工证申请的全新程序。根据 PERM 法规定，从 2005 年 3 月 28 日以后，所有的劳工证申请，将不再采用以前传统的劳工证或 RIR 程序来处理，而必须通过 PERM 程序来提交。为区分传统的劳工证申请程序，我们又称当前新的劳工证申请程序为 PERM 劳工证申请程序，简称 PERM 劳工证。根据劳工证的相关规定，劳工证的目的很简单：雇主为外国劳工申请劳工证时，需进行一系列的招聘活动以测试工作市场，证明找不到符合最低标准的美国工人。换句话说，只要有符合最低标准的美国工人想为雇主工作，雇主就要去雇这个美国工人，而不能雇这个外国劳工。另外，雇用外国劳工不会损害其它美国工人的工资和工作环境，即雇主不可廉价雇用外国劳工。

新的 PERM 劳工证申请程序和之前传统的劳工证申请程序的主要区别在于，在 PERM 申请程序中，雇主通过网络提交 PERM 申请，当然雇主也可以选择通过邮寄的方式申请。网络申请仅仅是递交 PERM 劳工证申请，雇主不需另外提交任何招聘记录，应聘人员的简历，招聘结果以及最终招聘报告。但是雇主在提交劳工证申请前，必需准备好所有的招聘活动证明文件以备劳工部核查（Audit）。劳工部的主审官员（CO）有权核查每个申请。如果主审官认为申请中有任何不符合规定之处，可向雇主发出核查通知，要求雇主加以说明。雇主应在劳工部发出核查通知后 30 天内，提交所有要求的证明文件。否则，申请自动否决，而雇主在六个月之内不得提出同样的申请。如果申请因为某种原因遭到否决，雇主可向有关部门上诉。劳工部（DOL）一般在 45 至 60 天内，对 PERM 劳工证申请作出裁定。但是最近受经济危机的影响，劳工证的审理有缓慢的趋势。由于目前申请人众多，法律规定日益严格，雇主在提出申请之前，应做好充分的准备工作。

劳工证是由美国雇主根据其所需工作要求，为外国劳工提出的申请，因此外国劳工无论在美国境内或境外，美国雇主都可为其申请劳工证，前提是此外国劳工需符合应征的各项条件。

在劳工证获得批准后，其雇主再为申请人向美国移民局提交 I-140 职业移民申请。从 2007 年 7 月 16 日起，移民局规定了劳工证的有效期，其有效期是劳工证批准后 180 天。所有的劳工证在批准后，必须在批准后的 180 天之内向移民局提交 I-140 职业移民的申请，否则劳工证将失效。劳工证是 I-140 阶段职业移民申请的重要证明文件，如果该文件失效将无法提出职业移民申请。

在新的规定下，在职业移民申请中，劳工证的受益人和雇主不能更换。新的规定还要求在劳工证申请过程中产生的费用，包括律师费等，必须由雇主支付，而不能是雇员支付。

什么人需要申请 PERM 劳工证

PERM 劳工证，顾名思义是外国人通过职业技术进行移民的许可证明。因此，PERM 劳工证是绝大多数职业类移民申请的必要步骤。同理，所有家庭类移民申请都不需要申请劳工证。

根据美国移民法第规定，PERM 劳工证是职业移民第二类优先（EB-2）和职业移民第三类优先（EB-3）移民申请的必要步骤。唯一的例外是第二类优先中的国家利益豁免（NIW）移民申请，它不需要申请劳工证，即可直接申请移民。

以下类别的移民申请不需要申请劳工证：
* 所有家庭类移民申请
* 职业移民第一类优先（杰出人才移民 EB-1）其中包括：（EB-1A）杰出人才，（EB-1B）杰出教授或研究人员，（EB-1C）跨国公司内部高级管理人员
* 职业移民第二类优先中符合国家利益豁免（NIW）的申请人
* 职业移民第四类优先：即特殊移民，包括宗教人士等
* 职业移民第五类优先（投资移民 EB-5）

申请 PERM 劳工证的大概步骤

PERM 劳工证是职业移民申请的关键第一步。成功的 PERM 申请是一个极其复杂和冗长的程序。它需要对以下各方面进行深刻、全面、透彻的分析了解：外国雇员的资格，招聘职位，工作环境，对所招聘职位职责和要求的策划，招聘日程的细节安排和跟进，遵守制定的招聘程序，以及适当的文件准备和表格的技术性检查。劳工证申请的大致步骤:

* 雇主同意为外国雇员担保进行 PERM 劳工证的申请
* 与律师签订聘用协议
* 雇主填写 PERM 劳工证申请表格的申请信息，并提供该公司的情况，雇佣的职位的详细职责说明，招聘条件要求，和外国

雇员自身学历，工作经验

- 律师根据雇主提供的公司情况，职位信息，申请人学历和经历，替申请人拟定一个符合劳工部（DOL）规定的最佳申请工作职务，工作职责，及广告词
- 律师从劳工部的工资决定机构（National Prevailing Wage Center）获得该职位的现行工资标准（Prevailing Wage）
- 在律师协助下，雇主按照劳工部规定步骤，在有关媒体上刊登广告，进行招聘活动，并作文件记录
- 招聘活动必须在申请提交前的 30 天至 180 天之内完成（有一种例外情形）
- 雇主进行筛选和审查应聘者
- 如有需要，雇主需对合格的应聘者进行面试
- 雇主完成对所有应聘者的评估，总结招聘工作，并告知律师被雇佣和被拒绝人员的情况，同时提供相关拒绝理由的详细信息
- 根据雇主提供的招聘活动记录，律师协助雇主精心准备出一份详细的招聘报告，雇主需在该报告上签字
- 如果该职位没有合格的美国工人应聘，雇主方可以为外国雇员递交 PERM 劳工证申请
- 律师收集和准备劳工部所需的相关文件，通过互联网递交或者书面填写 ETA-9089 表格，递交精心准备的 PERM 劳工证申请
- 如果劳工部（DOL）认为雇主进行了规定的招聘活动，并未找到适合该职位的美国工人，劳工部将在大约 45 至 60 天内批准申请。有些申请可能会在几天内得到批准
- 如果劳工部（DOL）认为申请的条件还不足够或者是因为随机的抽查，可以要求进一步特案审查（Audit）该申请。雇主应该在收到劳工部发出审查信的 30 天内，向劳工部回复，并提供所需的相关文件。如果雇主未能在 30 天内递交要求的相关文件，劳工部不但会拒绝该劳工证的申请，劳工部甚至还有可能要求以后（最长 2 年）雇主需在其监督之下进行其它劳工证的招聘活动
- 劳工部完成对雇主文件的审查后，可能会批准劳工证申请，

或者拒绝该申请，或者让该雇主在劳工部监督下的进行招聘程序

通过 PERM 劳工证移民的流程图

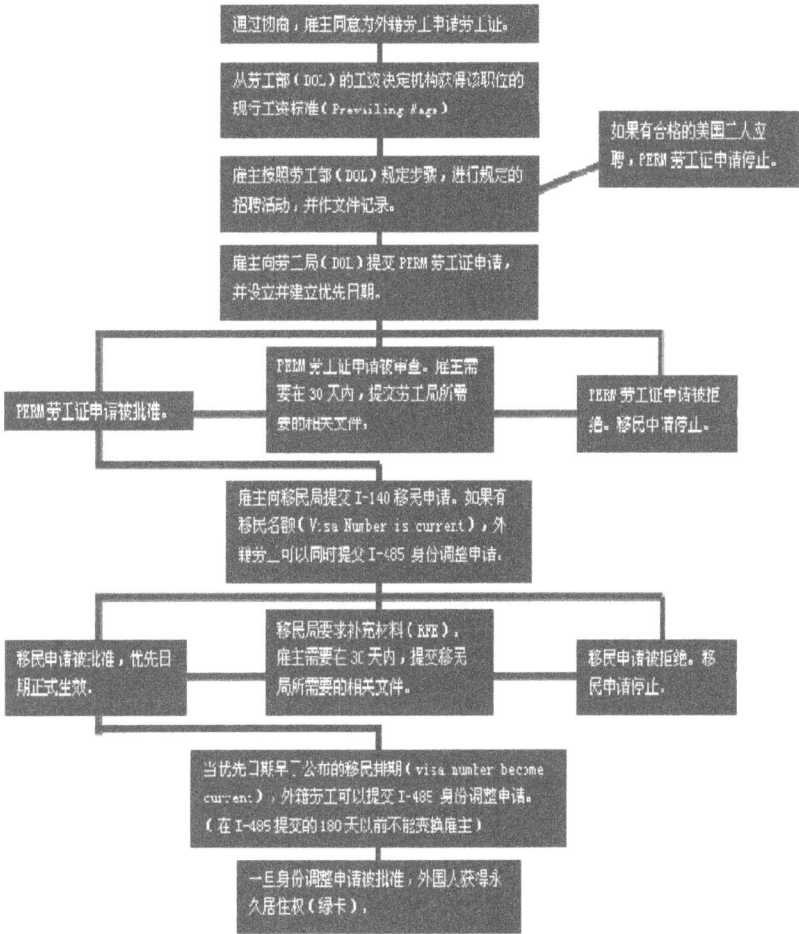

如果申请需要劳工证,则需要由雇主在批准的劳工证基础上提交 I-140 申请。

国家利益豁免

国家利益豁免移民（National Interest Waiver，简称 NIW）是美国移民法职业移民第二类优先的一个特例。在常规的职业移民第二优先申请中，申请人需有美国雇主提供永久性工作的邀约（Permanent Job Offer），并由雇主为其向劳工部申请劳工证（Labor Certification，简称 LC）。在获得劳工证批准以后，为其向移民局提出移民申请（I-140）。但国家利益豁免是个特例，美国政府基于国家利益的考虑，对那些为美国国家利益做出重要贡献的外籍人士，不需要雇主提供永久性工作承诺，不需要申请劳工证，可直接申请移民。而且，即使没有雇主，或没有雇主支持，申请人也可以自己的名义为自己申请移民并获得绿卡。当然，雇主也可以出面为申请人提出移民申请。

美国移民法关于 NIW 的条款非常抽象笼统。 其概要为，移民局若认为符合国家利益，则可豁免外籍人士绿卡申请中劳工证的申请程序。归纳为外籍人士想获得 NIW 豁免直接申请移民，须符合如下三点条件：

- 申请人的工作领域必须与美国国家利益有内在价值或效用（intrinsic merit）
- 申请人的工作性质需具有全国范围内的影响（national in scope），而非"地域性"
- 如果要求申请人通过劳工证申请绿卡，会有损于美国国家利益（adversely affect the national interest）

由于劳工证申请是一个繁琐费时并且花费昂贵的程序，其目的在于确定是否有合格的美国工人可以胜任该外籍人士申请的职位。劳工证申请程序除了耗费时间和金钱外，一旦出现了最低限度满足要求的美国工人，申请人的劳工证申请就有被拒绝的危险，就算该外籍人士按照其它非劳工证申请因素考虑，更适合这个职位。另外，劳工证申请要求长期稳定的雇用关系，一旦申请人需要离开或变换工作，所有移民申请全部作废。而国家利益豁免因没有劳工证的限制，没有雇用关系的要求，申请人在递交国家利益豁免申请后，可以随便变换工作，只要新的工作与国家利益豁免申请中的工作在同一领域即可。此外，在等待国家利益豁免批准的同时，申请人可以递交其他类型的移民申请；例如：第一类优先（EB-1）。 总的来说，由于国家利益豁免申请不需要雇主提供永久性工作承诺，不需要申请劳工证，对于很多研究人员、博士生、博士后及其他工程技术人员来说，国家利益豁免与其他移民类别相比，优势还是相当明显的。

申请国家利益豁免的资格：

最基本条件：高等学位或者特殊技能。由于国家利益豁免属于职业移民第二优先（EB-2），申请人必须符合申请 EB-2 的条件，也就是拥有"高等学位"（Professionals Holding Advanced Degrees）或者"特殊技能"（Aliens of Exceptional Ability）。"高等学位"即指美国或者外国相等大学的硕士或以上学位或者同等学力，比如 M.A.，M.S.，M.E.，M.D.或 Ph.D.，并且在需要的"高等学位"的工作领域内工作，或者是在传统的专业领域内工作，比如律师、医生、建筑师、工程师或教师。学士学位另加五年相关专业领域的工作经验者也算满足高等学位的要求。如果没有高等学位，申请人也可以宣称拥有"特殊技能"，也就是在科学、艺术或商业领域，拥有超过一般同行的特殊技能，满足以下要求中的至少三条：

- 在其专业领域内曾经获得过学院、大学或其它教育培训机构颁发的官方学术证明
- 在其专业领域内有十年以上的全职工作经验，这一项一般需由前任及现任雇主提供证明
- 有在相关领域的专业从业执照
- 申请人由于自己的「特殊技能」所获得薪水或其它报酬
- 申请人是专业协会的会员
- 在所在的领域内获得认可，并做出重要的贡献。这一点由同事、政府机关、专业或者商业组织提供证明

申请人只需要符合高等学位或者特殊技能其中一个条件既可，不必同时符合两个条件。当然，根据移民局行政上诉办公室（AAO）声称，"高等学位"或者"特殊技能"只是申请国家利益豁免的基本标准，申请人还必须满足另外一些国家利益豁免的特殊标准，即我们下面将陈述

的 AAO 在纽约州交通部案（NYDOT）中所确立的衡量国家利益的三重标准：

- 申请人的工作及所从事的领域必须与美国国家利益有内在的实质性的联系（intrinsic merit）。一般说来，几乎所有的工作都可以和美国国家利益有某种联系，各科研领域、工程、艺术、学术、教育、金融、体育、出版、电影、音乐等均可和美国国家利益联系起来。想要证明这一点是比较容易的。
- 申请人所从事的工作及贡献必须在美国全国范围内产生有益的影响（national in scope），而不是仅对某一个州某一个城市，或者某一个人产生影响。一般说来，想要证明这一点也是比较容易的。比如说，您在全国范围发行的期刊上发表过文章、在国家级会议上做过演讲、在联邦资助的国家性项目中担任重要角色、是一个专利的发明人、或者您工作的单位为国家生产非常重要的新产品。
- 如果要求申请人通过劳工证申请移民，就会有损于美国国家的利益（adversely affect the national interest）。这一点为国家利益豁免申请的要点。劳工证的设置是为了保护美国工人的基本利益，只证明申请人的能力高于有类似背景的美国同行，对国家利益做出的贡献超过了保护美国劳工利益的需要，那么申请人就可以获得国家利益豁免。

综上所述，申请人最终需要证明的就是，他/她的工作和贡献可以为全美国带来巨大的利益，这种巨大的利益超过了美国政府保护美国劳工利益的需要，出于国家利益的考虑，美国政府同意豁免直劳工证的申请，容许直接申请移民并获得绿卡。

具体评估条件：

许多来美国的留学生、学者、研究人员、博士生、博士后及其他科学技术人员并没有对美国做出什么巨大的发现或贡献，不确定自己是否符合国家利益豁免的申请标准。如果你想知道自己是否符合国家利益豁免的申请条件，给自己做评估的时候，要注意以下几点：

- 你是否有硕士或硕士以上的学历
- 你是否在国内国外在本领域有一定的工作经验
- 你是否获得过国内国外的大大小小的奖励(包括学校的奖金等)
- 你是否在国内国外学术刊物上发表过一些研究文章，在这些文章中有多少你是第一作者
- 你的文章是否有大量独立引用和/或大量下载量
- 你是否能到找到认识和不认识你的专家以及其他本领域的权威人士为你写的推荐信
- 你是否能够找到有关你的领域和国家利益的联系的材料
- 你是否是某(几)个行业协会的会员

如果你对这些问题的回答是肯定的，你应跟律师进行联系。其实，通过国家利益豁免申请移民是绝大多数正在学校攻读博士学位，尤其是从事博士后研究工作的研究人员的重要甚至可以说唯一的移民途径。申请国家利益豁免不会有什么负面影响。有条件的可以先申请国家利益豁免，即使国家利益豁免申请没有被批准，再申请 EB-2 也不迟。或者，你可以双管齐下，两者同时申请保证成功。

国家利益豁免申请所需材料：

- 学历证明，其他可以证明申请人教育背景的材料，证明申请人的学历至少应该相当于美国大学承认的硕士学位
- 所有曾经发表过的作品，包括书，文章, 文章概要等, 作品被引用的情况
- 申请人的研究成果曾在会议上发表的材料，如海报，学术会议的文章摘要，学术会议的邀请函等
- 由评论家，专家，其他研究人员对申请人发表过的作品做出的评论，报道或引用等
- 申请人收到的重印要求（Request for Reprints）
- 曾经获得过的荣誉或奖项（包括荣获国内国外一些重大的荣誉，奖项或奖学金等）
- 专业协会或团体的成员证明
- 被邀请作为学术文章的审稿人的证明

- 申请人的研究项目的资助情况
- 对为申请人写推荐信的人员的相关报纸报道
- 申请人简历
- 为申请人写推荐信的所有人员情况的列表，包括姓名、职位（title）、工作单位（employer）等
- 推荐信及推荐人简要介绍

推荐信应该可以证明以下几点：

- 申请人的工作领域与美国的国家利益有实质性的内在联系
- 申请人拥有特殊的专业知识、技能或工作经验,使其能力明显优于这一领域内的其它人员
- 申请人将会把自己的特殊技能付诸实践，给美国带来巨大利益
- 申请人给美国带来的利益是全国性的
- 如果要求申请人申请劳工证，将会给美国的国家利益带来负面影响

国家利益豁免(NIW)的 I-140 申请可以由申请人自己提交。目前，NIW 是第二优先类别内被广泛使用的一类申请。由于目前美国经济衰退就业机会减少等诸多因素，移民局已做出相应反应，对几乎所有工作签证类别的签证审理趋严。例如，移民局加强了对 H-1B 工作签证申请的审查过程，移民局对 NIW 案件的审理也采用了类似的严格做法，对 NIW 申请人提出了更严格苛刻的要求。

职业移民第三优先（技术/非技术工人 EB-3）：

职业移民的第三优先类别包括熟练工人(Skilled Workers)、学士学位持有人以及其它工人。 第三优先类别的名额也为每年约 40,000 个（占职业移民名额总数的 28.6%），以及本年度第一和第二优先类别的剩余名额。但是非熟练工人(Unskilled Workers)的名额数不得超过 10,000

个。所有第三类别的 I-140 申请都需要由雇主提交；EB-3 也需要申请劳工证，除非申请人是：(1)满足 Schedule A Designation 的申请条件；(2)符合 Labor Market Information Pilot Program 的规定。EB-3 包括三个具体分类：

- 熟练工人：申请人必须能够胜任至少需要两年培训或工作经验的工作
- 拥有学士学位的申请人
- 其它工人：申请人能够胜任不需要两年培训或工作经验的工作

职业移民第四优先（特殊人员移民 EB-4）：

EB-4 特殊职业移民的名额占总名额数的 7.1%。EB-4 类的申请人必须要获得 I-360 申请的批准。特殊职业移民需要进行 I-360 申请，但美国政府的海外雇员例外，他们使用 DS-1884 申请。第四优先类别包括以下几种具体情况：

- 宗教工作人员，包括为宗教组织工作，具有职业素养和才能的牧师，宗教工作人员或在宗教组织中参加一项宗教使命的人士
- 美国政府的特殊海外工作人员
- 前巴拿马运河公司的工作人员
- 国际组织的退休工作人员
- 国际组织工作人员的家属
- 美国军队成员

职业移民第五优先（投资移民 EB-5）：

为了吸引外资，创造就业机会，刺激美国经济增长，美国政府于 1990 年在《美国移民归化法案》，创立了职业移民第五优先（第 203(b)(5)条的 8 U.S.C.§1153(b)(5)款，又称 EB-5)，鼓励外国投资者通过

投资获得美国永久居留权。EB-5 投资移民的名额占全部名额的 7.1%。EB-5 申请人需要提交 I-526 申请。为了满足这一类别的申请要求，申请人根据投资地区雇佣率的不同要投资 $500,000 或 $1,000,000，并为美国公民、绿卡持有人及其它合法居留人士提供至少 10 个工作机会(投资人及其家庭成员除外)。

投资移民（EB-5）对于拥有足够资产并有意移民美国的外国公民来说具有普世的优越性。投资移民不要求申请人拥有任何学历或者其它履历以及资质，无论申请人是什么国籍，是否有投资经验，是否有企业管理技能，甚至是否会说英文都可以申请。 根据美国国土安全局和移民局于 2010 年 6 月 16 日发表的对投资移民(EB-5)的备忘录， 美国每年有 1 万个投资移民签证提供给合格的外国投资移民申请人，其中有 3000 个签证名额预留给投资到目标就业区（TEA）创立新企业的投资移民者，3000 个签证名额预留给投资到 地区中心（RC）的投资移民者。只要申请人的资金来源合法，再满足以下三个条件，即可以获得批准：

1.投资对象与方式：申请人投资的对象必须是以盈利为目的的企业，这样的公司在美国包括公司（Corporation）、有限责任公司（Limited Liability Company）和有限合伙（Limited Liability Partnership）以及其他法人或个人独资企业，但非盈利机构不包含在内。对于投资方式，移民局的规定同样相当宽泛，申请人可以通过以下三种投资方式来申请绿卡：

- 新的商业企业（New Business Enterprise）
- 困难企业(Troubled Enterprise)
- 地区中心移民方案（Regional Center Pilot Program）

地区中心移民方案： 投资者也可以把钱投给移民局核准的"地区中心"， 成为某个项目的合伙人或股东。 为了刺激外国资本的投资，美国移民将每年 3000 个签证放给投资"地区中心"的 EB-5 申请人。"地区中心"相对其他投资方式独具特色，比如不要求投资者 参与日常公司管理，除了直接创造的就业机会，间接创造的就业机会也符合移民局对于"创造 10 个就业机会"的要求等等。目前，大多数的 EB-5 申请人都选择了这种投资方式。根据美国政府计划，这个项目将于 2012 年 9 月 30 年截止，但考虑到美国当前的经济状况，该项目有可能再延长一段时间。

2.投资金额：一般而言，美国移民局要求投资金额不少于 100 万美元。但是事有例外，为了刺激美国偏远或高失业率地区的经济发展，移民局规定如果申请人投资的对象处在"目标就业区域"（Targeted Employment Area），即人口低于 2 万乡村地区或者失业率高于美国平均失业率 50%的高失业率地区，投资金额可下调到不少于 50 万美元。另外值得注意的是，绝大部门的地区中心的投资门槛是不少于 50 万美元。

3.创造就业岗位：除了投钱，另外一个核心的要求是创造就业。法律的一般规定是，对于创立新企业的申请人，必须通过投资的企业在 I-526 表格批准后的两年内直接雇佣 10 个全职以上的美国公民或美国绿卡持有者或者其他合法移民；对于参加地区中心计划的投资人需要证明区域中心正在按照其被批准的商业计划运营；对于收购困难企业的申请人，需要至少保持投资时的雇用人数。EB-5 投资人自身和配偶子女不算在内。

投资移民（EB-5）大概步骤

将资金转入美国

投资人将个人资金 50 万或 100 万从国内的个人账户转入美国的个人账户。对于在中国外汇管制下的汇款方式请咨询移民律师。因为如果不能证明资金来源，是不能用于 EB-5 的申请的。

提交投资移民申请

在完成了公司成立或选择了地区中心并注入资金后，申请人需要向移民局递交"外国企业家投资移民申请"I-526 表格，以及所需的资金合法

证明以及商业计划等证明文件，申请费为 1500 美元，审理时间为半年到一年

申请身份调整（临时绿卡）

在 I-526 获得批准以后，与其他移民签证类似，申请人需要通过领事馆程序（如果申请人不在美国境内）进行身份调整或者提交 I-485 表格（如果申请人处于美国境内），审理过程大概需要 6 到 12 个月，一旦身份调整获得批准，申请人即会获得有效期为两年的"临时绿卡"（Conditional Green Card），该绿卡和永久绿卡的享有相同的待遇。主申请人的直接亲属（即配偶和 21 岁以下的未婚子女）可以作为受益人同时申请。I-485 的审理时间为半年到一年

申请永久绿卡

在临时绿卡到期前的 90 天内，申请人提交"去除条件申请"I-829 表格来申请永久绿卡，申请费为 3750 美元，如果过期而未申请，申请人将会被纳入驱逐程序的名单。如果申请人满足移民局对于 EB-5 的所有关于资金和就业岗位的要求，I-829 会得到批准，继而申请人将获得永久绿卡。I-829 的审理时间为半年到一年

EB-5 投资移民申请人从开始申请到最后拿到永久绿卡的时间通常是三年半到四年。在 I-829 审理阶段，申请人的临时绿卡身份仍然处于有效的状态，这个状态将维持一年直到移民局得出结果，此间，申请人在文件齐全的条件下依然可以出国旅行。

8.4 职业移民申请及 I-140 表，I-485 表

申请美国绿卡主要有两种方式。一是通过职业移民，二是通过亲属移民。不管是走哪条路，都有两个步骤。第一步是提出绿卡资格申请(职业移民需递交 I-140 表，亲属移民需递交 I-130 表)，第二步是在境内进行身份调整 (递交 I-485 表)，或在境外使馆申请移民签证

（Consular Processing）（K-1 签证持有者可以在于美国公民完婚后直接申请 I-485 身份调整）。

移民资格申请

申请获得职业移民的资格需要递交 I-140 表。按类别说，职业移民的第一，第二和第三类优先的申请都需要填写 I-140 表。 具体来说，第一优先的特殊人才(EB1A)，第一优先的杰出教授和研究人员(EB1B)和第一优先的跨国公司管理人员移民(EB1C)，必须首先填写 I-140 表。第二优先中分国家利益豁免(NIW) 和要求硕士学位的 PERM 劳工纸申请两种。递交国家利益豁免(NIW)的移民申请也须先填写 I-140 表。PERM 劳工纸的第二优先申请在劳工部批准 PERM 劳工纸之后也必须填写 I-140 表。第三优先的 PERM 劳工纸 (职位要求本科和本科以下学位) 在劳工部批准 PERM 劳工纸之后也必须填写 I-140 表。投资移民和其他非劳工移民申请如亲属移民需填写别的表格。

谁需要在 I-140 申请表上签名？

劳工或者职业移民的申请人必须在 I-140 表格上签名。 那么，谁是劳工或者职业移民的申请人呢？第一优先的特殊人才(EB1A) 和第二优先的国家利益豁免 (NIW) 不需要美国雇主的支持，外籍人士，即受益者可以在 I-140 表上签名。但是，第一优先的杰出教授和研究人员(EB1B)，第一优先的跨国公司管理人员移民(EB1C)，PERM 第二优先的申请（EB2）和 PERM 第三优先的申请(EB3)，必须得到美国公司雇主的支持，因此美国雇主是 I-140 移民申请的申请人，需要在 I-140 表格上签字。此外，如果有代理律师，代理律师必须在 I-140 表上签名。

I-140 的功用

递交 I-140 表示外籍人士或者美国雇主为外籍人士向美国政府表达移民意图的开始。只有移民局批准 I-140 移民申请表，才表明美国政府同意外籍人士移民美国 (虽然并不意味着该外籍人士一定能够最终得到绿卡身份) 。第一优先的特殊人才(EB1A)和第二优先的国家利益豁免(NIW)递交 I-140 申请，表明申请人基本符合移民美国的条件而正式向美国政府提出移民申请。递交第一优先的杰出教授和研究人员(EB1B) 或者第一优先的跨国公司管理人员移民 (EB1C) 的 I-140 表格，表明外籍人士基本符合移民条件并得到自己雇主的支持。递交 PERM第二优先的 I-140 申请和 PERM 第三优先的 I-140 申请，首先表明已得到美国联邦劳工部的认可，即获得 PERM 劳工纸批准书。其次意味着自己的雇主愿意支持移民申请。如果雇主签字的 I-140 得到批准后，外籍人士因某种原因必须离开雇主，外籍人士必须通过新的雇主重新递交绿卡申请，但外籍人士可以带走早先 I-140 批准书上的优先日期。因此及早得到 I-140 批准书，有助于及早拿到绿卡。

但要注意的是，如果 I-140 表是美国公司雇主签的字，整个移民申请是美国公司雇主的申请，外籍员工在一定的时期内(拿到绿卡或者还没有拿到绿卡)不能随意辞掉工作，离开递交申请的雇主。如果必须离开雇主，最好等 I-140 申请得到批准后。在 I-140 申请得到批准前丢掉工作离开雇主，已经办完的绿卡申请过程基本上作废。虽然第一优先的特殊人才(EB1A)和第二优先的国家利益豁免(NIW)属于自我申请，外籍申请人可以换工作，新换工作应和递交 I-140 申请时的工作相同或相似。

I-140 表格还有一个重要功能，就是帮外籍员工保留 H-1B 六年满期之后延期的资格 (H-1B 最高期一般只有六年) 。如果 H-1B 身份的外籍员工递交或者通过雇主递交过 I-140 表格，不管该 I-140 还在等待过程中还是已经被批准，只要该 I-140 申请是在他/她的 H-1B 第五年之前递交的，他/她的 H-1B 可以突破六年的限制而被延期到第七年，第八年，第九年，第十年等等，直到最终拿到绿卡或者最终拿不到绿卡。因此 H-1B 六年时间所剩不多而且又不准备很快回国的，应尽早准备递交 I-140 申请，以便保留在美国继续工作的资格。如果 H-1B 五年之后还没有递交 I-140 申请的，H-1B 外籍员工在 H-1B 六年到期时须离开美国至少一年后才能再申请 H-1B 返回美国。

身份调整

身份调整的最大意义，就在于它是获得绿卡的最后一步。身份调整的申请一旦获得批准，申请人就获得了美国的永久居住权。身份调整需要填写和递交 I-485 表格和相关材料。申请人可以与 I-485 同时申请 I-131 回美证以及 I-765 工作许可。

身份调整的申请资格

身份调整是身在美国的外籍者由非移民身份转向移民身份或永久居民身份时所提交的申请。要提交身份调整的申请，申请人不但需要满足身份调整所要求的条件，还不能在法律上有任何导致不能提交身份调整申请的问题。要满足身份调整的资格，申请人必须满足以下条件：

1.申请人必须身在美国。如果外籍者身在美国之外，他就不能申请身份调整了，而是需要在美国境外的领事馆申请进行领事处理程序（Consular Processing）。

2.申请人的移民申请必须已经获得了批准。这一标准同样适用于 I-130 家庭移民的申请。但是，美国公民的直系亲属（包括父母、配偶以及 21 岁以下的未婚子女） 能够在申请人为其提交 I-130 申请的同时提交 I-485 身份调整申请。

此外，依照 2002 年 7 月的最新规定，如果申请所在的类别有移民签证名额可用，I-485 身份调整申请能够和 I-140 职业移民申请(EB-1. EB-2) 同时提交（Concurrent Filing）。

2. 移民签证名额对于申请人必须可用。除了美国公民的直系亲属外，家庭移民申请的其它种类以及职业移民申请都要受每年移民签证的名额数限制。这些外籍者，只有在等到签证名额可用的情况下，才能提交他们的 I-485 身份调整申请。所谓签证名额可用，也就是说国务院每月公布的截至日期(Cut-Off Date)已经晚于外籍者申请的优先日期(Priority Date)或者显示为 Current。您可以在以下网页查找当前的截至日期：

4.申请人必须是合法入境。外籍者在进入美国时必须经过检查才会被认为是合法入境。移民局认为「经过检查」也就说在入境口岸经过了移民官员的检查。在移民官员告诉你可以入境并且允许你入境之后，也就意味着外籍者已经合法入境。一般来说，签证上的 I-94 表格或移民章都标志着持有者为合法入境。

5.与移民申请相关的条件没有改变。相关条件的变化有可能会给身份调整申请带来不利的影响。

然而，并不是说满足以上的条件就自然能够获得身份调整申请的批准。外籍者如果遇到以下情况，将不会被允许在美国调整身份。这些情况包括：

非法工作，身份非法或者不能维持合法身份—外籍者如果有非法工作的状况，或者在提交申请时申请人处于非法身份或者在进入美国之后申请人曾经哪怕有一天处于非法身份状态，他的 I-485 身份调整申请都可能不能获得批准。

J 签证的交流访问学者 J-1 或 J-2 非移民签证的持有者因为有两年的回国限制，在没有完成这两年回国居住的限制并且也没有获得豁免的情况下，就不能顺利进行身份调整。

未婚夫/妻 K 签证 持有 K-1 签证的美国公民的未婚夫/妻只有在一种情况下才可以申请 I-485 身份调整，这就是说只有当 K-1 签证的持有者与他所持签证的申请人按照签证的相关规定在进入美国 90 天内成婚后，才可以申请 I-485 身份调整。也就是说，如果 K-1 签证持有者和另外一个美国公民而非他/她申请签证时的未婚夫/妻结婚的话，他/她同样不能申请身份调整。

社会负担，任何身份调整申请的申请人都必须证明他们或者他们申请的支持者(例如配偶)有足够的经济能力保障。申请人如果不能证明自己不会成为社会负担，他/她的身份调整申请将不能获得批准。

处于遣送程序但与美国公民或绿卡持有者结婚的外籍者。在这种情况下，如果申请人仅以获得绿卡为目的而结婚，则申请人的调整身份不能被批准。但是，如果申请人能证明婚姻的缔结是出于善意，并不是只为了获得绿卡，他/她的身份调整就应该能够获得批准。

通过签证豁免计划入境的外籍者。通过移民法案 217 条规定的免签证计划或 212 (1) 条规定的关岛免签证计划以旅游或商务目的进入美国的外籍者，不得申请 I-485 身份调整。更多关于免签证计划的信息，请点击这裡。然而，这一限制并不包括美国公民的配偶或 21 岁以下未婚子女。此外，对符合条件的申请人也适用 245(I) 条款的例外情况。

D 签证持有者，持 D 签证的外国国际航班的机组成员以及轮船上的海员在达到美国的时候不能进行 I-485 身份调整。但是，在符合条件的情况下可以适用 245(I)条款的例外情况。

无签证过境，以第三国为目的地的无签证从美国过境的外籍者，不能申请身份调整。但是，符合条件的申请人可以适用 245(I)例外条款。

身份调整的申请，您可以自己办理也可以请专业的移民律师办理，您可以在以下网站查询身份调整申请的具体要求：
http://www.immigrationdirect.com/greencard/Adjustment-of-Status-Form-I-485.jsp

职业移民申请中几个重要名词：

Schedule a Designation

劳工部（Department of Labor）制定了一个职业的进程表，用来指导移民局批准劳工证的申请。表 A 的第一组，包括理疗师和护士；第二组包括在科学和艺术（除了表演艺术）方面有特殊技能的人士。申请 Schedule A designation，雇主在提交 I-140 申请的过程中必须还要提交一式两份的 ETA-750 表格。

Labor Market Information Pilot Program

1990 年的移民法案要求劳工部制定一份劳工市场信息的试点计划，在计划中列出劳动力短缺的 10 项职业。那么当外籍申请人的职业在这些短缺职业之内时，申请人的劳工证申请就应该获得批准。

Priority Date

当需要进行劳工证申请时，劳工证申请的提交日期为申请人的优先日期；当不需要申请劳工证时，I-140 申请的提交日期为优先日期。

当符合条件的申请人的数量超过相应类别申请的可用签证名额数时，这一类别的申请人就必须按照申请的时间顺序进行排队，按照申请提交的先后顺序进行审理，一直截止到这一类别的名额全部用完。在申请人的优先日期还没有到之前，申请人是不可能获得移民申请的批准的。特别是在申请人数过多的类别，如 EB-3，申请人有时候需要等待非常长的一段时间。

8.5 家庭移民

美国公民或永久居民的亲属在移民美国的过程中享有各种权利。家庭移民包括美国公民的直系亲属（配偶，21 岁以下的未婚子女和父母），以及"优先类"亲属（美国公民或永久居民的未婚子女，美国公民的已婚子女，美国公民的兄弟姐妹等）。

美国公民的直系亲属成员

"直系亲属"成员指的是美国公民的父母、配偶和 21 岁以下的未婚子女。不像其他美国公民或永久居民的近亲家庭成员，美国公民的直系亲属可以不受任何名额限制直接移民美国。也就是说，他们可以不需任何等待时间就可以申请永久居民身份。其他美国公民或永久居民的近亲家庭成员会分成几个优先类别。每个优先类别每年都分配一个名额以限制进入美国的移民数量。

美国公民的其他近亲家庭成员

美国公民的其他近亲家庭成员符合移民美国的资格，但是不像美国公民的直系亲属，他们每年都会受一个可用的移民签证名额的限制。近亲家庭成员将分成几个优先类别。优先类别越高,就能越快地获得绿卡申请资格。

美国永久居民的家庭成员

永久居民的配偶和未婚子女业可以申请绿卡，他们被分在美国移民中的第二优先类别。

美国亲属移民的程序步骤：

- 申请人在律师的帮助下将资料备齐
- 向移民局递交 I－130 和其他补充文件。若是为近亲亲属（Immediate Relative）申请绿卡，且此近亲亲属人已在美国，可以直接递 I－130 和 I－485，在美国直接调整身份获取绿卡
- 移民局审理案件，申请获得批准
- 案件材料由移民局转到国家签证中心（NVC）
- 若排期排到，向 NVC 交纳移民申请费
- 向签证中心提交 DS－230，出生公证，结婚公证，I－864 经济担保书，税单，工作证明信等等
- 签证中心审查通过后，把案件转到美国领馆
- 等待领事馆发面试通知，体检，交费
- 面试通过，获全家移民签证

- 进入美国，获取绿卡

8.6 入籍

入籍是一道程序，外籍人士可以通过这道程序成为美国公民。外籍人士想要通过入籍成为美国公民，必须要满足一些具体的要求：

1.技术性要求

一般来说，入籍的前提条件是外籍人士首先要在美国境内拥有永久居住权。在提交入籍申请的时候必须年满 18 周岁。这两项对于独自提交申请的申请人适用。在一些特殊情况下，一些未满 18 周岁的申请人也可以提交入籍申请。

2.居住要求

在提交入籍申请之前，外籍人士必须已经在美国境内连续居住了一段时间。如果外籍人士不是与美国公民结婚的话，那么如果想提交入籍申请，就必须在获得合法的永久居民身份后在美国境内连续居住五年。如果外籍人士与美国公民结婚，则必须在获得合法的永久居民身份后在美国境内连续居住三年。直到外籍人士进行公民测试这段时间裡，他/她必须与自己的美国公民配偶继续保持婚姻关係，而且其配偶必须能够一直保持公民身份。

离开美国特定长的一段时间会破坏外籍人士在美国居住的连续性，虽然这并不影响外籍人士可以以永久居民的身份再次回到美国。离开美国的时间不超过 6 个月不会破坏在美国居住的连续性。但是，如果外籍人士离开美国的时间达到 6 个月或者以上就会破坏其在美国居住的连续性。如果离开美国的时间在 6 个月和一年之间，并且外籍人士有合理的理由可以解释这一点（如，海外工作需要），在申请入籍的时候，这段时间就可以被豁免。如果离开美国的时间超过一年，在满足一定条件的情况下，这一年也可以被豁免，由此保持外籍人士在美国居住的连续性。

申请入籍的外籍人士在申请时必须已经在美国境内连续居住的时间长度达到入籍对"连续居住"的要求的长度的一半。对于与美国公民结婚的外籍人士来说，在提交入籍申请时，在美国居住的时间长度应该在之前的三年内不少于 18 个月。对于没有与美国公民结婚的外籍人士来说，在提交入籍申请时，在美国居住的时间长度应该在之前的五年内累计不少于 30 个月。这个居住时间要求的是累积，不需要连续。在这三年或五年之内，外籍人士可以离开或回到美国，只要这段离开的时间不会破坏居住的连续性，并且满足入籍对居住时间的 18 个月和 30 个月的要求。

提交了入籍申请以后，申请人应该在提交申请的州居住 3 个月。这个要求和连续居住要求必须同时满足。申请人在提交了入籍申请以后直至获得公民身份之前，仍然被要求在美国连续居住。

3.语言要求

想要成为美国公民，必须有英文的读、写、说的能力。申请人是否有这种能力要由移民官员对其进行测试来决定。有关英语的理解能力和说英语的能力在移民官员对申请人进行面试时提出问题时申请人做出的回答来评判。申请人的英语读写能力则要通过专门的笔试来评判。以下几种情况不受语言要求的限制：

- 由于身体残疾的原因无法达到相应的语言要求
- 由于精神疾病的原因无法达到相应的语言要求
- 在提交申请时已经 50 岁或以上，且以永久居民的身份在美国居住至少 20 年；或
- 在提交申请时已经 55 岁或以上，且以永久居民的身份在美国居住至少 15 年

4.对美国历史和政府的基本知识的了解

想要成为美国公民，要对美国历史和政府的基本知识有一定的了解。这一点需要通过一套以选择题为主的测试来评定。一般说来，可以不受语言要求限制的人也要达到这项要求，不过他们可以被获准参加另外一种形式的考试。许多学校和社区机构都有帮助申请者准备公民身分测验的课程，《入籍指南》（A Guide to Naturalization）中有测验题的范例。USCIS 的网站可查到帮助您准备这些测验和练习测验的资料：http://uscis.gov/graphics/services/natz/require.htm /

语言的简化公民测验

有些申请入籍的人因为他们的年纪和住在美国的时间长久的关系，所以会有不同的测验规定。如果您不需要做英文测验，一定要带自己的翻译来考公民测验。如果您有身体或智能障碍，如果您的申请书上有附上"N-648 表"，"残障例外医疗证书"(Medical Certification for Disability Exceptions)，可能就不需要考任何一项测验。若需更多资讯，查询 USCIS 的网站取得此表格：http://www.uscis.gov/graphics/formsfee/forms/n-648.html

5.良好的道德品行

要具备入籍的资格，您必须是一个有良好道德品行的人。如果某人在申请入籍前的五年期间犯下某些特定的罪行，或者他们在入籍面试期间说谎，这个人就不被认为具备"良好的道德品行"。缺少良好道德品行的行为：

- 参与过卖淫、贩卖人口及其他刑事犯罪活动，尤其是曾经被判入狱 6 个月及以上
- 曾与他人通奸，并导致当事人婚姻破裂
- 没有遵守 IRS 法律中有关纳税的条例
- 当被要求在选择性征兵制（Selective Service）处注册时没有去注册
- 曾经由于道德败坏犯罪或被宣告有罪
- 曾经两次或以上被宣告有罪，总共的刑期超过 5 年或以上

- 曾经由于违反实体法犯罪或被宣告有罪，由于藏有 30 克或以下的大麻可以除外
- 曾经被刑事拘禁 180 天或以上
- 曾经由于赌博被两次或以上宣告有罪
- 主要收入来源于非法赌博
- 曾经习惯性醉酒
- 曾经一夫多妻或者一妻多夫
- 故意或者拒绝抚养家属
- 为获得相应的移民利益，在宣誓时说谎

如果您犯了某些特定的罪行，您就永远无法成为美国公民，并且可能会被驱逐出境。这些犯罪叫做入籍的"阻碍"。称为"恶性重罪"的犯罪。除，从军队除役，或从部队逃脱，大多数也会被永久阻挡申请美国公民身分。如果您的行为缺乏良好道德品行的话，也可能会被拒绝申请公民身分。其它犯罪会暂时阻挡入籍。暂时阻挡入籍通常是在您犯下罪行后，最长禁止您五年的时间不能申请成为公民。

6.遵守美国宪法的规定

想要成为美国公民，您必须愿意支持和防卫美国及其"宪法"。宣读"忠贞誓词"时，您必须宣誓将"遵守"和效忠美国和"宪法"。宣读"忠贞誓词"后，您就会成为美国公民。同时，您一定要放弃对任何其它国家的义务。您必须同意支持和维护"美国宪法"。当您成为美国公民时，就表示您接受当美国人的所有责任。相对地，您也会得到公民身分所应有的某些权利和特权。

入籍的过程

1.入籍规定

成为美国公民的过程称为"入籍"。一般情况下，当您达到以下的规定时，您就可以申请入籍：

- 在美国以永久居民身分至少连续居住了五年，或者您与美国

公民结婚并住在一起三年

- 在美国居住了一段特定的时间。在过去五年中，至少在美国待了三十个月的时间，或者如果您与美国公民结婚或住在一起的话，在过去三年中美国待了十八个月
- 申请之前，您至少一定要在某个州或地区居住了三个月
- 行为表现合法、可接受（良好的道德品行）
- 懂英文以及有关美国历史和政府的信息
- 了解并接受美国宪法的原则 (遵守宪法)

2.入籍申请

申请入籍的外籍人士要填写 N-400 表格，还要提交自己的绿卡复印件（在少数情况下可以不必提交绿卡复印件）。申请人还需要提交所有有可能被需要的支持性文件，两张相同的护照照片，申请费以及打手印的费用。申请人在打完手印以后，移民局会把手印送往 FBI，对申请人进行背景调查。如果申请人顺利通过了背景调查，就会收到移民局寄出的约见面谈的通知。在这次面试中就会进行英语能力测试和美国历史知识测试。监督考试的移民官员来评判申请人是否符合入籍的要求，一般在面试当天就可以做出最后的决定。如果申请人被批准入籍，移民局会安排宣誓时间。宣誓结束以后，申请人就会获得一个入籍证明（Certificate of Naturalization）。

3.补充表格

N-648 表格：由于残疾申请豁免英语能力测试和/或美国历史政府知识测试的申请人需填写此表格，与 N-400 一同提交。

N-470 表格：如果入籍申请人需要在美国以外居住较长的时间而又想保持在美国居住的连续性，就要填写 N-470 表格。

4.入籍仪式

如果 USCIS 批准了您的入籍申请，您就一定要参加一个仪式，并宣读"忠贞誓词"。USCIS 会寄"N-445 表"-"入籍宣誓仪式通知"（Notice of

Naturalization Oath Ceremony），上面会告诉您举行仪式的时间和日期。您一定要填写这个表格，然后在仪式举行那天把表格带来。如果您无法参加您的仪式，可以重新排定您的宣誓仪式日期。如果您需要重新排定日期，一定要将"N-445 表"交还给您当地的 USCIS 办事处，另外还要附上一封信，解释您为什么无法参加仪式。"宣誓"仪式那天，当您到场登记时，您需要将您的"永久居民卡"交还给 USCIS。您将不再需要那张卡，因为您会在仪式举行那天拿到"入籍证书"(Certificate of Naturalization)。您一定要等到宣读"忠贞誓词"后才会成为公民。到时候，会有一名官员缓慢地读"誓词"的每一部份，到时候，您就跟著他重复念那些字。读完"誓词"后，您就会拿到您的"入籍证书"。这个证书就可证明您是美国公民。

5.美国公民的权利：

- 只有公民才能在联邦选举中投票
- 担任陪审团。只有美国公民才能担任陪审团。当陪审团是美国公民的一项重要的责任
- 用美国护照旅行。持有美国护照可让您人在国外时，如果有必要，可获得美国政府的协助
- 把家人带到美国。美国公民通常会有优先权申请家人到美国永久居留
- 为您在海外出生的孩子取得公民身分。大多数情况下，美国公民在海外生的孩子会自动得到美国公民身分
- 有资格申请联邦工作。有些政府单位的特定工作职位一定要由美国公民担任
- 成为民选的官员。美国许多民选官职都规定要有公民身分
- 达到税务规定。美国公民和永久居民的税务要求可能会不一样
- 保留您的居留身分。美国公民留在美国的权利不会被剥夺
- 有资格申请联邦补助金和奖学金。许多经济协助补助金，包括奖学金和政府为特定目的提供的资金，都只提供给美国公民申请
- 获得政府福利。有些政府福利只提供美国公民申请

附：张哲瑞联合律师事务所

张哲瑞联合律师事务所是全美最大的移民律师事务所之一，擅长办理杰出技能人才(EB-1a)，杰出教授和研究人员(EB-1b)以及国家利益豁免移民(NIW)绿卡，PERM 职业移民及 H-1B 等签证，已成功帮助数千客户获得绿卡。拥有 14 位美国执照律师，在硅谷、纽约、洛杉矶、芝加哥、休斯顿和奥斯汀六个城市的商业中心区设有办公室，致力于为客户提供最佳的服务，成功率高。

网址：www.hooyou.com
Email：info@hooyou.com
Tel：1-800-230-7040

休斯敦办公室

9999 Bellaire Blvd.
Suite 920
Houston, TX 77036

纽约办公室

14 Penn Plaza
225 West 34th Street, Suite 1400,
New York, NY 10122

硅谷办公室

2225 E. Bayshore Rd.
Suite 200
Palo Alto, CA 94303

洛杉矶办公室

70 S. Lake Ave.
Suite 920
Pasadena, CA 91101

芝加哥办公室

121 W. Wacker Dr.
Suite 1260
Chicago, IL 60601

奥斯汀办公室

1105 West 12th Street.
Austin, Texas 78703

附录1：美国旅游

美国幅员辽阔，东部大西洋沿岸多为平原丘陵，森林资源丰富，湖泊众多，重要的城市有首都华盛顿、纽约、波士顿、费城、迈阿密；中部的大平原是重要的农牧区，6400 公里长的密西西比河纵贯南北，重要的城市有亚特兰大、芝加哥、休斯敦以及新奥尔良等。在大平原的西部大山区，有著名的科罗拉多大峡谷和黄石国家公园；靠太平洋的西海岸地区有风光绚丽、阳光灿烂的加利福尼亚州，旧金山和洛杉矶以及西海岸的重要城市西雅图。在北部近加拿大边界附近，有著名的五大湖游览区，其中最壮观的景点是尼亚加拉大瀑布。此外，位于美国西面太平洋上的夏威夷群岛也是全球闻名的度假胜地。有着如此丰富的自然资源，也就产生了很多独特的旅游项目，本章节笔者将向大家分类介绍。

美国国家公园

美国国家公园（National Parks）是美国最宝贵的历史遗产之一，它作为美国人的公共财产得到管理，并为让后代享用而得到保护维修。美国利用国家公园保护国家的自然、文化和历史遗产，并让全世界通过这个视窗了解美国的壮丽风貌、自然和历史财富以及国家的荣辱忧欢。下面简单介绍几个著名的国家公园，更多信息请通过美国国家公园的官方网站查询，http://www.nps.gov

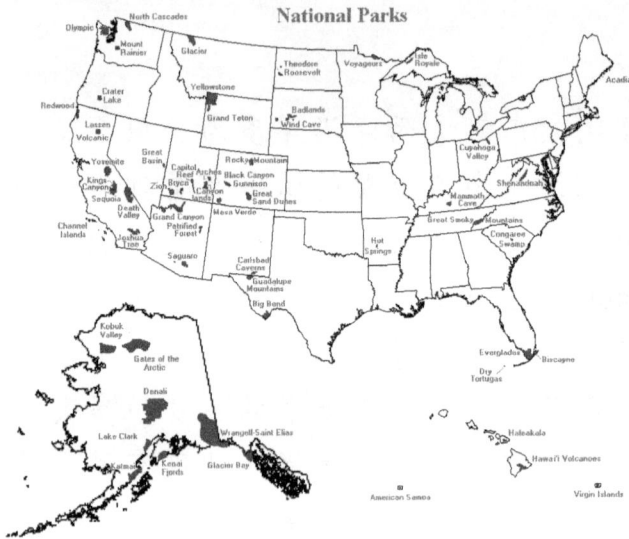

国家公园分布图 http://cohp.org/records/natl_parks/national_parks.gif

美国优胜美地国家公园（Yosemite National Park）

优胜美地国家公园位于美国加州内华达山脉的西麓，1890 年建成，占地面积达 2849 平方公里，是美国景色最优美的国家公园之一。公园以优胜美地溪谷为中心，峡谷内有默塞德河流过，以及一些瀑布，包括著名的优胜美地瀑布。景观中还有许多美丽的山峰，其中最著名的是船长峰，这是一个由谷底垂直向上高达 1099 米的花岗岩壁，是世界上最高的不间断陡崖之一。公园内的地势落差极大，不断映入眼帘的山峰、峡谷、河流、瀑布，构成了山谷内鬼斧神工的雄伟景色。

园内有 1000 多种花草植物，生长着黑橡树、雪松、黄松木，还有树王巨杉等植物。其中有称为巨灰熊的巨杉，估计已有 2700 年的树龄，是世界上现存最大的树木。"优胜美地"一词在印第安语中意即灰熊，是当地印第安土著的图腾。相传一千多年以前，北美的印第安人就已经在这片广袤的谷地里生息繁衍。1864 年，美国总统林肯将优胜美地谷划为予以保护的地区，因而优胜美地谷被视为现代自然保护运动的发祥地。1984 年联合国教科文组织将其作为自然遗产，列入《世界遗产名录》。

http://www.scapeworld.com

美国黄石国家公园（Yellowstone National Park）

黄石国家公园位于美国西部爱达荷、蒙大拿、怀俄明三个州交界的北落基山之间的熔岩高原上，绝大部分在怀俄明的西北部。海拔 2000 多米，面积达 8900 多平方公里，建于 1872 年，1872 年 3 月 1 日，美国第 18 任总统格兰特签署了"黄石公园法案"，美国第一个国家公园就此诞生。黄石公园以保持自然风光而著称于世。公园内的森林占全国总面积的 90%左右，水面占 10%左右。公园内森林稠茂，主要为红松、冷杉和云杉。园内最大的湖是黄石湖，最大的河流是黄石河。此外，园内还有峡谷、瀑布、温泉及间歇喷泉等。峡谷中有"上瀑布"

和"下瀑布"。温泉 3000 多眼，间歇喷泉 200 多处。著名的间歇喷泉有"老实泉"，每隔一小时左右喷 1 次，水柱高达 40 多米。有名的温泉是"猛犸象温泉"，水温达 71℃，泉水颜色多样。黄石国家公园是美国最大的野生动物庇护所，有 200 多种鸟类，还有水禽，以及鹿、麋、黑熊、大角羊、美洲野牛、驼鹿等一些残存野生动物，供游人观赏。1978 年被联合国教科文组织列入世界遗产名录。

www.earthmountainview.com

美国锡安山国家公园（Zion National Park）

锡安山位于美国犹他州西南部，以色彩艳丽的峡谷著称于世。1919年建成，面积为 6.07 万公顷。公园中风景集中地锡安山峡谷，约有 24 公里长，宽不到 1 公里甚至不到 1 米。谷内有些地方，两人并肩站立可触及两侧谷壁。峡谷深达 2000～3000 米，谷壁陡直，几乎可与地面成垂直状态，险象环生，难以攀援，让人望而生畏。谷中岩石色彩绚烂，呈暗红、橘黄、淡紫、粉红各种颜色，在阳光的映衬下，流光溢彩，变幻无常。再加上周围的白杨、桴木和枫树的新绿，以及崖壁上的植被与地衣的嫩绿，经阳光照射，景色更加妩媚。锡安山峡谷最著名的是称为"大白皇座"的孤峰，此峰高达 427 米，从峡谷谷底平地而起，巍然耸立，其岩石色彩颇有层次，底部为红色，向上逐渐变为淡红、白色。孤峰顶上，绿树葱笼，十分俏立，仿佛一根华美的玉柱，立于五彩缤纷的峡谷之中。锡安山过去曾是摩门教拓荒者们的圣地，"锡安山"的意思即是"上帝的天城"。现在锡安山作为朝拜者圣地的形像，渐渐被人们淡忘，而作为人们娱乐的所在使之成为了一座真正的"人间天堂"。

http://www.nps.gov/grsm

美国大雾山国家公园（Great Smoky Mountains National Park）

大雾山国家公园位于美国的田纳西州和北卡罗来纳州的交界处，占地20万公顷，这里有山峰16座，海拔均在1800米以上，地形十分纷繁复杂。该地气候极佳，由于未被人类破坏，所以为植物提供了一个相对有利的生长环境。它保存着世界上最完好的温带落叶林，拥有3500种特有植物和许多濒临灭绝的动物，尤其在这里发现了世界上最大的鲵群，这成为该公园一道亮丽的风景。大雾山有着充沛的降雨和密布的溪流，10条大瀑布和众多小瀑布是这里的一大美景。此山被当地印第安人称为"大雾山"，是得名于山上终年不散的烟雾，烟雾闪烁着浅蓝的光芒，弥漫在整个低地山峦。这个公园不仅是国际生物圈保护地，还拥有悠久的文化历史。从切诺基族印第安人到苏格兰-爱尔兰的移民者，这片土地是多种文化和多个民族的家园。许多历史性的建筑依然伫立，77个具有历史意义的建筑集中在5个区域内，包括伐木工棚、谷仓、教堂、磨米厂和其它各种各样的户外建筑。1983 年联合国教科文组织将其列入《世界遗产名录》。

http://www.scapeworld.com/

除了国家公园以外，美国还有众多的州立公园（State Parks），州立公园可能没有国家公园那么大的名气，但是有些也非常有特色，值得一玩，您可以在本州的网站上查找附近的州立公园信息。不管是国家公园还是州立公园，出行前最主要的任务是安排好交通工具和住宿。您可以驾驶自己的车辆前往，也可以搭乘飞机到达目的地后，在当地租车前往。有的国家公园占地巨大，花几天时间也只能看个部分，您需要事先安排好线路。公园内有餐厅和酒店可以提供食宿，您可以在公园网站上了解具体的位置和费用。公园内的住宿一般价格较高而且在旅游旺季也"一铺难求"，您需要提前预订。

TIPS: 游玩国家公园，更适合一家人或者多人一同出游。一是人多，可以分担租车旅行的费用，如果住宿选择的独立的木屋或者套间也可以平摊费用；二是多人出行更安全一些，不管是人为因素还是自然因素。

野外露营

露营（Camp）一词，从英文 Camping 来而，其语根则是从拉丁文衍变而来，源于古罗马卫戍部队驻扎地名称。拓荒精神使美国在 18 世纪独立后，很快便挤入列强的行列。骤然进入新时代，生活在紧张刻板的工业社会的美国人，内心总有若有所失的感觉。与此同时，在大西洋的彼岸，以德国为中心的徒步旅行运动，英国的童子军活动正方兴未艾。美国人却既不选择德国人艰苦的长途跋涉，也不愿意像英国人那样为训练而露营，而只要在大自然的怀抱中，为露营而露营。

露营的装备选择

1.帐篷的种类极多，只要仔细看一下说明您就知道帐篷的适用范围是什么了：有夏季专用的，三个季节使用的，一年四季都可以使用的；还有单人的或者多人的，平原的或者山地的等。当然一般来说，是越贵的帐篷越好，所以你要根据你的要求来买。帐篷性能体现在几个方面，防水，保温，强度，重量，耐用，防火，抗强风。一般的帐篷都是由内帐，外帐两层的，外帐通过帐蓬杆和地钉撑起来，和内帐有一定的空隙的，能够很好的起到防水和保温的作用。如果你只是在夏天偶尔到露营地野营一把，基本上防水耐用价格便宜就好了，如果你喜欢偏僻乡村露营，或者希望能够尝试登高山，那么一个各方面性能良好的帐篷就是必须的。

2.对于野营来说防潮垫（Sleeping Pad）也是需要的。顾名思义防潮垫能够起到保温防潮的作用。一般分为两种：泡沫的或者是充气的。一般来说，泡沫的就足够好了，又轻又便宜，充气的比较重一点，也许稍微舒服一些，但是摆弄起来比较麻烦。充气的也分两种，一般常用的是能够打开以后自己充气的，不需要气筒，还有一种就是好像那种气垫床一样需要充气的。

3.睡袋（Sleeping bag）也是种类繁多，价格差别很大。最简单的挑选方法是看等级了，看你需要野营的地方有多冷。睡袋的填充材料分两种，合成的（Synthetic）和鸭绒的（Down）。合成的价格便宜，防水性能好，经久耐用，但是不能很好的压缩，鸭绒的比较贵，但是体积小，重量更轻，便于携带，保温性能更好。

露营地的选择

露营行家认为，对野外露营地的选择可以预知野外露营者露营的成功与否。因此正确选择野外露营地，便成为野外露营活动的关键之关键了。在选择正确的野外露营地之前，应首先考虑季节和气象预报。一般露营的最佳时机，为春末到秋末期间。冬天溪水可能干涸，雪地亦难寻可燃材料，夏季 8、9 月多台风及雷雨等，都是应考虑的因素。冬天在多风的海滨，夏天在山洪暴发的峡谷露营，都是不智之举。而女性多、生手多的队伍，家庭队伍，都不宜到偏僻的地方。

选择到哪里露营，往往会影响到所需携带的工具或设备。例如，海滨露营，扎营在松软的沙地上，为抵抗强风的吹袭，应改用长营钉；在布满卵石的溪谷里，长营钉或短营钉都无法使用，只好用石头或树枝为权宜之计了；在高山上露营，气垫、睡袋、羽绒衣更是不可或缺的。因此，目的地须先确定后，才能准备适合露营地的各种装备和器具。抵达目的地，在对周遭环境考察后，必须考虑以下因素选择扎营地点：

- 留心高度与开阔的程度。营地最好位于高过水面 5 米的地方，以减少晨雾的侵袭，而近水处晚上气温相对较低，蚊虫也较多；选择较开阔的地方，则是因为下雨重露之后，场地、营帐要能很快晒干，保持新鲜空气的流通
- 选择排水良好之处。留心地面的斜度，是否以泄去雨水，但同时又必须具备足以安睡的平坦度。土壤的吸水力要强，但别选上营钉钉不牢的砂地，除非事先已经知道，并作了准备。千万记住，不要在有洞的地面，低洼地区、粘土以及长满杂草的地方扎营
- 远离危险之处。强风吹袭的山顶，可能落雷的地方，如大树底下都要避免。同时，也要注意附近是否有枯死、倾倒的树和松动的石头，否则，一阵风吹来，枯树、石头迎头落下，

都足以成为致命一击

美国露营地（Camping site）的分类

露营地有两种，一种是带水电的每个营地有插头和水龙头，这种一般贵一些。另外一种是不带的，便宜的 7，8 美金钱就可以了。一般说来营地都会有烧烤的铁架，但不正规的地方可能什么也没有。最便宜的露营地是美国国家公园的那种不带水电的，只提供空地以及简易厕所。一般 AAA 认证的露营地，都有水电提供已经垃圾回收的地方。更好的露营地有小木屋出租，提供小木屋和床，这种就和旅馆没什么太大区别，但因为在林间多少有点野趣。

有的露营地提供帐篷营区给带账篷的人，有的却只给那种房车 RV(Recreation Vehicle)的人。一般说来露营地采取先到先得（First come, first serve），不提供预定服务，您可以先打电话问清楚。

钓鱼

在美国钓鱼很流行，据调查美国参与游钓的人数占全美总人口的 1/5 左右。美国人在钓鱼时对渔业资源保护得如何？

钓鱼要"持证上岗"：美国政府制定了《濒危物种保护法》还特别成立了休闲渔业协调委员会，对禁鱼区、禁鱼期、渔具限制、最小渔获体长以及可容许捕捞量等都有严格规定，以防止渔业资源的过度消耗。在公共水域钓鱼的人都要申请钓鱼证，通常价格与证件有效期长短成正比。得州居民办理钓鱼证只要 23 美元。有了这个证件，在江河湖泊等公共水域都可以免费垂钓。垂钓者办钓鱼证所缴纳的钱主要用于渔区建设和资源保护。

钓鱼之前要学会认鱼：在美国的渔业法规定中，对可垂钓的鱼类有严格的限定，例如在得克萨斯州，就只允许垂钓包括海鲈鱼、大海鲢、枪鱼等在内的 24 个种类的鱼。有的种类还详细规定了可以垂钓的鱼类细目，例如，马林鱼只可以垂钓蓝色和白色两种。人们在钓鱼之前都要先学习认识各种各样的鱼。一般在办理钓鱼证之前发放的小册子上都有如何识别鱼种类的指南。对于喜爱垂钓的人来说，鱼类画册应该算是必备品。尽管有些人与鱼打了多年交道，但也不能保证认全所有的鱼。在钓鱼爱好者中流传着这样一句话，那就是不能区分鱼的种类的人，根本没有资格拿起钓竿。

钓的鱼要量长度：一般的渔船两侧标有鲜明的标尺，是用来丈量钓上来的鱼个头大小的，例如，红鼓鱼的最小长度不得小于 20 英寸，最长又不得大于 28 英寸。对于不符合的标准鱼，即使差一毫米都要扔回海里。据统计，2001 年全美游钓的海洋渔获总量为 4.42 亿尾，其中约 2.5 亿多尾，即一半多，钓鱼者按照保护资源的相关规定，又放归大海。这些有关渔猎的规定，通常都是由生物学家先做资源调查评估，然后再依照渔船数量与游艇数量，以及以往出海作业与钓鱼的天数来制定的

滑雪

冬季人们比较热衷的一项户外活动非滑雪莫属了。在美国的滑雪场基本都提供滑雪工具的租赁，个人所需要准备的就是专门的滑雪服装，衣服和裤子要求防水防风，当然手套和墨镜也是必不可少的装备。比较著名的滑雪胜地有：

1.科罗拉多州君主山（Copper Mountain）
http://www.coppercolorado.com

2.科罗拉多州的基石滑雪度假村（Keystone）
http://www.keystoneresort.com/

3.科罗拉多州的洛弗兰德滑雪地区（Loveland）
http://www.skiloveland.com/

4.怀俄明州的大塔夷滑雪地（Grand Targhee）
http://www.grandtarghee.com/

5.佛蒙特州的杰伊峰（Jay Peak）
http://www.jaypeakresort.com/

6.犹他州的阿尔塔滑雪场（Alta）
http://www.alta.com/

7.新罕布什尔州的景隆山滑雪场（Loon Mountain）
http://www.loonmtn.com

...

http://www.skiloveland.com/

游轮

游轮旅游（Cruise）在美国这儿深得人心，因为轻松悠闲，在船上的吃喝玩乐都有了，就像一个超大的海上浮动度假村，是大多数美国人热衷的旅游方式。

游轮的价格选择

想拿到好的游轮价格，除去其他因素，预订时间上而言，大致就是两类：一是早下决心，提前两三个月购买，除了价格优惠外，也可以挑到比较满意的船舱，缺点是你要保证到时候能够成行(游轮 Protection Plan 或许是值得考虑的)；另一类的就是最后一分钟（last minute），在游轮出发前一两个星期决定，当然船舱多半是剩下来的，另外如果你需要飞过去的话，机票价格是个大问题。迈阿密出发的游轮更容易拿到好的优惠，出发时间是淡季容易拿到好优惠.查看游轮优惠的网站主要有以下几个：

Travelzoo, http://www.travelzoo.com/
Cruise Critic, http://www.cruisecritic.com/
CruCon, http://www.crucon.com/

...

总的而言，如果你能够拿到$100/pp/pn（每人每晚）的最后价格，就是比较满意的优惠了，如果能捡到$70/pp/pn 以下的最后价格，那就不要犹豫了。当然这里指的是相对便宜的 Interior Stateroom，海景房（Ocean View Stateroom）甚至带凉台的（stateroom with private balcony）自然要贵许多。

游轮的最后价格是指包括各种税费（government tax, port charges and taxes）之后的出票价格。您通常看到的网站宣传价格往往是基本价格（Base price）。在游轮上的其它可能的费用包括：小费（gratuity），苏打酒水饮料（Soda & soft and alcoholic drink），到港观光（Shore Excursion），及照相（Photo）、赌博（Gambling）、美容（Spa）、额外付费高级餐馆等等。

游轮的舱位选择

当您选定一艘豪华游轮之后，你需要做的另外一项功课就是对这艘船的船舱（Statement）有所了解，这有助于你和旅行社代理讨论时，能迅速清楚地做决定。每艘船都有自己的船舱和甲板（Deck）布局，这类信息在网上很容易找到，可以在游轮公司的官方网站或者其它第三方网站上找到。通常的船舱分类有四种：Inside Staterooms（最基本的内舱），Outside Staterooms（海景舱），Balcony Staterooms（阳台舱）和 Suites（套房）。另外每类船舱除了 Double cabin（双人舱）外，还有 Triple（三人舱）和 Quad（四人舱）。

游轮公司内部有自己的价格分类代码，这往往代表同样价格的一类船舱，有时候和旅行社代理打交道，他会提及这类代码，您可以问问清楚，或者事先做做功课，参考网站是：
http://www.cruisedeckplans.com/DP/Main/index.php

游轮代理订购票

有台电脑，做足功课，您可以轻松在任何游轮公司的官方网页上预订你的游轮行程。那为什么还要和旅行社代理打交道呢？

旅行社代理是靠游轮公司的佣金（Commission）生存的，互联网的应用让信息不对称的程度降低到最小，同时许多游轮公司公开不允许旅行社代理恶性竞争降价，所以通过代理预订的好处也越来越小，通过代理预订的具体优惠主要有：

- On board credit。虽然游轮公司不允许公开降价，但代理往往会把 Commision 的一部分拿出来，作为你的 On board credit, 变相优惠。
- 免费升级，或者拿到一些更令人满意的舱位。花相对便宜的官方价格，拿到更实惠的船舱。
- Hold reservation。即使先不付钱，也可以先把满意的舱位保留住。
- 额外的小恩小惠。比如拿到一瓶免费红酒（船上$25 刀价值），令人温情的巧克力等等。
- Group reservation。如果你们一群人出游，超过八个或十个以上船舱时，从代理那儿预订可以拿到更多折扣。
- 旅行社代理的工作利润越来越小，也越来越不容易，所以他们更乐意为尊重他们的顾客服务，他们的时间也是他们的金钱。

游轮出行所需证件

游轮出游是需要旅行证件的。基本而言，游轮出游相当于境外旅游，需要携带护照和合法的回美文件。正是因为涉及到出入境的官方法律解释，所有代理和游轮公司是不替你咨询你出入境合法与否问题的，相反，他们都是建议你去美国和目的地所在国相关政府部门询问，而且如果最终因为身份问题无法成行，游轮公司不会退回你的预订费用。

美国公民及绿卡身份者，美国出入境来去自由。学生 F/J 签证也容易，去加拿大、墨西哥及加勒比海国家 30 天之内，不需要额外回美签证，只需要有效的 I-20/IAP-66 表（学校签字）和 I94 卡。务必打印相关 Automatic Revalidations Section 41.112(d) of 22 CFR 的正式文本备用，做好上船时和个别糊涂海关官员、船员有理有据有条不紊讨论你 visa revalidation 情况的心理准备，时间长度取决官员糊涂程度和游轮公司和移民局的电话线路畅通情况。相关说明在此：http://travel.state.gov/visa/laws/telegrams/telegrams_1441.html

B 签证持有者因为现在都是一年多次往返，所以也没有问题，带好 I94 就可以了。H 签证持有者需要有有效的美国签证。另外在申请绿卡过程中，如果还没有 AP 的话，也不能出行。

Tips: 30 天法案对于 F/J 签证是允许前往与美国大陆相邻的岛屿与陆地国家，而对于其他类型的签证，只适用于与美国大陆相连的陆地国家，如墨西哥和加拿大。

港口的观光活动

游轮订好之后，另外需要做的功课就是港口观光的活动（Shore Excursion）安排了。实际上，停靠的港口是否有趣，是决定 Cruise 行程的一个重要因素。船上的设施再好，时间久了自然也闷。游轮利用夜间时间航行，白天靠岸停泊观光，提高了度假期间的时间利用率，的确是一个很好的卖点。港口观光活动的安排主要分为两种：

1.登船后预订游轮公司安排的港口观光的活动。价格自然要贵一些，但更有保障，而且如果游轮不是直接靠岸，而是需要小船摆渡到岸的话，订船上观光活动的会先出发。热门活动也要一登船就预订，否则很快就订满了。

2.当地的旅行社。因为游轮所到地的经济好多都依靠游轮旅游业，当地有许多专门依靠这类游轮的旅行社和私人导游，价格上比官方的有优势，甚至服务也更好，都会在游轮停靠处安排车接车送，一团的人数也相对少一些。另外，如果你对当地比较熟悉，可以完全自己租车或搭乘其它公共交通自助旅游。或者想省钱的话，可以去当地的海滩躺上半天，也是一种休闲。

美国特色的主题公园

主题公园是一种人造旅游资源，围绕着一个或几个主题创造一系列有特别的环境和气氛的项目吸引游客。主题公园的一个最基本特征就是具有创意性。园内所有的建筑色彩、造型、植被游乐项目等都为主题服务，共同构成游客容易辨认的特质和游园的线索。主题公园是自然资源和人文资源相结合的产物，集娱乐、休闲、消费于一体。在美国主要有以下的主题公园：

- 迪士尼乐园（Disneyland），加利福尼亚州安纳罕市
- 迪士尼加州冒险乐园（Disney's California Adventure），加利福尼亚州安纳罕市
- 神奇王国（Magic Kingdom），佛罗里达州奥兰多华特迪士尼世界度假区
- 艾波卡特（Epcot），佛罗里达州奥兰多华特迪士尼世界度假区
- 迪士尼好莱坞影城（Disney's Hollywood Studio），佛罗里达州奥兰多华特迪士尼世界度假区
- 迪士尼动物王国（Disney's Animal Kingdom），佛罗里达州奥兰多华特迪士尼世界度假区
- 布什公园（Busch Gardens），佛罗里达州坦帕、弗吉尼亚州威廉斯堡
- 六旗游乐园（Six Flags），新泽西州、伊利诺伊州
- 环球片场（Universal Studios Hollywood），加州洛杉矶
- 环球片场（Universal Studios Orlando），佛罗里达州奥兰多
- 冒险岛（Islands of Adventure），佛罗里达州奥兰多
- 海洋世界（Sea World），加州圣迭戈、佛罗里达州奥兰多

如何买到优惠的主题公园门票

主题公园的门票一般都不便宜，是来美旅行中门票花销中的大头，一般有以下几个途径可以购买的优惠的门票：

1. 很多公园都有 Promotion（优惠），比如环球影城的门票原价是
   $74，2010 年有一段时间优惠价是$64。2010 年还有带一个可口
   可乐的罐子去，就可以便宜$15 等优惠。学生凭学生证也可以购
   买学生票。来之前可以到公园的官方网站上查一查最近有没有类
   似的优惠措施。如果可以的话尽量事先网上买票，这样可以节省
   排队买票的时间。

   环球影城的链接：http://www.universalstudioshollywood.com/
   迪斯尼乐园的链接：http://disneyland.disney.go.com
   圣地亚哥海洋公园的链接：http://www.seaworld.com

2. 几个公园的门票联买是可以省钱的。比如海洋公园和环球影城的
   门票可以一起买，Citypass 提供南加州的五个公园的联票，这些信
   息在上面列出的公园购票链接上都有。

3. 去 Premium Outlets 的网站上注册一下成为 VIP Club 的会员，网
   址：https://www.premiumoutlets.com/vip/index.asp，注册后选择
   位于南加州的 outlet 作为你的 favorite outlets，比如 Desert Hills,
   Camarillo。之后你就会看到在 VIP Club Offer 下面看到 Deals
   around Town，点进去可以看到一些主题公园的 Coupon(优惠券)。

4. 如果亲友是 Costco 的会员的话，一般都有比较便宜的主题公园门
   票，可以在网站上查一查。亲友买好后可以给你使用。

5. 如果有当地的亲友 AAA 的会员的话也是可以享受折扣的。登陆
   AAA 网站上的 Discount 链接，输入 Disneyland, Universal, SeaWorld
   等关键字。有优惠的话就会跳出优惠券。这个优惠的缺点是要到
   公园门口买票，AAA 会员的亲友要一起去出示自己的会员卡才能
   兑现优惠券。

6. 南加州当地的大学比如 USC, UCLA 等大学的 Ticket Office 有出售比
   较便宜的主题公园门票，迪斯尼乐园的优惠幅度一般都非常小，
   其他的公园的优惠幅度比较大，如果有朋友在当地的大学就读，

可以请求代购一下。

7. 还有一个比较极端的情况，就是如果有朋友在南加州工作，而且恰巧所在的公司有迪斯尼乐园内的 Club33 的会员卡，如果关系好的话你的朋友可能会帮你安 Club33 就餐，虽然你还得付全价门票，但是你可以享受一次很高级的美国菜，最重要的是免去了吃饭的时候排长队等候之苦。

8. 一些在南加州居住的墨西哥人很聪明，他们从迪斯尼买来 6-day-pass（六天的联票）。你给他们打电话，告诉他们你哪一天要，他们告诉你他们有没有，有的话他们的办公室在哪里。你在当天早上去他们临近公园的办公室，每个 Pass$50-55，可以去 Disneyland 和 California Adventure Park 两个公园。把驾照押给他们。游玩结束后，到他们的办公司归还 pass，取回驾照。他们第二天再卖给别人使用，赚取差价。这样的小 dealer 很多，找到他们的办法是去 www.craigslist.com，选择 Los Angeles, 到 for sale/tickets 的区域，搜索 Disneyland，会出现好些帖子。当然当您选择这种方法的时候，您必须要有承担风险的准备，因为碰到不良分子您很可能会既不能省时又不能省钱。所以笔者并不推荐此种方法。

经典旅游线路

如果您在美国，准备安排出游；或者您和您的家人朋友准备来美国自助旅游，提前安排好行程是很有必要的。应该争取每次旅行时把线路附近的景点都兼顾上，同时少走重复的线路，以下是笔者总结的几条美国旅游线路，供您参考：

1.西礁岛（Key West）—迈阿密（Miami）—奥兰多（Orlando）—华盛顿特区（Washington DC）—费城（Philadelphia）—纽约市（New York City）—波士顿（Boston）—尼亚加拉大瀑布（Niagara Falls）。

美国西礁岛（Key West）有天涯海岛之称，属于美国佛罗里达礁岛群(Florida Keys)1700 个小岛中的一个，或地处美国最东南端。群岛从佛罗里达半岛东南角靠近迈阿密处，一路往南行，渐渐弯曲向西，直到最底端的西礁岛(或音译"奇威斯特岛"或"凯威斯特岛"，Key West，礁岛群最西)，往外则有无人居住的 Dry Tortugas。这些岛屿位于佛罗里达海峡，将大西洋与墨西哥湾分为东西两处，并划出了佛罗里达湾。在西礁岛南角最近点，离古巴仅有 90 英里(145 公里)。它离哈瓦那的距离要比迈阿密还要近。从迈阿密驱车近四个小时，行程 250 公里，沿着号称"世界最美的跨海高速路"的 US-1 号公路到美国本土最南端的西礁岛。驾车南下西礁岛，会经过一个又一个叫 Key 的岛屿，约有 50 个小岛组成的佛罗里达群岛，由长短 42 座桥相连接直到达西礁岛（Key West）

迈阿密（Miami）位于美国佛罗里达州东南角比斯坎湾、佛罗里达大沼泽地和大西洋之间，是该州仅次于杰克逊维尔的第二大城市，也是迈阿密-戴德县最大的城市和县治所在。迈阿密还是南佛罗里达州都市圈中最大的城市，这个都市圈由迈阿密-戴德县、布劳沃德县和棕榈滩县组成，人口超过 559 万人，是美国东南部最大的都市圈，也是全美第四大都市圈。迈阿密是国际性的大都市，在金融、商业、媒体、娱乐、艺术和国际贸易等方面拥有重要的地位，是许多公司、银行和电视台的总部所在。迈阿密还被认为是文化的大熔炉，受庞大的拉丁美洲族群和加勒比海岛国居民的影响很大（当地居民多使用西班牙语和海地克里奥尔语），与北美洲、南美洲、中美洲以及加勒比海地区在文化和语言上关系密切，因此有时还被称为"美洲的首都"。迈阿密市区及迈阿密海滩地图大迈阿密地区,包括迈阿密、迈阿密海滩及邻近的小哈瓦那和小海地,是一个民族大熔炉。一半的迈阿密人口是西班牙裔,这里的移民社区关心的焦点是古巴哈瓦那或是危地马拉发生的大事,对于美国华盛顿特区的新闻也同样的关心。这里的移民带给了这个城市一个亮丽的国际外型,对于一个意外的游客,这里是充满拉丁美洲食物、语言、音乐、政治和精神的地方。多数的访客来到迈阿密都会来迈阿密海滩一游,也有大多数的迈阿密访客是专门为了迈阿密海滩而来的。迈阿密海滩位于迈阿密市东方大约四英哩处<六公里>,这个城市是建筑在一条横跨毕士肯湾的沙堤上,该沙堤也被当地人称为十亿美元的沙坝。街道系统是根据南北和东西向以数字代替。白色的沙。

奥兰多（Orlando）是美国佛罗里达州（Florida）中部的一座城市，是橙县（Orange County）的首府所在，同时还是奥兰多大都市区的中心。这座城市是佛罗里达州的第五大城市，它于1875年7月31日合并而成，1885年成为一座城市。奥兰多是世界上最好的休闲城市之一。湖泊众多，干净的街道、友善的居民及温暖的气候为健行、露营、水上活动、蜜月及家庭旅行的最佳去处。整座城市有很多博物馆、还原以及主题乐园，是个非常难得的旅游城市。在众多主题公园中，迪士尼乐园、环球影城、冒险岛乐园、海洋世界等都是奥兰多最受欢迎的景点。另外，美国影视界巨头华纳兄弟公司与环球影城公司合作兴建了"哈利波特的魔法世界"（The Wizarding World of Harry Potter），该主题公园占地面积巨大，这里不仅有霍格华兹城堡，还有人工白雪覆盖的霍格华兹村，将《哈利·波特》系列小说中的魔法世界完全呈现了出来。该主题公园将于2009年底或2010年初正式对外开放。

华盛顿特区（Washington DC）是美国权力中心的象征：国会大厦和白宫，这两座宏伟壮观的建筑物是美国参，众两院的所在地，也是美国总统的生活居所。博物馆区几乎所有博物馆都免费对公众开放。其中美国航空航天博物馆馆内陈列著怀特兄弟于 1903 年建造的飞机，林德伯格驾驶过的圣路易斯精神号 ，还有真实的阿波罗 11 号的驾驶舱 。林肯纪念馆装饰精美的墙上刻著出自这对杰出人物的名言警句，令人产生醍醐灌顶之感。华盛顿的著名纪念碑：越战，朝鲜战争纪念碑，由林璎设计的越战纪念碑上刻著烈士的名字，简单而感人，朝鲜战争纪念碑上则描绘了战争的紧张和壮烈。

费城（Philadelphia），国家独立历史公园座落于费城。沿著鹅卵石铺就的街道前行，寂寂的自由钟矗立在刚经修葺的自由钟中心，虽无声却仿佛历史的钟声缭绕于耳。穿过年代久远的独立厅，瞻仰一下国会厅，这儿见证了现代民主的建立，《独立宣言》和《宪法》的诞生。

纽约市（New York City）是美国第一大都市和第一大商港，它不仅是美国的金融中心，也是全世界金融中心之一。纽约位于纽约州东南哈得孙河口，濒临大西洋。它由五个区组成：曼哈顿、布鲁克林、布朗克斯、昆斯和里士满，面积 828.8 平方公里，市区人口 700 多万，包括郊区在内的大纽约市人口 1800 万。纽约还是联合国总部所在地，总部大厦坐落在曼哈顿岛东河河畔。纽约的历史较短，只有 300 多年。最早的居民点在曼哈顿岛的南端，原是印第安人的住地。1524年意大利人弗拉赞诺最早来到河口地区，1609 年英国人哈得孙沿河上溯探险，该河便以他的名字命名。1626 年荷兰人以价值大约 60 个荷兰盾（相当 24 美元）的小物件从印第安人手中买下曼哈顿岛辟为贸易站，称之为"新阿姆斯特丹"。1664 年，英王查理二世的弟弟约克公爵占领了这块地方，改称纽约（即新约克，英国有约克郡）。1686年纽约建市。独立战争期间，纽约是乔治·华盛顿的司令部所在地和他就任美国第一任总统的地方，也是当时美国的临时首都。1852年，连接哈得孙河和五大湖区的伊利运河建成通航，以后又兴建了铁路，沟通了纽约同中西部的联系，促进了城市的大发展。到 9 世纪中叶，纽约逐渐成为美国最大的港口城市和集金融、贸易、旅游与文化艺术于一身的国际大都会。曼哈顿岛是纽约的核心，在五个区中面积最小，仅 57.91 平方公里。但这个东西窄、南北长的小岛却是美国的金融中心，美国最大的 500 家公司中，有三分之一以上把总部设在曼哈顿。7 家大银行中的 6 家以及各大垄断组织的总部都在这里设立中心据点。这里还集中了世界金融、证券、期货及保险等行业的精华。位于曼哈顿岛南部的华尔街是美国财富和经济实力的象征，也是美国垄断资本的大本营和金融寡头的代名词。这条长度仅 540 米的狭窄街道两旁有 2900 多家金融和外贸机构。著名的纽约证券交易所和美国证券交易所均设于此。纽约也是摩天大楼最多的城市。代表性的建筑有帝国大厦、克莱斯勒大厦、洛克菲勒中心以及后来的世界贸易中心（2001 年 9 月 11 日，世贸大楼遭恐怖分子袭击而倒塌）等。帝国大厦和世界贸易中心大楼均有 100 多层，它直耸云霄，巍峨壮观。纽约也因此有了"站着的城市"之称。纽约还是美国文化、艺术、音乐和出版中心，有众多的博物馆、美术馆、图书馆、科学研究机构和艺术中心，美国三大广播电视网和一些有影响的报刊、通讯社的总部都设在这里。摩天大楼博物馆永久馆址在纽约落成。纽约也是美国的工业中心之一，服装、印刷、化妆品等行业均居全国首位，机器制造、军火生产、石油加工和食品加工也占有重要地位。市内多数河流都通大西洋，港口规模巨大，设备优良，终年不冻。纽约也是铁路交通重要枢纽。纽约的地下铁道全长 1000 多公里，是目前世界上最长、最快捷的地铁交通系统。纽约有 3 个国际机场，其中著名的肯尼迪国际机场承担着全国 50%的进出口货物空运业务和 35%的国际客运业务。纽约是美国少数民族最为集中的地区。黑人有 100 万以上，主要聚居在哈莱姆街区。著名的唐人街有 15 万华人。还有众多的意大利人和犹太人。

波士顿（Boston）的自由之路是波士顿最著名的一条观光步道，这约莫 4 公里的一砖一瓦，带领波士顿观光客一同探索波士顿 16 个著名古迹，遥想当年。波士顿公园与波士顿公共花园 The Boston Common and Boston Public Garden 坐落于波士顿心脏地带的波士顿公园不仅是自由之路的起始点，更是波士顿的市中心，每到夏日便成为当地人晒太阳的"草原沙滩"。法纳尔大厅与昆西市场 Faneuil Hall and Quincy Market 红底白框的红砖楼即是著名的法纳尔大厅，建筑中一楼的商场与二楼集会厅吸引许多观光客慕名而来，由于此地是美国独立革命前的重要讨论地点，因此被称为是自由的摇篮 Cradle of Liberty。水鸭车之旅 Boston Duck Tour 来到波士顿的游客们，如果走在路上突然听到鸭叫声可千万别被吓着，你正与波士顿有名的水鸭车相见欢。这辆水鸭车造型独特，车体前身是尖嘴式造型的水鸭嘴巴，车尾的圆形结构则好似唐老鸭摆臀昂首向前的姿态。波士顿的水鸭车可是波士顿人另一项骄傲的旅游工具，水鸭车不仅是你浏览波士顿景点的最佳代步工具，其海陆双栖的特殊体验更让人津津乐道，让你从陆上细看波士顿的精美，从查尔斯河上将波士顿天际线尽收眼内。麻省理工大学 Massachusetts Institute of Technology 与哈佛大学齐名，世界理工之最麻省理工大学（Massachusetts Institute of Technology，简称 MIT）为许多科技先驱的诞生地，其校园与哈佛大学辟邻而居，成为波士顿学术之旅的重要景点之一。哈佛大学 Harvard University 世界顶尖大学之一的哈佛大学，每年培育出无数精英，是美国思想建设的重要殿堂。也因此成为全球莘莘学子朝圣的著名景点。纽布瑞街 Newbury Street 说到波士顿最有名的逛街景点，你不可不知纽布瑞街，以 19 世纪红砖砌成的纽布瑞街以其贵族典雅式的街景最引人入胜。走在这条街上，不知不觉得会让你有种贵气的感觉，看得到最多名贵跑车的地方也在这里。

尼亚加拉大瀑布（Niagara Falls）。举世闻名的尼亚加拉瀑布位于加拿大和美国交界的尼亚加拉河上，它以其宏伟磅礴的气势、丰沛浩瀚的水量而著称，是世界上七大奇景之一，更是北美最壮丽的自然景观。尼亚加拉瀑布是尼亚加拉河跌入河谷断层的产物。尼亚加拉河经过一道石灰岩断崖，从海拔 174 米骤然陡落至海拔 75 米，水势澎湃，气势有如雷霆万钧。瀑布以河床绝壁上的山羊岛（Coat Island）为界，分加拿大瀑布与美国瀑布，其中尤以加拿大瀑布更为雄伟壮观。加拿大瀑布又称为马蹄瀑布 (Horseshoe Falls)，形状有如马蹄，高达 56 米，岸长约 675 米，瀑布溅起的浪花和水气，有时高达 100 多米，当阳光灿烂时，便会营造出一座七色彩虹。在美国境内的美国瀑布又称为婚纱瀑布，极为宽广细致，很像一层新娘的婚纱。由于湖底是凹凸不平的岩石，因此水流呈漩涡状落下，与垂直而下的加拿大瀑布大异其趣，是情侣幽会和新婚夫妇度蜜月的胜地。因瀑布跨越加拿大与美国，在尼亚加拉河上筑有一座边境桥，被称为彩虹桥(Rainbow

Bridge)，由美加两国共同分享。桥旁两国各自设立了海关，桥上也根据河内边界而划分，一端属于加拿大，一端属美国。尼亚加拉瀑布的活动丰富多彩，其中以搭乘"雾中少女"(Maid of the Mist)号游船到尼亚加拉河上仰望瀑布这一游览项目最为有名。游船穿梭于瀑布激起的千万层水汽中，从岸上看下去，真是如同"雾中少女"一般。瀑布附近的景点还有：Skylon Tower，Journey Behind the Falls，花钟，格雷特峡谷探险(Grate Gorge Adventure)，西班牙高空车(Spanish Aerocar)以及尼亚加拉峡谷(Niagara Glen)等。

2.拉斯维加斯（Las Vegas）—圣迭戈（San Diego）—洛杉矶（Los Angeles）—旧金山（San Francisco）—西雅图（Seattle）。

拉斯维加斯（Las Vegas）是"自杀之都"，也是"结婚之都"；它是世界娱乐之城，同时也是罪恶之城。幸运的人将这里视为天堂，对于不幸的人，这里是名副其实的地狱。因为，它是"赌城"，它是拉斯维加斯。拉斯维加斯位于美国内华达州，克拉克县。名字拉斯维加斯（Las Vegas）源自西班牙语，意思是"肥沃的青草地"，而这个名字和现实是绝对相反的，因为拉斯维加斯可没有什么像样子的绿洲或是草地，"肥沃"更是天方夜谭。要是美国人缺乏想象力和创造力，可能拉斯维加斯到现在还是个一毛不拔的戈壁沙漠。作为美国内华达州最大

的城市，拉斯维加斯的经济主要依赖于旅游业。之所以称之为"赌城"，也是因为城市的发展是因"赌"而起的。也正是因为"赌"，带动了这里旅游业和娱乐业的发展。拉斯维加斯于 1905 年建市。30 年代，内华达州决定使赌博成为合法的事业，50 年代发展为以赌博为特色的著名游览地，60 年代开辟了沙漠疗养区。市内多豪华的夜总会、酒店、餐馆和赌场，250 家赌场和 6 万多个"吃角子老虎"，日夜开业。由此，拉斯维加斯的"赌城"之名也就此传开。当"金字塔"（Luxor）、"金银岛"（Treasure Island）、"米高梅"（MGM Grand）等斥资数亿美元建设的主题度假饭店，于 1993 年起陆续在拉斯维加斯开幕以来，每年前往拉斯维加斯的游客，顿时骤增不少。人们都说，世界上其他地区的宾馆酒店无论有多好，当将其放到拉斯维加斯，便会显得是那么的不起眼。由此可见拉斯维加斯的奢华。称拉斯维加斯为"自杀之都"，因为自 1998 年以来，拉斯维加斯每年有 282-292 人自杀，平均 10 万人中有 22.3 人走上绝命的道路，高居美国城市自杀率的榜首。称之为"世界结婚之都"是因为拉斯维加斯有个永不关门的婚姻登记处，平均每年有近 12 万对男女到这里登记结婚，其中外地人和外国人占 65%-75%。不需要出示证明文件，只要支付 55 美元的手续登记费，婚姻登记处就完全相信人们编造的任何谎言，就可以在 15 分钟内拿到结婚证书，然后在附近的教堂找个牧师举行婚礼。纸醉金迷的拉斯维加斯是座名符其实的不夜城。夜色下的拉斯维加斯硕大的霓虹灯不停的变换著五彩缤纷的巨型图案，令人流连忘返，不舍离去。而科罗拉多大峡谷和胡佛水坝，则会让您看到拉斯维加斯的另一面。

圣迭戈（San Diego）是美国加利福尼亚州（California）的第二大城市，同时还是美国的第八大城市，位于美国西海岸。这里以温暖的气候和众多沙滩而闻名。这里还设有美国军方的多处军事基地，以美国海军、美国海军陆战队、和美国海岸防卫队为主。圣迭戈地处美国本土的西南角，属南加利福尼亚地区，而南加利福尼亚地区原是美国印第安人的故乡。由于这里土地肥沃，海洋资源丰富，所以是印第安人的一片乐土。不过，自 16、17 世纪欧洲探险者的到来，彻底打乱了这里印第安人的生活，也使得印第安人开始步入欧洲殖民统治时期。1542 年，葡萄牙探险者首先抵达圣迭戈港，在随之而来的"航海时代"

里，欧洲和大西洋诸国也纷纷来到这个在当时显得很偏远的地方。1821 年，墨西哥从西班牙的统治下获得独立，加利福尼亚成为墨西哥国土的一部分。1846 年，美国发起对墨西哥的战争，将墨西哥人逐出了加利福尼亚。1848 年，加利福尼亚正式成为美国的国土。同年，在加利福尼亚地区发现了金矿，淘金人的涌入使这里的人口剧增。1850 年，圣迭戈市建立，加利福尼亚第一大县也以"圣迭戈"命名。在体育方面，圣迭戈显然是美国各城市中的佼佼者，这里涌现过很多著名的运动员和球队，圣迭戈市甚至被誉为"美国运动之城"。圣迭戈还是一个旅游城市，这里的自然景观最具盛名。圣迭戈市著名的旅游景点有海港村、会议中心、柏贝公园、艺术博物馆、动物园、西班牙村等。目前，圣迭戈旅游业在经济中占有很大成分，是继制造业、军事制造业之后的第三大产业。

洛杉矶（Los Angeles），最梦幻又最现实的天使之城。1781 年，横行海上的西班牙人在此设立了一个名为洛杉矶的市镇，意为"天使之城"。坐拥太平洋圣佩德罗湾和圣莫尼卡湾的洛杉矶，凭借港口优势发展迅速。1846 的美墨战争后，被划归美国的洛杉矶正逢淘金热浪，来自欧洲及其它国家的移民纷赴西部，奠定了洛杉矶的大城市规模。1850 年正式设洛杉矶市，此后在重工业、电子业、金融业和时尚业等方面皆有成就，成为加利福尼亚州的第一大城。洛杉矶是一个移民城市，城内可见各个民族的色彩。洛杉矶东部有规模很大的唐人街和日本人社区，洛杉矶的市政厅等政府办公大厦也位于此。洛杉矶东北部有墨西哥特色的古建筑、广场等，可看出这里是洛杉矶的老城区。洛杉矶西部是全市最为繁华之地，好莱坞便位于此地。洛杉矶的繁华，与纽约又有不同的味道。车流川行的大街少了纽约那份行人熙攘的热闹，多了大都会的节奏感。一向以创新自诩的洛杉矶人，其突破性的精神最明显的就是体现于建筑之上。洛杉矶的每一新建筑，都绝不肯复制已有的式样，总有别具匠心的设立亮点。这或许就是一种城市的性格。

旧金山（San Francisco）有太多标签，每一个都标示着它与美国其他城市的不同。当然，它的确是座地地道道的美国城市。嬉皮士。这是旧金山最常被提及的文化标签。对社会的失望、对战争的厌恶、对自由的追求、对情爱的沉溺，一群年轻人在弥漫着迷幻剂的小圈子里，试图建立自己的世界。60 年代的旧金山，承接了 50 年代"垮掉的一代"的某些态度，并走向极端，更浪漫、更放任、更热烈、更糜烂。这是美国婴儿潮的一代，在初成人的时候对动荡世界迷惑不安的反应。当年的嬉皮们早已随着社会的发展和年岁的增长回归主流，旧金山的嬉皮街（haight ashbury），也不过是对当年情景的表层模仿。当代艺术。区内涵盖旧金山现代艺术馆等馆所的耶尔巴布埃纳花园，是对旧金山几十年热闹非常的艺坛的总结。旧金山街头的以里维拉迪哥作品为代表的巨幅壁画，是美洲当代艺术的最佳表达。现代都市。不管怎么排，旧金山都是毋庸置疑的大都市。渔人码头有都市的繁华景致，唐人街和充满意大利味道的北滩是都市的多元社区，金门大桥代表着都市的现代建筑。在九曲花街，鲜花夹道的弯曲路途，应该步行欣赏。行进硅谷，看看心爱的电子产品的研发地，是电子迷们的心愿。山海美景。恶魔岛，曾经的监狱所在地，在今日终于还其原貌，美景让各国游客流连。大盆地国立公园，林立的巨大红杉令人赞叹。旧金山确如其名，19 世纪淘金热中华侨为这座城市起的名字，不仅说明了那个时代，今日看来，也是对这座城市内涵的说明，物质、文化、景观，无论哪一方面，旧金山都有不折不扣的足金质地。

西雅图（Seattle）是美国太平洋西北区最大的城市，它位于华盛顿州普吉特海湾和华盛顿湖之间的金县，距离加美边境约 174 千米。西雅图建立于 1850 年代，得名于西雅图酋长。西雅图是美国太平洋西北部商业，文化和高科技的中心，也是贯穿太平洋及欧洲斯堪的纳维亚半岛的主要旅游及贸易港口城市。大西雅图地区常年被青山绿水环绕，而远处，就是美国最高的火山－雷尼尔山（Mount Rainier）。西雅图的官方别名为"翡翠之城（the Emerald City）"，其他别名还有"雨城（the Rainy City）"、"常绿之城（Evergreen City）"、"阿拉斯加门户（the Gateway to Alaska）"、"女王之城（Queen City）"和"喷气机之城（Jet City）"等等。这里不是威尼斯，但处处可见湖泊海洋；这里不是纽约，却住着世界首富；这里不是巴黎，浪漫气氛仍丝毫不减；这里正是美国西北最热闹的城市－。最初的由七座大小不一高低不同的山丘组成，但其中最陡的丹尼坡(Denny Hill)早在上个世纪被的愚公们铲平，作为码头区填海之用。除了起伏不断的山坡，水也是给人的一大印象。货轮往返频繁的普结湾(Puget Sound)位于西侧，东边为狭长的华盛顿湖(Lake Washington)，北面的同盟湖(Lake Union)以运河连接左右的海与湖；在三面环水的情况下，天空不时还下些或大或小的雨，难怪人自称这里只有两种颜色：晴天的翡翠绿，阴雨天的灰白。

3. 恶土国家公园（Badlands National Park）－总统山（Mount Rushmore）－魔鬼塔（Devils Tower）－冰川国家公园（Glacier National Park）－大铁盾国家公园（Grand Tenton National Park）－黄石国家公园（Yellow Stone National Park）－盐湖城（Salt Lake City）－落基山脉国家公园（Rocky Mountain National Park）-丹佛（Denver）－黑石峡谷国家公园（Black Canyon National Park）。

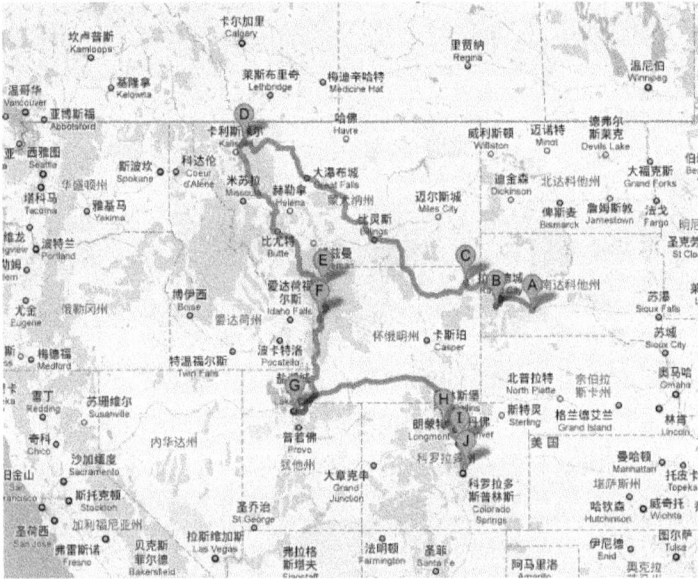

恶土国家公园（Badlands National Park），中国所谓的黑山恶土在这里显现殆尽。荒漠中，这里的土地比沙漠还要贫瘠、丑恶，但却充满了大自然的朴实和执著。

总统山（Mount Rushmore），这里恐怕是南达克达州最著名的景点了。巨石雕出的美国前 4 位总统的面相，在阳光的照耀下熠熠生辉。这 4 位幸运的总统是：华盛顿、杰佛逊、罗斯福和林肯。整个雕像花费了 1 百万美元，历经 14 年才得以完成。

魔鬼塔（Devils Tower），一块魔鬼般的巨石在广袤的平原上拔地而起，充满了神秘的力量。当地的印第安部落把这里当做神圣的祈福之地。

冰川国家公园（Glacier National Park）被美国职业旅游者们评为全美最值得游览的国家公园。在这里，冰川、湖泊交相辉映；温带、寒带间隔并存，旅游资源十分丰富，是美国自然风光的最佳代表之一。 虽然公园尺度巨大，风景众多，但游客在这里通常还要细心体会，慢慢品位，才能得到那种融入仙境的美好感觉。这里的旅游项目众多，最受游客欢迎的就是徒步旅行，但要小心灰熊哟：）这里的灰熊是美国各国家公园中数量最多的，也是最自由自在的活动的，一般不会主动攻击人。在这里能真正遇见灰熊，哪怕是远远的，也是一种荣耀呢。

大铁盾国家公园（Grand Tenton National Park）是美国摄影爱好者们最欣赏的自然景观之一，雪山、湖泊、峻岭；明日、蓝天、白云。在这里可以充分享受自然的美妙和远足的愉快。

黄石国家公园（Yellow Stone National Park）是美国，乃至世界上的第一个国家公园。公园由各种岩溶地貌组成，大大小小的喷泉，地下气孔无时不刻的将大地深处的能量释放出来。这里是世界上局部区域内间歇性喷泉最集中的地区。所谓间歇性喷泉，就是这种喷泉的喷发是有规律的，是每隔一段固定的时间就喷发的。这其中最著名的就是老信心喷泉了（Old Faithful）。这个喷泉由于附近地域开阔，喷发高度高（约 60 多米），喷发量大，喷发时间精确而著名。当然，这里还有许多奇特的地貌供游客游览。其中有部分区域很类似中国四川的黄龙地区，只不过这里尺度更大，层次更丰富。

盐湖城（Salt Lake City），西部山区的重要城市，犹他州首府。位于大盐湖东南，临约旦河，海拔 1295 米。市区面积 145 平方公里，人口 18174（2000 年）。大市区 93.6 万（1980），居民半数以上信奉摩门教。大市区包括盐湖等县，人口占全州的 2 / 3。早期 为向西部拓荒者和采矿者的物资供应中心。1847 年为摩门教徒所建，美国摩门教的主要中心，壮丽的摩门教总寺院为城市象征。1870 年随铁路的到达而兴起。1896 年成为州府。第二次世界大战以来，随着工商业的兴旺，城市也得到较快的发展。重要的交通枢纽。美国西部山区的矿业中心，金属冶炼和加工工业发达。城区东、西两侧的山区是国内重要的铜、铅、钴等金属矿产地。城西南的宾厄姆是世界著名铜矿区之一，矿石在城西的马格纳和加菲尔德冶炼加工。在城郊灌溉农业的基础上，建立了规模较大的食品工业，以制糖、罐头、食品、乳品、肉类加工等为主。电子工业发展很快，已成为主要工业部门；其他有矿山机械、炼油、宇航等。地当横贯大陆运输线的要冲，有多条铁路、公路伸向周围地区，又是重要的航空站，与全国各地联系称便。长期来为西部山区主要商业中心。市内有数条小溪穿越，外侧有一些隆起的阶地。以坦普尔广场为中心，有一系列宗教建筑，如摩门教堂(建于 1853-1893 年)、圣殿、现代圣徒博物馆以及新落成的全市最高建筑——28 层的摩门教堂办公大楼等，显示了这个美国摩门教中心的城市特色。市中心外侧为商业区和州议会大厦、盐宫、展览中心、银行大楼等建筑物。西面是州贸易市场，每年的州商品交易会在此举行；近处有许多工厂。东面是犹他大学(建于 1850 年)和住宅区。市内还有威斯敏斯特学院以及二百周年艺术中心等文化设施。盐湖城是犹他州 (Utah) 首府和最大城市，是早期殖民者勤劳与远见的见证。这些人还创办了末世圣徒教会。如今，摩门教徒占人口不足一半，但在建设这座城市过程中，仍充当主要角色。

落基山脉国家公园（Rocky Mountain National Park），洛基山脉是美国最著名的山脉，其在科罗拉多一段险峻崎岖，高低起伏，景色变化多端，是科罗拉多最受旅游者欢迎的国家公园。这里主要的参观活动是可以包括野外露营、徒步探险、驾车观览、高山湖泊钓鱼等等。

丹佛（Denver）是科罗拉多州的首府，美国中部的重镇。坐落在著名的洛基（Rocky Mountain）脚下，每年日照时间长达 300 多天，旅游资源十分丰富。丹佛还是一座体育城市，美国所有的职业体育联赛里面都有丹佛的队伍参战。丹佛地区的旅游活动主要有：城市观光游览；美国著名的啤酒品牌 Coors 公司酿酒过程参观，并免费品尝鲜酿啤酒；上帝园（Garden of the Gods）参观游览。这里是丹佛著名的旅游景点，由各式各样、奇形怪状的石林组成。

黑石峡谷国家公园（Black Canyon National Park）——北美地区最"黑"的大峡谷。由于特殊的地质结构和千百万年来的地质运动，这里的峡谷不仅全由黑色石体组成，更是狭窄幽深，险峻奇俏。

4.底特律（Detroit）－芝加哥（Chicago）－圣路易斯（St. Louis）－孟菲斯（Memphis）－休斯敦（Houston）。

底特律（Detroit）是美国密歇根州最大城市，世界闻名的汽车城。位于密歇根州境东南部，底特律河西岸，东濒圣克莱尔湖，与加拿大汽车城温莎隔河相望。大市区包括韦恩等 6 个郊县和附近中小城镇。因汽车工业发展，人口增加迅速。 城市得名于连接圣克莱尔湖和伊利湖的底特律河，它源自法语"Rivière du Détroit"，意为"海峡之河（River of the Strait）"。底特律的城市治安声名狼藉，而种族问题还依然困扰着。同时，由于财政预算不足，城市的公共服务也不断变糟。不过，随着康博软件（Compuware）总部的兴建、文艺复兴中心的翻修和三座赌场及新体育场的投入使用，底特律的城区正在复苏之中，城

市正逐渐成为整个都市圈的娱乐中心。在底特律的 downtown 有一条 people mover 观光线路，开设在高架轨道上，设有十三个站点。游客可以乘坐 people mover 绕 down town 一周，可以看到 GMC 的高楼，Detroit river 对面的加拿大风光。 在 Detroit river 上有一个叫 Belle Isle 的小岛，该岛属于美国领土。夏天的时候很多人会去岛上休闲。冬天虽然很冷，但可以在岛上看到很多成群结队的候鸟，如加拿大雁等。底特律在北美四大体育赛事中都拥有职业球队，其中三支球队主场在底特律市内，一支在市郊（NBA 的底特律活塞）。全市共有三座主要的体育场馆：联信公园体育场（MLB 的底特律老虎）、福特体育场（NFL 的底特律雄狮）和乔·路易斯体育馆（NHL 的底特律红翼）。底特律的冰球球迷非常狂热，城市甚至因此有了一个"冰球城（Hockeytown）"的绰号。

芝加哥（Chicago），绰号风城的芝加哥市位于密西根湖西岸南端，芝加哥河汇流处，是美国的第二大城市。它连结了附近超过 100 哩之外的大小城市，形成了一个大都会网。有人称芝加哥为"美国的超级市场"The SuperMarket of America。无论从那一个角度看来，它都是一个典型的美国式都市，既是商业中心，又是交通要卫，市内到处是在建筑史上占一席地位的奇丽建筑物。可眺望密歇根湖的公园，蜿蜒的水际线，另有一番美妙景色。商品市场 Merchandise Mart 位于芝加哥河北岸的 18 层楼建筑物，其规模之庞大，仅次于五角大厦。在市场内出售的商品，自家具到机械，种类达 100 万种以上。自 Chicago Avenue Bridge 往北，到 East Oak Street 之间的七条街，称之为 The Magnificent Mile，可与纽约第五街媲美，有整齐、美丽的行道树，宏伟的高层建筑物，优雅的商店以及赏心悦目的橱窗陈列品。Chicago Avenue Bridge 的桥头，就是以口香糖闻名的 Wrigley Junior Co.大厦，大厦下方即为汽艇码头。那个极像是玉蜀黍的 Twin Towers Marina City 也矗立在面向河川的右侧。发行数量占全美国第三位的芝加哥论坛报也以这里为根据地。Water Tower 过去被认为是象征芝加哥的著名大厦。约翰汉寇克中心 John Hancock Center，别名"Big John"(大约翰)，是一幢高达 100 层的建筑物。它的外形像把梯子，初看有些怪异，但即是建筑结构力学上的一项新的成就。这幢大厦属一家保险公司所有，但 1 楼到 5 楼是高级时装店，6 楼到 141 楼是公司行号的办公室，42 楼以上是公寓，94 楼是眺望台，95 楼是餐厅，96 楼则是鸡尾酒馆。林肯公园 Lincoln Park 位于密歇根湖边，全长 8 公里，占地 480 公顷，是芝加哥最大的公园。园内有林肯、歌德、莎士比亚、贝多芬等塑像，还有动物园等设施。

圣路易斯（St. Louis）是中西部水陆交通枢纽，密苏里州最大城市。位于该州东部与伊利诺伊州接界处，市区沿密西西比河延伸 31 公里。河东称东圣路易斯，为城市的发祥地；河西称圣路易斯，为城市的核心部分，两岸之间架有多座公路、铁路桥。东圣路易斯东北郊和圣路易斯西南郊为两大工业区，工厂多沿密西西比河成带状分布。市中心高层建筑和法国式古典建筑交相辉映，街道宽阔，高达 192 米的不锈钢拱门耸立于河畔，象征美国向西开发的门户，为城市的主要标志；拱门附近是著名的杰弗逊国家开发纪念馆；城西有占地 530 多公顷的森林公园，集各种文化、娱乐和体育设施于一体，是主要游览地之一；多文化、教育和科研机构，包括各种博物馆、美术馆、歌剧院和圣路易斯大学、华盛顿大学等高等学府以及科学院等.

孟菲斯（Memphis）是美国田纳西州最大城市，位于密西西比河东岸，周围是广袤的棉田和森林，其生态环境宛若开罗。之所以叫孟菲斯,主要是水文地理酷似尼罗河畔的古城孟菲斯，兼有埃及开罗特有的炎炎烈日。在孟菲斯正西５０英里还有一地名叫"巴勒斯坦"，简直与阿拉法特的那个巴勒斯坦一模一样。孟菲斯位于密西西比河岸边、下契卡索陆岸(Chickasaw Bluff)上，狼河(Wolf River)的河口。孟菲斯是美国重要的交通枢纽和运输业中心，该市拥有世界上最繁忙的货运机场，是美国联邦快递公司总部所在地,也是主要制造业的中心,以发展纺织、取暖设备、钢琴、汽车零部件为主。铁路、公路、航空交通枢纽，农畜产品的大集散地，尤以棉花、棉籽油、硬木的大市场著名。从 1931 年起，每年 5 月举行棉花狂欢节。

休斯敦（Houston）位于美国德克萨斯州东南、墨西哥湾平原的上部，距离墨西哥湾 80 公里，是美国的第四大城市，德克萨斯州最大的城市。休斯顿是世界有名的太空城，约翰逊太空中心（Johnson Space Cente）就坐落在距休斯顿市区东南方向 40.23 公里外，占地面积达 6.56 平方公里，成立于 1962 年，是美国航天局（NASA）最大的研究和发展机构。1969 年 7 月 20 日，该中心成功地指挥了人类首次登上月球之旅。美国影片《阿波罗 13》中的一句台词："Huston, we have a problem（休斯顿，我们遇到了麻烦）"更使休斯顿这座城市作为美国太空城的身份迅速传播至全世界。休斯顿这座城市拥有着 150 多年的历史。最初，休斯敦地区是卡伦卡娃印第安部落的居住地。1836 年 8 月 30 日，地产商艾伦兄弟（Augustus Chapman Allen 和 John Kirby Allen）购下 2690 公顷土地开发建市，他们以当时的德克萨斯共和国总统山姆·休斯敦（Sam Houston）的名字命名这座城市，休斯敦由此得名。在 1837 年至 1840 年间，休斯顿一直是德克萨斯共和国的首都，直到 1845 年德克萨斯正式并入美国成为一个州。休斯顿除了是有名的太空城以外，这里还是海洋科学研究中心、美国能源和石化工业中心，另外还拥有美国和世界上最大的医院中心之一的德克萨斯州医学中心。休斯顿还是一个主要的大企业中心。在全美 500 家最大公司中，有 15 家的总部在休斯敦（包括全球 500 家最大公司中的 5 家）。中国篮球运动员姚明于 2003 年以当年 NBA 选秀状元的身份加入休斯顿火箭队（Huston Rockets），也正是由于姚明的到来，使得更多的中国人开始关注休斯顿火箭队以及这支球队所在的城市——休斯顿。现在，休斯顿已成为很多中国游客赴美旅游的必去城市。

在美国旅游注意事项

- 要有周密的旅游计划，注意旅途安全，带齐证件和随身物品
- 随身携带急救物品。外出旅游，随身带些感冒，擦伤等常用药物，做到有备无患
- 切不可随意搭便车，遇到要求搭便车的人也不要轻易答应。最好不要单独出行，如果单独出行，一定事先告诉自己的朋友家人，出行的时间和目的地，旅行期间保持联系
- 夜间不要单独外出，不要搭乘地铁
- 不要把财物放在房间或车内。护照等重要文件一定随身携带

附录 2：美国法律常识

笔者之所以将美国法律常识放在附录中，并不是因为法律在美国生活中不重要，相反，熟悉和了解美国法律太必要了，但是笔者没有能力在一个章节中将美国法律知识介绍清楚；而且美国除了有统一的联邦宪法外，还有独立的州法，一般的民事、刑事、商业诉讼都需要根据具体所在州的法律规定做出解释和说明。即时在一个州具有专业资格的律师，一般也不允许在其他州提供法律服务。笔者在此只对美国法律做一个简单介绍，请切记，美国是一个法律社会，当您遇到任何纠纷时，请通过法律手段解决。

美国法来源于英国法，又根据美国政治、经济和文化特点作了较多的改变。美国建国初期就制定了成文的联邦宪法，但联邦和各州都自成法律体系。联邦除在国防、外交、财经政策、国际贸易和州际商业等方面外，无统一的立法权；刑事和民事方面的立法权基本上属于各州。尽管官方和非官方机构提出过不少供各州立法参考的模范法典草案，但各州采纳程度不一。路易斯安那州原为法国属地，保留了法国法传统；西南部各州的亲属法则具有法国法和西班牙法的色彩。

宪法

美国是一个法治的国家。政府官员根据这些法律做决定。宪法也称为"最高法律"，因为每个公民，包括所有的政府官员，以及所有创立的法律都必须依据"宪法"的原则。法律平等地适用于每个人。联邦政府的权力有限。宪法没有直接授予联邦政府的权力则由州政府持有。"制宪会议"的成员在 1787 年 9 月 17 日核准宪法。美国宪法又叫做"动态文件"，因为在必要的时候，美国人民可透过他们的州和国家代表修改宪法。这些改变就叫做"修正案"。修改宪法的过程冗长而且困难，所以立国以来，宪法只修改过 27 次。

美国宪法的权利

有些人认为宪法不足以保护个别人民的权利。各州表示，如果在里面加入一系列的个人权利就可同意宪法。各州在 1789 年核准通过宪法。这一系列的个人权利，叫做"权利法案"，于 1791 年加入宪法中。宪法的前十条修正案叫做"权利法案"。除了"权利法案"外，有些重要的修正案列在"第十三条"，禁止奴隶，以及"第十四条"，保证所有公民在法律下受到公平的保护。"第十九条修正案"赋予女性投票的权利。一开始的"宪法"修改是为了保护个别公民以及限制政府的权力。"权利法案"列出赋予美国人民的重要自由。在大多数的情况中，这些权利限制政府对个别人民使用威力。这些权利包括：

- 言论自由。政府不能限制人民什么能说或什么不能说。人民可以随意谈论公共议题，而不需害怕因此受到处罚

- 宗教自由。政府不能限制人民到哪里去做礼拜。人民可以自由选择是否要去做礼拜
- 新闻自由。政府没有权力决定报纸应该印刷什么或收音机和电视应该播放什么
- 在公共场所集会的自由。人民为不同目的而合法聚众集会，政府不能加以阻止
- 拥有枪械的自由。政府不能限制人民拥有枪枝
- 抗议政府而提出质问者，政府不能对他们加以制止或惩罚

"权利法案"也保证有"合法程序"。合法程序是一套特定的法律程序，有人被指控犯罪时，一定要遵守这套程序来办理。没有正当的理由，警察和军人都不可以随便将人拦截下来和进行搜索，并且，如果没有法院的许可，他们也不可以搜索民家。被指控犯罪者保证可以在一般人民组成的陪审团听审下，得到快速的审判，而且保证可以有法律代表来代理他们，并且可以传讯证人来为他们发言。另外还禁止施行残酷及异常的惩罚。

美国宪法的特点

按三权分立和制衡原则建立总统制的资产阶级民主政体。国会分参众两院，为最高立法机关。两者现在都由各州选民直接选举产生。参议员为 100 名，各州不论大小，一律两名；任期 6 年，每 2 年改选三分之一。众议员按人口比例选举产生，现固定为 435 名。法律须经两院通过，有分歧时组成两院联席会议解决。国会主要职权为立法、修改宪法和进行弹劾等，以及专由参议院行使的批准条约和审议重要官员的任命。总统任期 4 年，主要由民主党和共和党两大党提名候选人，经普选产生的选举人间接选举产生。总统兼为国家元首、政府首脑和三军统帅。国会只能按弹劾程序，由最高法院首席法官主持参议院审理通过，方得罢免总统。总统有否决两院通过的法案的权力；但如两院再以三分之二多数通过，法律即有效。美国最高法院由总统提名并经参议院同意任命的 9 名终身法官组成，审判独立。

联邦与州分权较复杂。各州均有其宪法与法律，但应符合联邦宪法。联邦的权力主要在外交、国防、货币、联邦预算、全国性财经政策、国际贸易和州际商业方面，至于卫生、教育、福利和税收等，各州都享有较大权力。法院享有司法复议权，可以受理对联邦和各州立法、行政法规和行政措施违宪的控告。

民法

包括的范围很广，除若干州有单独的民法典外，一般包括许多有关契约、侵权、财产、继承和婚姻家庭方面的制定法和判例，统称为私法。多数州援照英国旧法，胎儿即享有民事权利能力，但应为其设财产管理人。多数州规定年满 18 岁的公民即享有行为能力，未及此年龄者可就生活必需订立契约，成年时可单方加以解除。

契约法

主要是判例法。19 世纪末才开始制定某些统一的成文法，主要是商业方面。例如，适用于 37 州的《统一买卖法》(1906)，适用于各州的《统一流通票据法》(1896)。20 世纪 50 年代，有关契约的制定法陆续增加，其中最重要的是《统一商法典》(第 2 篇)和《消费者信贷保护法》(1968)等。美国没有分章罗列各种契约关系的契约法，只有关于契约订立、解除、无效和契约的内容、形式等一般原则的规定；不过，在部分法典内有专门适用于某种契约，如保险、代理、承揽等的特殊规定。美国重视必须以书面形式订立的契约与不必一定以书面形式订立的契约的区分。前者包括超过 500 美元的买卖契约、不动产契约、履行期限超过一年的契约、承诺在儿女结婚时转移财产的契约，以及遗产管理人承诺以自己财产支付死者债务的契约等；不过，买卖契约可以以部分履行或收受作为成立的依据，不动产契约可以以买受人的进行修缮、迁入或支付部分房价作为成立的依据。不以书面形式订立的契约必须有契约成因，即以交易为内容，因而无偿赠与虽可在事实上履行，却不能作为契约成因，不产生请求权。与英国法不同，美国承认有利于第三者的契约的效力，该第三者有请求履行的权利。

侵权法

沿袭自英国法，即民事侵权行为的受害人得提起损害赔偿之诉。美国关于侵权的成文规定主要见诸州法，联邦并无统一立法。故意侵权行为除保留英国法原有的伤害、侵占财产、非法拘禁等外，增加了一些新项目，如干预隐私(窃听、擅自使用他人照片等)以及生产危险商品等。过失侵权必须过失与损害有因果关系才负赔偿责任，过失又必须是有违照管义务，其大小视行为人专业资格而定。例如工程建筑师的义务高于建筑工人。如受害人也有过失，即比较其大小，双方分担责任，相应减少赔偿额。在违反契约造成损害时，受害人可提起违约之诉或侵权之诉，一般多选择后者，因为侵权赔偿包括无形的损害在内。美国目前的侵权诉讼求偿程序复杂，诉讼往往旷日持久，耗费巨大，不利于收入微薄者。有的州为简化诉讼，已开始实行所谓无过失责任，即不必证明行为人有过失，亦能获得损害赔偿。

财产法

是美国法中较复杂的法律之一。来源于英国封建时期地产法的一些概念与原则，与现代资本主义的一些财产原则相结合，所有权、抵押权、典质权和留置权等又相交错，形成比较复杂的法律规定。与英国法相比较，其地产购置的登记程序比较复杂，产权的取得往往需要经过许多法律手续，因而，出现了产权保险制度。担保利益包括不动产抵押和动产典质。多数州规定承押人只对抵押物享有担保利益，而抵押人仍享有法定产权；但有少数州规定，法定产权在抵押期间归承押人所有，在全部清偿后产权方归还抵押人。美国还规定有营建和修理留置权，在债务人未清偿以前，营建人或修理人对财产享有担保利益。

继承法

是美国法中比较发达的一部分。规定有严格的遗产管理制度：动产在分配给继承人以前，必须交由遗产管理人管理；不动产在理论上可直接移交继承人，但实际上也经过一段管理。管理人的指定、权限和报酬等都有详细规定。不动产的继承依财产所在地法，动产的继承依被继承人最后住所地法，因而遗产处理往往涉及不同州的法律。法定继承的顺序和份额，有些州作了明确的规定。不少州还规定从遗产中给配偶和子女保留住房或一笔最低限度的抚养金，不在清偿遗产债务之列。遗嘱继承的程序较为严格，多数州规定需有三人见证，本人签字，经法院登记才有效。配偶间的财产有单独财产、共同财产和合营财产之别，各州法律规定不尽相同，在继承时往往发生复杂的法律问题。

婚姻法

或称家事法，各州有其不同规定。目前多数州规定废除所谓"普通法婚姻"；而且不承认婚约的法律拘束力。各州一般都列举可以要求离婚的理由。原来实行一方过失原则，1970 年加利福尼亚州颁布新离婚法以后，许多州陆续仿效，以感情破裂为原则，进一步扩大了离婚的可能。离婚管辖比较复杂。各州对离婚前的住所要件规定不一，财产处理原则也不尽一致，所以在不同州起诉，结果往往相异。而且，离婚诉讼一般为属事管辖，而扶养诉讼则为属人管辖，所以往往不能同案解决，并经常需要在不同的州审决。

商法

与民法并无严格界限，如契约法、财产法等均兼属民法与商法，《统一商法典》对商事关系作了较全面的规定。

公司法

规定颇为详细，其特点为：在合伙与公司之间划分出一类所谓联营，指不同行业的联营。公司本身不作分类，但区分非营利社团与盈利企业非营利社团如政治团体、科学团体、学校、宗教团体、体育俱乐部和农业实验站等，参加者称成员，不分红，其法人权利义务和税收等有别于盈利企业。盈利企业的成立、资金、经营和管理等均有较严格规定。董事会与理事会在法律上无严格区别。公司之成立依成立地法，公司之经营依公司所在地法。国家对跨国公司、母子公司、跨行业联营公司有一定的干预，也有一定的支持。

破产法

适用极广，联邦有统一破产法。新破产法于 1979 年 1 月 1 日施行；个人或企业、债权人或债务人均得依各种情况提出破产诉讼。种类有四：正式破产诉讼，债务清理诉讼，雇员或消费者破产诉讼和公司改组诉讼。在有些法学著作中，将反托拉斯法、劳工法和其他有关工商业管制的法律，也列入商法范围。

刑法

至今没有制定统一的刑法典，只是在 1962 年公布了一部《标准刑法典》草案，供各州立法参考，但未正式生效。有的州在英国法的基础上制定本州刑法典。到 80 年代，还有一半的州承认普通法中的罪名，即使有法典的也往往以普通法来解释其中的规定。因而罪名和定义很不一致，刑罚也轻重不一。立法机关可以在其他立法(如安全方面和劳工方面的立法)中规定罪刑。而且往往授权某些行政机关在行政法规中规定罪刑，从而扩大了惩罚面。适用不定期刑或幅度刑，实际上把刑期决定权委诸刑罚执行机关。保留死刑，但很少执行。监禁刑期没有最高限，在数罪并罚时可高达一二百年。由于犯罪数字不断增大，青少年犯罪率提高，监狱不足，目前出现下列趋势：减少一般罪名，刑法重点转向青少年犯罪，以及试验各种非监禁形式的刑罚。

诉讼法

民事诉讼程序。与英国法无多大区别，采取辩论制，独任审理，部分诉讼、特别是侵权诉讼等由陪审团裁断，法官作判决。刑事诉讼程序与英国法差别较多，举其大者有：被告人诉讼权利的保障上升为宪法原则。若干州保留大陪审团审查重罪起诉的制度。非法取得的证据不得采纳。认可并大规模使用所谓"答辩交易"(Plea bargaining)方式。

司法管辖。美国法院分为联邦系统和州系统。从管辖分工看，联邦系统法院管辖的案件主要是：因联邦法律、条约或州宪法而系争的所谓"联邦问题案件"，包括宪法规定由最高法院初审或终审的案件，以及联邦法律规定由联邦系统的法院专属管辖的案件，如破产案件等。双方当事人为不同国籍或州籍而且系争数额达一万美元的案件，可由当事人自行决定由联邦法院或州法院审理，但离婚案件除外。联邦其他法院移送的案件，以及原属联邦与州双重管辖而双方当事人台愿转由联邦法院审理的案件；不属联邦法院专属管辖的案件，州法院均可管辖，有的州就此作了明确规定。至于各州之间的管辖，由于法律规定各异，又有属事、属人和属物之分；与适用何州法律的冲突法问题密切相关，是美国法中争执较多、解决较难的问题。

美国法律多，律师多，律师的分类也很多。当您需要相应的法律服务时，首先应该知道找哪一类的律师。常见的分类有几十种之多，例如家庭、房产、儿童、税务、保险、伤残、刑事、离婚、劳工、移民等等。同时，您应该查找本州、本地区的律师或律师事务所，您可以通过当地的黄页来查找，也可以通过以下网站搜索：

www.attorneyfind.com
www.lawyers.com
www.legalmatch.com
...

律师或者律师事务所一般会为您提供免费的评估，评估您的案子胜算有多大，是否愿意接您的案子。当然，律师的收费是非常昂贵的，如果您承担不起高昂的律师费，您也可以通过当时政府咨询当地有哪些免费的法律援助机构，特别是为妇女和儿童等弱势群体，美国有很多非营利机构提供免费的法律援助，您可以通过电话黄页和网络查找。

参考资料：

http://www.baidu.com

http://www.google.com

http://en.wikipedia.org/wiki/Main_Page

http://baike.baidu.com/view/2398.htm

http://www.mitbbs.com/

http://www.huaren.us

http://www.hooyou.com/

http://www.immigrationdirect.com/

http://news.xinhuanet.com/ziliao/2002-01/28/content_257426.htm

http://www.cbwchina.com/global/america/index.htm

http://www.chinanews.com/lxsh/2011/11-25/3486820.shtml

http://www.360doc.com/content/11/0108/04/4820264_84897328.shtml

http://wiki.mbalib.com/wiki

http://ehouse.5d6d.com/archiver/tid-179.html

http://news.sciencenet.cn/htmlnews/2010/3/229987.shtm

http://ddzhuan.blog.hexun.com

http://bbs.gter.net/bbs/viewthread.php?tid=138159

http://www.hudong.com

...

www.ingramcontent.com/pod-product-compliance
Lightning Source LLC
Chambersburg PA
CBHW030003290326
41934CB00005B/206